古典文獻研究輯刊

二一編

潘美月・杜潔祥 主編

第2冊

漢魏六朝人物別傳研究

陳 慶 著

國家圖書館出版品預行編目資料

漢魏六朝人物別傳研究／陳慶 著 -- 初版 -- 新北市：花木蘭文化出版社，2015〔民104〕
目 2+216 面；19×26 公分
（古典文獻研究輯刊 二一編；第 2 冊）
ISBN 978-986-404-340-8（精裝）
1. 人物志 2. 漢代 3. 魏晉南北朝
011.08　　　　　　　　　　　　　　　　104014536

ISBN- 978-986-404-340-8

9 789864 043408

古典文獻研究輯刊
二一編　第二冊　　　　　　　ISBN：978-986-404-340-8

漢魏六朝人物別傳研究

作　　者　陳慶
主　　編　潘美月　杜潔祥
總 編 輯　杜潔祥
副總編輯　楊嘉樂
編　　輯　許郁翎
企劃出版　北京大學文化資源研究中心
出　　版　花木蘭文化出版社
社　　長　高小娟
聯絡地址　235 新北市中和區中安街七二號十三樓
　　　　　電話：02-2923-1455／傳真：02-2923-1452
網　　址　http://www.huamulan.tw 信箱 hml810518@gmail.com
印　　刷　普羅文化出版廣告事業
初　　版　2015 年 9 月
全書字數　173639 字
定　　價　二一編 16 冊（精裝）新台幣 30,000 元　　　版權所有·請勿翻印

漢魏六朝人物別傳研究

陳　慶　著

作者簡介

陳慶，男，漢族，1977 年 4 月生，四川自貢人，現任四川黨建期刊集團辦公室副主任。2004 年 7 月至 2007 年 12 月在四川大學文學與新聞學院中國古典文獻學專業攻讀博士研究生課程，師從羅國威教授研究漢魏六朝文學文獻，獲博士學位。公開發表有《謝莊年譜》《謝莊詩文新探》《葉、沈二家〈劉孝標《世說注》引書目錄〉補正》《小議漢魏六朝人物別傳》《注釋家的別傳觀》等專業論文。

提　　要

　　漢魏六朝是文學著述空前繁榮的時期，現存的史料不僅數量龐大，而且種類繁多。從學術研究的角度來說，古代史學家一般著重於對正史史料的研究，近現代學者則更多地將視角投向正史外的史料，採取比較研究的方法，努力尋求史學與其他學科的交叉點。近年來，對史部雜傳類作品的研究成為熱點，許多學者在討論雜傳與文學，尤其是雜傳與小說的關係方面，取得了豐碩的成果。從目前的狀況來看，學者們研究的雜傳作品，大都在古代目錄學著作中有著錄，而對一些不在著錄之列的散佚作品，涉及的就相對少得多。如在該期史料中，常見的以「某某別傳」命名的各種單篇人物傳記，由於散佚嚴重，又不在目錄書著錄之內，往往不被學者所重視。然而經過仔細清理後可以發現，以單篇形式流傳的漢魏六朝人物傳記，無論其篇名稱「傳」「別傳」「記」等，其中有很大一部分具有相同特徵，可以成為雜傳類下面一個獨立類型，也具有相當的研究價值。

　　「別傳」一詞的大量使用，始見於南朝宋裴松之《三國志注》中。作為一種最初為將某些單篇傳記與正史傳記及其他雜史、類傳相區別的注釋學用詞，其使用範圍僅限於某些特殊場合，本身並不具有特定的目錄學涵義。裴氏所引的人物別傳，只有少數被目錄學著作所著錄，並被歸入史部雜傳類。自裴松之、劉孝標等注釋家之後，「別傳」一詞仍然被許多學者、書籍編纂者和小說家所使用，但其內涵與裴氏所用均有差異，有的甚至相去甚遠。有鑒於此，後世學者大多不把「別傳」作為一個具有固定概念的名詞看待。

　　縱觀整個漢魏六朝，留存的單篇人物傳記數量十分龐大，現代學者將這些以單篇形式留存的傳記稱為「散傳」。事實上，屬於「散傳」這一概念下的人物傳記，在細部特徵上，還有值得進行認真清理和重新分類的必要。「散傳」中很大一部分傳記，是可以以「別傳」為名，歸為一種獨立的傳記種類的。本書即通過對漢魏六朝時期單篇人物傳記的搜輯整理，提出「別傳類」傳記的概念，並在此基礎上進行綜合研究。

目次

引　言

　　漢魏六朝（前 206～589）是一段史學創作極其發達的時期。在此期間，史學逐步由經學附庸發展到具有獨立的地位，史學家的群體越來越壯大。修史者的身份也由官方逐漸向私家轉變，官修之外的私家修史蔚然成風，甚至出現了「百學蕪穢，而治史者獨盛」〔註1〕的局面。《隋書‧經籍志》云：

　　　　古者天子、諸侯，必有國史，以紀言行。……而諸侯之國，亦置史官。……

　　　　其後陵夷衰亂，史官放絕。秦滅先王之典，遺制莫存。至漢武帝時，始置太史公，命司馬談爲之，以掌其職……

　　　　及三國鼎峙，魏氏及吳，並有史官。晉時巴西陳壽刪集三國之事，唯魏帝爲紀，其功臣及吳、蜀之主，並皆爲傳。仍各依其國，部類相從，謂之《三國志》……

　　　　自是世有著述，皆擬班、馬，以爲正史。作者尤廣，一代之史，至數十家。

又

　　　　靈、獻之世，天下大亂，史官失其常守。博達之士，愍其廢絕，各記聞見，以備遺亡。是後羣才景慕，作者甚眾。又自後漢已來，學者多鈔撮舊史，自爲一書。或起自人皇，或斷之近代，亦各其志。而體制不經，又有委巷之說，迂怪妄誕，眞虛莫測……〔註2〕

〔註 1〕梁啓超《中國歷史研究法》第二章《過去之中國史學界》，上海：上海古籍出版社，1987 年，第 16 頁。
〔註 2〕以上所引，出自《隋書》卷三十三《經籍二‧史部》。

上述材料主要透露出兩方面信息：一、古代史官制度具有悠久的歷史和良好的傳承，發展到魏晉時期，學者們對史學的關注和投入大大加強，史學著述的數量也隨之激增。二、自東漢末年以來，中原板蕩，「史官失其常守」，史學創作轉入以私家著述爲主的新階段，由此帶來史學著作的形式、內容等方面的變化與發展。

這一時期引人注目的另一變化，是史錄對象身份的多元化。自司馬遷在《史記》中開創以人爲中心進行敘事的史錄體例——「列傳」以來，「傳述一人之始終」的傳記體成爲後世修史立傳的最重要的體式〔註3〕。《史記》中「列傳」的傳主，多爲王侯將相、學者豪俠。隨著東漢以降社會思潮的多元化以及魏晉玄學的興盛，特別是史傳著述者群體的壯大和身份的多樣化，被傳寫的對象也大大擴充開來，「孝子、烈女、逸民，咸有別傳」。〔註4〕

與此同時，史學著述的形式種類亦日趨完備。該時期內不僅出現了以司馬遷《史記》、班固《漢書》、陳壽《三國志》、范曄《後漢書》等爲代表的正史類史學巨著，而且其他類別的史學作品創作也空前發達。以《隋書‧經籍志》的著錄爲例，計有史部正史類67部、古史類34部、雜史類72部、霸史類27部、起居注類44部、舊事類25部、職官類27部、儀注類59部、刑法類35部、雜傳類217部、地理類139部、譜系類41部、簿錄類30部，其中絕大多數爲漢魏六朝時期的著作，可見該時期史學創作之繁盛、史傳形式之完備。

值得注意的是，《隋志》史部著錄數量最多的類別是雜傳類，高達217部，遠遠超過其他類別的史學著作。有趣的是，雜傳類也是最難以給予準確界定的類別。正因爲「雜」，要想說明其中具體又包含有哪些小類，是件麻煩的事。自梁代阮孝緒《七錄》「記傳錄」下設「雜傳部」以來，其後的目錄學著作中也多設此類〔註5〕，然而在此類別下的作品收錄標準，各書又多有不同。《隋書‧經籍志》未對雜傳類進行再分類，但是按其排列規律，大致包括郡書（如《海內先賢傳》、《益部耆舊傳》）、各專題類傳（如《高士傳》、《孝

〔註3〕《史記》中也有以專題進行敘事而稱「列傳」的，如《匈奴列傳》、《大宛列傳》、《龜策列傳》等。

〔註4〕《金樓子》卷五《忠臣傳序》。

〔註5〕《隋志》、《舊唐志》、《中興館閣書目》、《遂初堂書目》等設「雜傳」類；《新唐志》設「雜傳記」類；《崇文總目》、《郡齋讀書志》、《直齋書錄解題》、《通志略》、《宋史‧藝文志》等均稱「傳記」。

子傳》、《忠臣傳》）、單篇傳記及其叢集（如《東方朔傳》、《管輅傳》、《毋丘儉記》、《雜傳》）、家傳（如《李氏家傳》、《太原王氏家傳》）、婦孺傳（如《童子傳》、《列女傳》）、僧道傳（如《高僧傳》、《裴君內傳》）、冥異神怪傳（如《宣驗記》、《冥祥記》、《搜神記》、《幽明錄》）。《舊唐書·經籍志》雜傳類著錄書目後云：

> 右雜傳一百九十四部，襃先賢者舊三十九家、孝友十家、忠節三家、列藩三家、良史二家、高逸十八家、雜傳五家、科錄一家、雜傳十一家、文士三家、仙靈二十六家、高僧十家、鬼神二十六家、列女十六家，凡一千九百七十卷。

如果對比一下《隋書·經籍志》，《舊唐書·經籍志》雜傳類下的分類和著錄順序，其實是與《隋志》基本保持一致的。〔註6〕而《舊唐志》雜傳類下又設兩小類，同稱「雜傳」，值得注意。前一小類「雜傳五家」，應該是指前文著錄的《雜傳》六十五卷、又九卷、又四十卷、《集記》一百卷。〔註7〕後一小類「雜傳十一家」，則指前文著錄的《東方朔傳》八卷、《李固別傳》七卷、《梁冀傳》二卷、《何顒傳》一卷、《曹瞞傳》一卷、《毋丘儉記》三卷、《管輅傳》二卷、《諸葛亮隱沒五事》一卷、《玄晏春秋》二卷、《薛常侍傳》二卷、《桓玄傳》二卷。後一小類的作品，很顯然都是單篇個人傳記。而前一小類的作品性質值得探討。考《隋書·經籍志》雜傳類，單篇人物傳記《東方朔傳》、《毋丘儉記》、《管輅傳》、《玄晏春秋》前後，也著錄有任昉《雜傳》三十六卷、賀蹤《雜傳》四十卷、陸澄《雜傳》四十卷、無名氏《雜傳》十一卷。〔註8〕由於這一類稱爲「雜傳」、「集記」的作品是緊接《良吏傳》、《名士傳》、《文士傳》等有專題的人物傳記集之後著錄的，又與單篇的人物傳記相鄰，因此這類作品很可能是對各種單篇人物傳記的彙編，由於傳記涉及的人物身份特徵複雜，無法統一命名，因此稱爲「雜傳」。這樣，雜傳在同一書中出現了三種不同的涵義：一是正史之外各種傳記的總稱；二是對某些專書

〔註6〕兩《志》雜傳類著錄的較大區別，是《舊唐志》將列女傳類放在了最後著錄，將家傳歸入雜譜牒類著錄。

〔註7〕筆者只統計到四家，姑存疑於此。

〔註8〕《新唐書·藝文志》著錄《東方朔傳》、《李固別傳》、《梁冀傳》、郭沖《諸葛亮隱沒五事》、《何顒傳》、《曹瞞傳》、《毋丘儉記》、管辰《管輅傳》、《桓玄傳》等單篇傳記後，也著錄有《雜傳》六十九卷、又四十卷、又九卷，任昉《雜傳》一百二十卷。這種著錄方式，也與《隋志》、《舊唐志》相同。

的名稱，它們都是彙編各種單篇傳記而成的書籍；三是對各種單篇人物傳記的總稱。由於容易混淆，如《舊唐書‧經籍志》這樣將各種單篇人物傳記合稱爲「雜傳」，顯然是很不合適的。

《新唐書‧藝文志》「雜傳記類」雖然沒有明確說明分類標準，但其著錄排列順序基本與《隋志》和《舊唐志》相同。〔註9〕只是將僧道、神怪類剔除出「雜傳記」類，入於子部。其後各目錄學著作的雜傳分類，大多跟從《新唐書‧藝文志》的這種做法，而具體類別數量和名稱又時有不同，常常造成參錯混淆的狀況。如鄭樵《通志‧藝文略》就將傳記分爲耆舊、高隱、孝友、忠烈、名士、交遊、列傳、家傳、列女、科第、名號、冥異、祥異十三類。《四庫全書》因「諸家著錄體例相同，其參錯混淆亦如一軌」，〔註10〕將雜傳分目簡化爲聖賢、名人、總錄、雜錄、別錄五類，不過這種分法，也存在分類標準不統一的缺點。

現代學者對於雜傳的劃分，也有不同的看法。仇鹿鳴將雜傳大致劃分爲郡書、家傳、別傳、類傳四類，〔註11〕基本能夠覆蓋雜傳的總體類型。也有學者以文本形式的不同，將雜傳分爲類傳和散傳兩大類：正史之外以類相從的傳記集稱類傳，正史以外的單篇個人傳記稱爲散傳。這種分法雖然爲學術研究提供了方便，但也過於粗略。即如散傳一類，雖然囊括所有單篇形式的傳記，但其中各傳記之間的細部差別，也因此被忽略了。本論文所要重點探討的問題之一，就是要在散傳這個概念之下，考察現存的以單篇形式留存的各種人物傳記，並對其進行再分類。

翻檢眾多的漢魏六朝史料，我們可以注意到一個現象：在裴松之《三國志注》、劉孝標《世說新語注》、李善《文選注》以及《北堂書鈔》、《藝文類聚》、《太平御覽》等類書當中，保存有大量以「別傳」命名的單篇人物傳記。而在目錄學著作裏，史部并無「別傳」類，所著錄的單篇人物傳記，多歸於雜傳類，卻也寥寥無幾，與我們實際可以掌握的被稱爲「某某別傳」的單篇人物別傳數量之眾，形成了鮮明的對比。這就引出了本論文將要討論的問題：何爲別傳？別傳的性質和特徵是什麼？別傳在目錄學分類中究竟應該處於何種地位？別傳與正史之外的單篇人物傳記（散傳）是否爲同一概念？別傳可

〔註 9〕 《新唐志》雜傳記類也將列女傳類放在最後著錄，卻又將家傳重新歸入雜傳記類。

〔註10〕 《四庫全書總目》卷五十七《傳記類序》，北京：中華書局，1995 年。

〔註11〕 參見仇鹿鳴《略談魏晉的雜傳》，《史學史研究》，2006 年第 1 期。

否作爲一種特定的傳記類別名稱？別傳與雜傳及正史傳記有何聯繫？以及由此產生的一系列疑問，都需要經過認眞梳理，才能解決。

由於目錄學上沒有別傳類的分目，因此對於漢魏六朝時期單篇人物傳記的研究，過去基本上都是在雜史或者雜傳研究的範圍內進行的，也就是說，單篇人物傳記並不被作爲一個獨立的整體來看待。近年來，陸續有一些對單篇人物傳記的研究成果問世，算是塡補了一些缺憾，但是從研究的深度和廣度來說，還不盡如人意。從單篇人物傳記的考訂、輯校方面來說，清人所作的基礎工作較多。湯球輯《九家舊晉書》，將單篇留存的兩晉人物傳記輯爲《晉諸公別傳》，但是湯氏的甄別選擇自有其標準，似乎是將所有單篇傳記，包括本事、行狀等都歸入「別傳」的概念，實爲不妥。另外，湯氏所輯僅止兩晉（上涉曹魏時期），並非漢魏六朝全貌。章宗源著《隋書·經籍志考證》，補出雜傳類書目 184 種，其中絕大多數爲單篇人物傳記。姚振宗的《隋書·經籍志考證》又補出 35 種。姚振宗的《漢書藝文志條理》、《漢書藝文志拾補》、《三國藝文志》、侯康《補後漢書藝文志》、《補三國藝文志》、顧櫰三《補後漢書藝文志》、丁國鈞《補晉書藝文志》、聶崇岐《補宋書藝文志》、陳述《補南齊書藝文志》、張鵬一《隋書經籍志補》等書，雖然並非專門研究單篇人物傳記的書籍，但都爲調查該時期單篇人物傳記提供了很好的參考。可以說，清人的輯錄成果爲後世的研究打下了堅實的基礎。

有一些以雜傳作爲考察對象的論文和專著，對單篇人物傳記的問題有所論述。如熊明《六朝雜傳概說》（《遼寧大學學報（哲社版）》2002 年第 1 期）、熊明《從漢魏六朝雜傳到唐人傳奇》（《社會科學輯刊》2005 年第 5 期）、熊明《試論漢魏六朝人物傳寫的小說化傾向》（《瀋陽師範大學學報（社會科學版）》2003 年第 2 期）、仇鹿鳴《略談魏晉的雜傳》（《史學史研究》2006 年第 1 期）、張新科《〈三國志注〉所引雜傳述略》（《陝西師範大學學報（哲社版）》2003 年第 5 期）、張承宗《六朝道教人物雜傳述要》（《蘇州大學學報（哲社版）》1998 年第 1 期）、武麗霞《論唐傳奇的雜傳實質》（《西南師範大學學報（人文社會科學版）》2004 年第 3 期）、劉湘蘭《兩晉史官制度與雜傳的興盛》（《史學史研究》2005 年第 2 期）、張永剛《〈搜神記〉之雜傳論》（《蘭州學刊》2005 年第 5 期）。這些論文圍繞目錄學上比較明確的「雜傳」概念展開討論，雖然切入點各不相同，但是都對單篇人物傳記有所述及。熊明的《漢魏六朝雜傳研究》（瀋陽：遼海出版社，2004 年）是目前研究漢魏六朝雜傳問題最爲

重要的一部專著。熊明將單篇人物傳記置於「散傳」概念之下，與其他叢集成書的雜傳形成的「類傳」相對，較爲全面地進行了研究，對一些單篇人物傳記還做了輯校和評述工作。但是熊明的「散傳」概念包羅過於寬泛，其下的傳記與傳記之間，有些明顯有著質的區別，是應該被繼續分類加以討論的。加之熊明的研究出發點是站在討論雜傳與小說的關係上，因此對於雜傳類作品本身的性質、特徵以及其他相關問題的論述就顯得比較薄弱。四川大學武麗霞的博士學位論文《唐代雜傳研究》，選題與熊明的專著正好在時代上相銜接，並且也專節討論過雜傳的分類及類名，以及漢魏六朝雜傳的概況。武麗霞沒有採用散傳的概念，而是特意創造「單傳」來作爲某些單篇人物傳記的類別名。值得注意的是，她將有關佛、道人物的單篇傳記也稱爲單傳，卻在專章討論單傳時不涉及佛、道單傳，而將其放入佛道雜傳的專章論述。這一現象說明在單傳這個概念之下，作品之間還是存在性質上的不同，還有被細化分類的必要。

目前也有一些以「別傳」爲探討對象的論文出現。如田延峰《漢魏六朝時期人物別傳綜論》(《寶雞文理學院學報（哲社版）》1995 年第 2 期)，對別傳的撰作時限、別傳的概念、別傳的產生以及別傳的發展和衰落等問題作了宏觀上的討論。王煥然《試論漢末的名士別傳》(《瀋陽師範大學學報（社會科學版）》2004 年第 2 期) 討論的是有關漢末名士的單篇人物傳記，也兼論這些傳記中的小說筆法，以及漢末名士別傳創作興盛的原因等問題。朱靜《魏晉別傳繁興原因探析》(《鹽城師範學院學報（人文社會科學版）》2006 年第 2 期) 是其碩士學位論文《魏晉別傳研究》的階段性成果，從史官文化傳統、九品中正制的發展等方面分析了魏晉時期別傳創作興盛的背景因素。朱靜的《魏晉別傳研究》選取了別傳創作最爲興盛的魏晉時期作爲研究時段，嘗試對別傳的概念進行準確界定，並分析其史學價值和藝術特點。這些論文都對「別傳」概念作出了解說，但是觀點並不統一。

對於漢魏六朝單篇人物傳記的個案研究，學者主要是從與小說關係的角度入手，如李劍國《〈神女傳〉〈杜蘭香傳〉〈曹著傳〉考論》(《明清小說研究》1998 年第 4 期)、熊明《〈東方朔傳〉考論》(鞍山師範學院學報 2003 年第 2 期)、熊明《虛構與漢魏六朝雜傳的小說化——從〈雷煥別傳〉說起》(《遼寧大學學報（哲社版）》2006 年第 4 期)、李劍國《秦醇〈趙飛燕別傳〉考論》(《固原師專學報（社會科學版）》2001 年第 1 期)、魏玉川《〈飛燕外傳〉考

論》(《唐都學刊》2005 年第 6 期)、王建堂、宋海鷹《〈飛燕外傳〉的問世與
流播》(《晉東南師範專科學校學報》2002 年第 4 期)。也有從其他角度來寫
的,如伏俊璉《由〈漢書·東方朔傳〉談史家據本人文章改寫本傳》(《西北
成人教育學報》)、陳連慶《〈曹瞞傳〉輯校》(《中國古代歷史人物論集》,《東
北師大學報》編輯部 1980 年)。

　　上述研究成果,為本論文的寫作提供了有益的思路,同時也更加劇了對
別傳認知的分歧,使得論文的首要工作,不得不集中在對別傳概念的準確界
定上。

　　本論文首先通過大量文獻實據,對「別傳」這一概念進行全面的探討,
將「別傳」概念的歷史流變進行詳細的梳理,得出一個比較清晰的脈絡,使
「別傳」的原始意義得以確立。并在此基礎上,確定本論文研究對象的具體
範圍。其次是對概念範圍內的作品進行輯錄,按傳主的時代先後順序整理出
別傳文字,作為研究的原始資料。最後是對整理出的資料進行微觀和宏觀的
研究。

　　本論文採取以下的研究方法和手段:

　　一、文獻學的方法。漢魏六朝時期的別傳類傳記,大多散佚嚴重,往往
支离破碎,散見於諸書所引。本論文力求在輯佚的基礎上,恢復漢魏六朝別
傳的留存全貌,使論文的研究具備準確客觀的文獻依據。隨著古籍電子化的
進程日益加快,輯佚工作的效率得到了很大提高。但這只是提供了信息檢索
的方便,要完成辨析核對等工作,仍然需要付出極大的努力。

　　二、分期分類研究的方法。將搜輯到的別傳類傳記,分為不同階段進行
研究,同時對傳主身份特徵進行分類,展現別傳類傳記的基本樣貌和發展規
律。

　　三、比較研究的方法。將本論文的研究對象與其他類別的史學著述進行
對比研究,確立別傳類傳記在史學中的地位和作用。這樣的研究,目前還屬
於學術研究的空白,本文力圖建立起以別傳類傳記為新視角的史傳研究方
向。另外,將本論文的研究對象與文學作品特別是小說進行對比研究,探索
別傳類傳記在文學發展史上的獨特功能。這方面的研究,前賢已取得許多重
大成果,本文在綜合闡述這些成果的同時,補充個人的見解,使論文在結構
上更趨於完整。

第一章 「別傳」概念的歷史流變及
重新界定

第一節 注釋家的「別傳」概念

　　「別傳」一詞的大量使用，就現存的史籍來看，起於劉宋時期裴松之《三國志注》所引的單篇人物傳記中。據《建康實錄》所記，裴松之《三國志注》成書於宋文帝元嘉六年（429）七月〔註1〕。經筆者統計，在裴注中徵引題為《某某別傳》的人物傳記63次，共計22種。近八十年後，梁代劉孝標注《世說新語》〔註2〕，更引題為《某某別傳》的傳記達82種。考察漢魏六朝時期以「別傳」命名的單篇人物傳記，即以裴、劉二家注釋中所引的數量為最。二家使用別傳這一概念為最早，引用數量又最多，因此，要搞清楚「別傳」一詞的概念，就必須從這兩個注釋家所引的別傳文獻入手。

　　首先需要對裴松之《三國志注》中引用的別傳作一考察。全書共引用別傳63次，22種。分別為：

	篇　　名	引用出處	引用條數
1	《鄭玄別傳》	《魏書·曹髦傳》	1
		《魏書·國淵傳》	1

〔註1〕《建康實錄·宋太祖文皇帝紀》：「（六年七月）庚寅，裴松之上書言曰……，帝覽之曰：『裴世期為不朽矣。』」

〔註2〕據余嘉錫考證，劉孝標注《世說新語》當在梁武帝天監六年（507）前後，詳見余嘉錫《世說新語箋疏》，中華書局，1983年版，第232頁。

2	《荀彧別傳》	《魏書・荀彧傳》	3
3	《荀勗別傳》	《魏書・賈詡傳》	1
4	《邴原別傳》	《魏書・邴原傳》	1
5	《程曉別傳》	《魏書・程曉傳》	1
6	《孫資別傳》	《魏書・孫資傳》	5
		《魏書・賈逵傳》	1
7	《曹志別傳》	《魏書・曹植傳》	1
8	《嵇康別傳》	《魏書・嵇康傳》	1
9	《吳質別傳》	《魏書・吳質傳》	1
10	《潘尼別傳》	《魏書・潘勗傳》	1
11	《潘岳別傳》	《魏書・潘勗傳》	1
12	《劉廙別傳》	《魏書・劉廙傳》	4
13	《盧諶別傳》	《魏書・盧毓傳》	1
14	《任嘏別傳》	《魏書・王昶傳》	1
15	《華佗別傳》	《魏書・華佗傳》	3
16	《管輅別傳》	《魏書・管輅傳》	19
17	《趙雲別傳》	《蜀書・趙雲傳》	5
18	《費禕別傳》	《蜀書・費禕傳》	5
19	《孫惠別傳》	《吳書・孫賁傳》	1
20	《虞翻別傳》	《吳書・虞翻傳》	3
21	《陸機陸雲別傳》	《吳書・陸遜傳》	1
22	《諸葛恪別傳》	《吳書・諸葛恪傳》	1

　　這 22 種別傳中，特別值得注意的是《管輅別傳》。裴松之注中徵引此傳達 19 次之多，在所引別傳中也是較為完整的一篇。裴注引《管輅別傳》的最後一條，還錄入了管辰（管輅之弟）作的一篇敘，可證其作者為管辰。而《隋書・經籍志》著錄管辰撰《管輅傳》三卷，《舊唐書・經籍志》和《新唐書・藝文志》著錄管辰撰《管輅傳》二卷，都應該指的是同一傳記，也可證管辰所撰傳記的本名即《管輅傳》。那為什麼裴松之要在注釋中引作《管輅別

傳》呢？

在裴松之注中，稱《三國志》本書的傳記爲「本傳」，是與其他所有引書相對而稱的。如《魏書‧袁紹傳》：

> 初，天子之立非紹意，及在河東，紹遣潁川郭圖使焉。圖還說紹迎天子都鄴，紹不從。

裴松之注引《獻帝傳》云：

> 沮授說紹云：「將軍累葉輔弼，世濟忠義。今朝廷播越，宗廟毀壞，觀諸州郡外託義兵，內圖相滅，未有存主恤民者。且今州城粗定，宜迎大駕，安宮鄴都，挾天子而令諸侯，畜士馬以討不庭，誰能禦之！」紹悅，將從之。郭圖、淳于瓊曰：「漢室陵遲，爲日久矣，今欲興之，不亦難乎！且今英雄據有州郡，眾動萬計，所謂秦失其鹿，先得者王。若迎天子以自近，動輒表聞，從之則權輕，違之則拒命，非計之善者也。」授曰：「今迎朝廷，至義也，又於時宜大計也，若不早圖，必有先人者也。夫權不失機，功在速捷，將軍其圖之！」紹弗能用。案此書稱沮授之計，則與本傳違也。

又如《魏書‧袁術傳》：

> 太祖與紹合擊，大破術軍。術以餘眾奔九江，殺揚州刺史陳溫，領其州。

裴松之注云：

> 臣松之案《英雄記》：「陳溫字元悌，汝南人。先爲揚州刺史，自病死。袁紹遣袁遺領州，敗散，奔沛國，爲兵所殺。袁術更用陳瑀爲揚州。瑀字公瑋，下邳人。瑀既領州，而術敗於封丘，南向壽春，瑀拒術不納。術退保陰陵，更合軍攻瑀。瑀懼走歸下邳。」如此，則溫不爲術所殺，與本傳不同。

又如《魏書‧荀彧傳》：

> 太祖雖征伐在外，軍國事皆與彧籌焉。

裴松之注云：

> 臣松之以本傳不稱彧容貌，故載《典略》與《彧傳》以見之。

首先可以確定的是，裴注所引的《管輅別傳》與隋、唐《志》中著錄的《管輅傳》是同一篇傳記，而且是一篇以單篇形式留存的個人傳記。之所以把原來名爲《管輅傳》的傳記引稱爲《管輅別傳》，是由於《三國志》中本身就有

一篇《管輅傳》，為了與所注書的「本傳」相對，裴松之把原來名為《管輅傳》的單篇傳記改名為《管輅別傳》加以引用，以示區別。

有的觀點認為，「別傳」一詞只是與正史傳記的所謂「本傳」相對而稱的。這種說法並不準確。其實「別傳」一詞也與以叢集形式存在的各種史傳書籍的傳記相對而稱，用以體現其單篇獨行的存在形式。如《魏書・曹髦傳》：

> 關內侯王祥，履仁秉義，雅志淳固。關內侯鄭小同，溫恭孝友，帥禮不忒。其以祥為三老，小同為五更。車駕親率羣司，躬行古禮焉。

裴松之注云：

> 《漢晉春秋》曰：「帝乞言於祥，祥對曰：『昔者明王禮樂既備，加之以忠誠，忠誠之發，形於言行。夫大人者，行動乎天地；天且弗違，況於人乎？』」祥事別見《呂虔傳》。小同，鄭玄孫也。
> 《（鄭）玄別傳》曰：「玄有子，為孔融吏，舉孝廉。融之被圍，往赴，為賊所害。有遺腹子，以丁卯日生；而玄以丁卯歲生，故名曰小同。」

鄭玄在《三國志》中未被立傳，因此在注釋中就不存在與「本傳」相對的問題。很明顯，裴注引稱為《鄭玄別傳》而非《鄭玄傳》，是為了表明這是一篇單行的人物傳記，與其他的叢集形式的史籍傳記是不同的。另外，裴注所引《荀勗別傳》、《曹志別傳》、《潘尼別傳》、《潘岳別傳》、《任嘏別傳》、《孫惠別傳》、《陸機陸雲別傳》，也與《鄭玄別傳》一樣，都是為體現其單篇存在的形式而稱別傳的。

那麼反過來說，是否所有單篇人物傳記，裴松之在引用時都稱「某某別傳」呢？當然不是。除了上述裴松之明確稱「某某別傳」的單篇人物傳記之外，裴氏還引有其他單篇人物傳記不稱別傳者：

	篇　　名	引用出處	引用條數
1	何邵《荀粲傳》	《魏書・荀彧傳》	1
2	梁寬《娥親傳》	《魏書・龐淯傳》	1
3	嵇喜《嵇康傳》	《魏書・嵇康傳》	1
4	謝鯤《樂廣傳》	《魏書・裴潛傳》	1

5	夏侯湛《辛憲英傳》	《魏書・辛毗傳》	1
6	鍾會《母夫人張氏傳》	《魏書・鍾會傳》	2
7	何邵《王弼傳》	《魏書・劉曄傳》〔註3〕	1
		《魏書・鍾會傳》	1
8	陸機《顧譚傳》	《吳書・顧譚傳》	1
9	《曹瞞傳》	《魏書・武帝紀》	15
		《魏書・袁紹傳》	1
		《魏書・呂布傳》	1
		《魏書・荀彧傳》	1
10	《郭林宗傳》	《魏書・衛臻傳》	1
		《魏書・王昶傳》	1
11	《平原禰衡傳》	《魏書・荀彧傳》	1
12	《毋丘儉志記》	《魏書・明帝紀》	1
13	《鄭玄傳》	《蜀書・孫乾傳》	1

　　從這些單篇傳記中，我們可以看到裴松之使用「別傳」一詞的其他一些原因。第 1 條至第 8 條的八篇傳記都有作者姓名，因此只要作者可考，裴松之就不需要將其稱爲「某某別傳」，而以「何邵爲（王）粲傳」、「鍾會爲母傳」「謝鯤爲樂廣傳」這樣的形式進行引用。反之，作者無考的單篇傳記，就需要稱「別傳」，以與其他形式的傳記相區別了。

　　那麼第 9 條至第 13 條的五篇傳記，顯然也是單篇人物傳記，爲什麼不稱別傳呢？《舊唐書・經籍志》著錄《曹瞞傳》，含糊稱其爲「吳人作」。裴松之注《三國志》時，應該也不清楚究竟作者爲誰。不過由於《曹瞞傳》篇名很特殊，可能在當時流傳也比較廣，不會與別的傳記產生混淆，因此裴松之無須改稱其爲《曹操別傳》。《郭林宗傳》、《平原禰衡傳》、《毋丘儉志記》的情況大概也是這樣，所以未被改稱爲《郭泰別傳》、《禰衡別傳》、《毋丘儉別傳》。唯一的例外就是《鄭玄傳》，既無作者姓名，又與注中《鄭玄別傳》所引文字不同，其出處不得而知。如果確爲《鄭玄別傳》的文字，那麼其篇名

〔註3〕《魏書・劉曄傳》所引徑稱《王弼傳》，考其文字，實爲《鍾會傳》注所引中的一句，知其乃何邵所作之《王弼傳》。

應該奪一「別」字；如果是與《鄭玄別傳》不同的鄭玄傳記，那麼裴松之在引用時應該以其他方式進行處理，如改稱爲《鄭康成傳》或《高密鄭玄傳》等，以與先前引用的同爲單篇傳記的《鄭玄別傳》相區別。當然，此篇的特殊情況並不妨礙裴注引用單篇人物傳記的總體體例。

至此，我們可以作如下推定：1、裴注中引有許多單篇人物傳記，其中一部分如嵇喜《嵇康傳》、《曹瞞傳》等，因爲有確切作者姓名或者篇名特殊流傳甚廣的原因，裴氏在引用時無須改稱其爲「某某別傳」，即可在注釋中引用，而不至於與其他傳記發生混淆。2、另外一部分單篇人物傳記作者無考，原稱爲《某某傳》，爲了不與正史傳記和其他史籍中的同名傳記相混淆，裴松之將其改稱爲《某某別傳》，以示區別，並借此標明其單篇的存在形式。3、裴松之注中的「別傳」一詞，是爲防止某些單篇傳記與其他類型同名傳記相互混淆而創造的，屬於特殊場合下的臨時變稱。

繼裴松之首創「別傳」來描述某些單篇人物傳記之後，梁代劉孝標注《世說新語》，也沿用了裴松之的這種注釋體例。劉孝標《世說新語注》共引用別傳136次，82種：

	篇　名	引用出處	引用條數
1	《郭泰別傳》	德行 3	1
		政事 17	1
2	《嵇康別傳》	德行 16	1
		容止 5	1
		棲逸 3	1
3	《郗鑒別傳》	德行 24	1
4	《王乂別傳》	德行 26	1
5	《丞相別傳》	德行 27	1
6	《桓彝別傳》	德行 30	1
7	《阮光祿別傳》	德行 32	1
8	《劉尹別傳》	德行 35	1
		賞譽 88	1
9	《范宣別傳》	德行 38	1

10	《王獻之別傳》	德行 39	1
11	《桓玄別傳》	德行 41	1
		德行 43	1
		文學 103	1
		任誕 50	1
12	《王恭別傳》	德行 44	1
13	《孔融別傳》	言語 3	1
14	《司馬徽別傳》	言語 9	1
15	《向秀別傳》	言語 18	1
		文學 17	1
16	《陸機別傳》	言語 26	1
		尤悔 3	1
17	《衛玠別傳》	言語 32	1
		文學 20	1
		識鑒 8	1
		賞譽 45	1
		賞譽 51	1
		品藻 42	1
		容止 14	1
		容止 16	1
		容止 19	1
		傷逝 6	1
18	《顧和別傳》	言語 33	1
19	《王含別傳》	言語 37	1
20	《高坐別傳》	言語 39	1
21	《佛圖澄別傳》	言語 45	1
22	《孫放別傳》	言語 50	1
		排調 33	1

23	《庾翼別傳》	言語 53	1
		豪爽 7	1
24	《桓溫別傳》	言語 55	1
		政事 19	1
		文學 96	1
		方正 54	1
		識鑒 20	1
		品藻 37	1
25	《王長史別傳》	言語 66	1
26	《郗超別傳》	言語 75	1
27	《王胡之別傳》	言語 81	1
		賞譽 125	1
		賞譽 131	1
		賞譽 136	1
		品藻 60	1
28	《鍾雅別傳》	政事 11	2
29	《陸玩別傳》	政事 13	1
		規箴 17	1
30	《殷浩別傳》	政事 22	1
		文學 27	1
31	《王珉別傳》	政事 24	1
32	《鄭玄別傳》	文學 1	1
33	《王弼別傳》	文學 6	1
		文學 8	1
34	《荀粲別傳》	文學 9	2
		惑溺 2	1
35	《王敦別傳》	文學 20	1
36	《謝鯤別傳》	文學 20	1
		規箴 12	1

37	《王述別傳》	文學 22	1
		方正 47	1
		簡傲 10	1
38	《謝玄別傳》	文學 41	1
39	《樊英別傳》	文學 61	1
40	《左思別傳》	文學 68	2
41	《郭璞別傳》	文學 76	1
		術解 7	1
42	《諸葛恢別傳》	方正 25	1
43	《周顗別傳》	方正 31	1
44	《孔愉別傳》	方正 38	1
		棲逸 7	1
45	《蔡司徒別傳》	方正 40	1
46	《王彪之別傳》	方正 46	1
47	《陶侃別傳》	方正 52	1
		識鑒 19	1
		賢媛 20	1
48	《羅府君別傳》	方正 56	1
49	《祖約別傳》	雅量 15	1
50	《阮孚別傳》	雅量 15	1
		任誕 15	1
51	《羊曼別傳》	雅量 20	1
52	《王劭王薈別傳》	雅量 26	1
53	《王彬別傳》	識鑒 15	1
54	《孟嘉別傳》	識鑒 16	1
55	《邴原別傳》	賞譽 4	1
		輕詆 18	1
56	《陸雲別傳》	賞譽 20	1

57	《王澄別傳》	賞譽 31	1
		賞譽 52	1
58	《王邃別傳》	賞譽 46	1
59	《卞壺別傳》	賞譽 54	1
		任誕 27	1
60	《王濛別傳》	賞譽 87	1
		賞譽 109	1
		賞譽 133	1
		傷逝 10	1
		任誕 32	1
61	《支遁別傳》	賞譽 88	1
		賞譽 98	1
62	《郗愔別傳》	品藻 29	1
63	《劉恢別傳》	品藻 48	1
64	《陳逵別傳》	品藻 59	1
65	《東方朔別傳》	規箴 1	1
66	《管輅別傳》	規箴 6	1
		排調 21	1
67	《賀循別傳》	規箴 13	1
68	《羅含別傳》	規箴 19	1
69	《桓沖別傳》	夙惠 7	1
70	《桓豁別傳》	豪爽 10	1
71	《潘岳別傳》	容止 7	1
72	《周處別傳》	自新 1	1
73	《阮裕別傳》	棲逸 6	1
74	《賈充別傳》	賢媛 13	1
		惑溺 3	1
75	《王汝南別傳》	賢媛 15	1

76	《郗曇別傳》	賢媛 25	1
77	《范汪別傳》	排調 34	1
78	《蔡充別傳》	輕詆 6	1
79	《郭林宗別傳》	黜免 6	1
80	《王雅別傳》	讒險 3	1
81	《司馬無忌別傳》	仇隙 3	1
82	《王廙別傳》	仇隙 3	1

　　劉孝標使用「別傳」，也是為了與正史及其他史籍傳記相區別，並突出所引傳記的單篇形式特徵。如規箴 1「漢武帝乳母嘗於外犯事」條，劉注云：

　　《漢書》曰：「朔字曼倩，平原厭次人。」《朔別傳》曰：「朔，南陽步廣里人。」《列仙傳》曰：「朔是楚人，武帝時，上書說便宜，拜郎中。宣帝初，棄官而去，共謂歲星也。」

又德行 3「郭林宗至汝南造袁奉高」條，劉注云：

　　《續漢書》曰：「郭泰字林宗，太原介休人。泰少孤，年二十，行學至城皋屈伯彥精廬，乏食，衣不蓋形，而處約味道，不改其樂。李元禮一見稱之曰：『吾見士多矣！無如林宗者也。』及卒，蔡伯喈為作碑，曰：『吾為人作銘，未嘗不有慚容，唯為郭有道碑頌無愧耳！』初以有道君子徵，泰曰：『吾觀乾象、人事，天之所廢，不可支也。』遂辭以疾。」《泰別傳》曰：「薛恭祖問之，泰曰：『奉高之器，譬諸汎濫，雖清易挹也。』」

又言語 3「孔文舉年十歲，隨父到洛」條，劉注云：

　　《續漢書》曰：「孔融字文舉，魯國人，孔子二十四世孫也。高祖父尚，鉅鹿太守。父宙，泰山都尉。」《融別傳》曰：「融四歲，與兄食梨，輒引小者。人問其故，答曰：『小兒法當取小者。』年十歲，隨父詣京師。河南尹李膺有重名，融欲觀其為人，遂造之。膺問：『高明父祖嘗與僕周旋乎？』融曰：『然。先君孔子與君先人李老君同德比義，而相師友，則融與君累世通家也。』眾坐莫不歎息，僉曰：『異童子也！』太中大夫陳韙後至，同坐以告，韙曰：『人小時了了者，長大未必能奇。』融應聲曰：『即如所言，君之幼時，豈實慧乎？』膺大笑，顧謂融曰：『長大必為偉器！』」

又言語 26「陸機詣王武子」條，劉注云：

> 《晉陽秋》曰：「機字士衡，吳郡人。祖遜，吳丞相。父抗，大
> 司馬。機與弟雲並有儁才，司空張華見而說之，曰：『平吳之利，在
> 獲二儁。』」《機別傳》曰：「博學，善屬文，非禮不動。入晉，仕著
> 作郎，至平原內史。」

又文學 1「鄭玄在馬融門下」條，劉注云：

> 《高士傳》曰：「玄字康成，北海高密人。八世祖崇，漢尚書。」
> 《玄別傳》曰：「玄少好學書數，十三誦《五經》，好天文、占候、
> 風角、隱術。年十七，見大風起，詣縣曰：『某時當有火災。』至時
> 果然，智者異之。年二十一，博極羣書，精曆數圖緯之言，兼精算
> 術。遂去吏，師故兗州刺史第五元。先就東郡張恭祖受《周禮》、《禮
> 記》、《春秋傳》。周流博觀，每經歷山川，及接顏一見，皆終身不忘。
> 扶風馬季長以英儒著名，玄往從之，參考同異。季長后戚，嫚於待
> 士，玄不得見，住左右，自起精廬。既因紹介得通。時涿郡盧子幹
> 為門人冠首，季長又不解剖裂七事，玄思得五，子幹得三。季長謂
> 子幹曰：『吾與汝皆弗如也。』季長臨別，執玄手曰：『大道東矣，
> 子勉之！』後遇黨錮，隱居著述，凡百餘萬言。大將軍何進辟玄，
> 乃縫掖相見。玄長八尺餘，鬚眉美秀，姿容甚偉。進待以賓禮，授
> 以几杖。玄多所匡正，不用而退。袁紹辟玄，及去，餞之城東，欲
> 玄必醉。會者三百餘人，皆離席奉觴，自旦及莫，度玄飲三百餘桮，
> 而溫克之容，終日無怠。獻帝在許都，徵為大司農，行至元城，卒。」

劉注中經常出現這種首先引用某人在叢集性史籍中的傳記，接著引用其單篇
傳記的情況。這樣，「別傳」就作為了表明其單篇存在形式的重要標誌。其他
單獨引用而稱為《某某別傳》的單篇傳記，也隨之具有了這一特性。

對作者可考的單篇傳記，劉孝標也沿用裴松之的做法，稱為「某某為某
某傳」，如言語 57「顧悅與簡文同年而髮蚤白」條下注：

> 顧凱之為父傳曰：「君以直道，陵遲於世。入見王，王髮無二
> 毛，而君已斑白。問君年，乃曰：『卿何偏蚤白？』君曰：『松柏之
> 姿，經霜猶茂；臣蒲柳之質，望秋先零。受命之異也。』王稱善久
> 之。」

對於名稱特殊流傳較廣的單篇傳記如《曹瞞傳》，劉孝標也不改稱，徑直加以

引用。

　　另外，劉注所引別傳出現了一些傳主相同的單篇人物傳記，如王濛有《王濛別傳》、《王長史別傳》；劉惔有《劉惔別傳》、《劉尹別傳》；羅含有《羅含別傳》、《羅府君別傳》；阮裕有《阮裕別傳》、《阮光祿別傳》；郭泰有《郭泰別傳》、《郭林宗別傳》。這是裴注引書中沒有出現的情況。劉孝標的處理辦法是將它們通稱「別傳」，以標示其單篇人物傳記的形式特徵；而通過對篇名的不同稱呼，達到了互相區別的目的。可見劉孝標對於「別傳」一詞的使用，較之裴松之又有所發展，也很好地解決了前述裴松之注引《鄭玄別傳》和《鄭玄傳》難以區分的問題。

　　但是相對於裴松之注釋體例的嚴謹，劉孝標在注引單篇人物傳記時，顯得比較隨意，一些作者無考的單篇人物傳記，沒有使用「別傳」來加以區分。這些單篇傳記有：

1、德行6「陳太丘詣荀朗陵」條注引《陳寔傳》：

　　寔字仲弓，潁川許昌人。爲聞喜令、太丘長，風化宣流。

2、言語72「王中郎令伏玄度、習鑿齒論青楚人物」條注引《王中郎傳》：

　　坦之字文度，太原晉陽人。祖東海太守承，清淡平遠。父述，貞貴簡正。坦之器度淳深，孝友天至，譽輯朝野，標的當時。累遷侍中、中書令，領北中郎將、徐、兗二州刺史。

3、言語98「司馬太傅齋中夜坐」條注引《孝文王傳》：

　　王諱道子，簡文皇帝第五子也，封會稽王，領司徒、揚州刺史，進太傅。爲桓玄所害。贈丞相。

4、言語102「宣武移鎮南州」條注引《王司徒傳》：

　　王珣字元林，丞相導之孫，領軍洽之子也。少以清秀稱。大司馬桓溫辟爲主簿，從討袁眞，封交趾望海縣東亭侯，累遷尚書左僕射，領選，進尚書令。

5、政事21「山遐去東陽」條注引《江惇傳》：

　　山遐爲東陽，風政嚴苛，多任刑殺，郡內苦之。惇隱東陽，以仁恕懷物，遐感其德，爲微損威猛。

6、識鑒7「石勒不知書」條注引《石勒傳》：

　　勒字世龍，上黨武鄉人，匈奴之苗裔也。雄勇好騎射。晉元康中，流宕山東，與平原茌平人師歡家庸，耳恒聞鼓角鞞鐸之音，勒

私異之。初，勒鄉里原上地中生石，日長，類鐵騎之象；國中生人參，茹葉甚盛。於時父老相者皆云：「此胡體貌奇異，有不可知。」勸邑人厚遇之，人多哂而不信。永嘉初，豪傑並起，與胡王陽等十八騎詣汲桑爲左前督。桑敗，共推勒爲主，攻下州縣，都於襄國。後僭正號，死，諡明皇帝。

7、識鑒 15「王大將軍既亡」條注引《王舒傳》：

舒字處明，琅邪人。祖覽，知名。父會，御史。舒器業簡素，有文武幹。中宗用爲北中郎將、荊州刺史、尚書僕射，出爲會稽太守、以父名會，累表自陳。討蘇峻有功，封彭澤侯，贈車騎大將軍。

8、品藻 13「會稽虞騄元皇時與桓宣武同俠」條注引《虞光祿傳》：

騄字思行，會稽餘姚人，虞翻曾孫，右光祿潭兄子也。雖機幹不及潭，而至行過之。歷吏部郎、吳興守，徵爲金紫光祿大夫，卒。

又：

未登臺鼎，時論稱屈。

9、巧藝 1「彈棋始自魏宮內用妝奩戲」條注引《梁冀傳》：

冀善彈棋格五。

10、黜免 7「桓宣武既廢太宰父子」注引《司馬晞傳》：

晞字道升，元帝第四子。初封武陵王，拜太宰。少不好學，尚武凶恣。時太宗輔政，晞以宗長不得執權，常懷憤慨，欲因桓溫入朝，殺之。太宗即位，新蔡王晃首辭，引與晞及子綜謀逆，有司奏晞等斬刑，詔原之，徙新安。晞未敗四五年中，喜爲挽歌，自搖大鈴，使左右習和之。又燕會，倡妓作新安人歌舞離別之辭，其聲甚悲。後果徙新安。

上述 10 種傳記，均在劉注中只引用過一次。按照劉孝標的注釋體例，本應當也被稱作《某某別傳》，以體現其單篇的存在形式，而現存各版本均作《某某傳》，使得相同性質的單篇人物傳記在引用時出現了既有稱別傳，又有稱傳的混淆狀況。

品藻 43「劉尹撫王長史背曰」條注引《司馬相如傳》：

閒雅甚都。

案《史記·司馬相如傳》：「相如之臨邛，從車騎，雍容閒雅，甚都。」又《漢

書・司馬相如傳》：「相如時從車騎，雍容閒雅，甚都。」顯然，劉孝標在此處所引採自《史記》或《漢書》，而非單篇人物傳記。考劉孝標在引用正史傳記時，通例不稱爲「《史記》某某傳」、「《漢書》某某傳」，而稱「《史記》曰」、「《漢書》曰」、「《魏志》曰」等，唯獨這裏單獨稱《司馬相如傳》，與其注釋體例不合。

　　另外，劉孝標注中還引有《管輅傳》1條、《東方朔傳》2條。文學9「傅嘏善言虛勝」條注引《管輅傳》：

　　　　裴使君有高才逸度，善言玄妙也。

文學61「殷荊州曾問遠公」條注引《東方朔傳》：

　　　　孝武皇帝時，未央宮前殿鐘無故自鳴，三日三夜不止。詔問太史待詔王朔，朔言：「恐有兵氣。」更問東方朔，朔曰：「臣聞銅者，山之子；山者，銅之母。以陰陽氣類言之，子母相感，山恐有崩弛者，故鐘先鳴。《易》曰：『鳴鶴在陰，其子和之。』精之至也，其應在後五日內。」居三日，南郡太守上書言山崩，延袤二十餘里。

排調45「王子猷詣謝公」條注引《東方朔傳》：

　　　　漢武帝在栢梁臺上，使羣臣作七言詩。

劉孝標注所引《管輅傳》、《東方朔傳》文字，不見於其正史傳記。劉注中引《管輅別傳》兩條，沒有與《管輅傳》「裴使君有高才逸度，善言玄妙也」相似的文字。考裴松之《三國志注》所引《管輅別傳》，只有「冀州裴使君才理清明，能釋玄虛」與其類似。《三國志・裴潛傳》「（裴）秀咸熙中爲尚書僕射」下注：

　　　　荀綽《冀州記》曰：「顧爲人弘雅有遠識，博學稽古，履行高整，自少知名。歷位太子中庶子、侍中尚書。元康末，爲尚書左僕射。趙王倫以其望重，畏而惡之，知其不與賈氏同心，猶被枉害。」臣松之案……顧理具淵博，贍於論難，著《崇有》《貴無》二論，以矯虛誕之弊，文辭精富，爲世名論。子嵩，字道文。荀綽稱嵩有父祖風。爲中書郎，早卒。顧從父弟逷，字景聲，有雋才，爲太傅司馬越從事中郎，假節監中外營諸軍事。潛少弟徽，字文季，冀州刺史。有高才遠度，善言玄妙。事見《荀粲》、《傅嘏》、《王弼》、《管輅》諸傳。

也許劉孝標本來是想引用《管輅別傳》的文字，但把荀綽《冀州記》中的文字與《管輅別傳》相混淆，形成了目前這條文字。不過無論如何，這裏的書名都應該被引作《管輅別傳》，以體現該篇傳記的單篇形式。

劉孝標注引的 2 條《東方朔傳》，即《隋書·經籍志》和新舊《唐志》所著錄的單篇《東方朔傳》。前述規箴 1「漢武帝乳母嘗於外犯事」條，劉注先引《漢書·東方朔傳》，接著引單篇《東方朔傳》時改稱《東方朔別傳》，表示與本傳不同；其後注引此單篇，又使用其本名《東方朔傳》。同一篇傳記在書中有兩種題名，顯然在注釋體例上不統一，也容易造成混淆。

劉孝標對於僧人傳記的引用，也存在體例不一的情況。前面已經提及以別傳命名的僧人傳記有《高坐別傳》、《佛圖澄別傳》、《支遁別傳》。劉注中引用的單篇僧人傳記還有：

1、文學 54「汰法師云六通三明同歸正異名耳」條注引《安法師傳》：

竺法汰者，體器弘簡，道情冥到，法師友而善焉。

2、雅量 32「郗嘉賓欽崇釋道安德問」條注引《安和上傳》：

釋道安者，常山薄柳人。本姓衛，年十二作沙門。神性聰敏，而貌至陋，佛圖澄甚重之。值石氏亂，於陸渾山木食修學，為慕容俊所逼，乃住襄陽。以佛法東流，經籍錯謬，更為條章，標序篇目，為之注解。自支道林等皆宗其理。無疾卒。

3、文學 36「王逸少作會稽」條注引《支法師傳》：

法師研十地，則知頓悟於七住；尋莊周，則辯聖人之逍遙。當時名勝，咸味其音旨。

4、傷逝 11「支道林喪法虔之後」條注引《支遁傳》：

法虔，道林同學也。儁朗有理義，遁甚重之。

5、賞譽 48「時人欲題目高坐而未能」條注引《高坐傳》：

庾亮、周顗、桓彝，一代名士，一見和尚，披衿致契。曾為和尚作目，久之不得。有云：「尸利密可稱卓朗。」於是桓始咨嗟，以為標之極似。宣武嘗云：「少見和尚，稱其精神淵著，當年出倫。」其為名士所歎如此。

可以看到，傷逝 11 注引《支遁傳》，與賞譽 88、賞譽 98 注引《支遁別傳》之間難以區分，或者二者本來就是同一傳記。賞譽 48 注引《高坐傳》與言語 39 注引《高坐別傳》也是這樣。裴松之《三國志注》中沒有引用僧人傳記，因

此劉孝標注在引用僧人傳記時沒有成例，本該相應創立一種嚴謹的體例，要麼所有單篇僧人傳記通稱爲「某某別傳」，要麼都稱爲「某某傳」。本來傳主相同的不同傳記如《安法師傳》與《安和上傳》、《支法師傳》與《支遁傳》，劉孝標已通過篇名的不同稱呼，成功地加以區分了，但是傳與別傳之間的交錯稱呼，又使劉注的體例更爲混亂。

劉孝標注釋體例不一的情況還有：言語 78「晉武帝每餉山濤恒少」條下注：

> 《謝車騎家傳》曰：「玄字幼度，鎮西奕第三子也。神理明俊，善微言。叔父太傅嘗與子姪燕集，問：『武帝任山公以三事，任以官人，至於賜予，不過斗合，當有旨不？』玄答有辭致也。」

而雅量 35「謝公與人圍棋」條下注：

> 《謝車騎傳》曰：「氐賊符堅傾國大出，眾號百萬。朝廷遣諸軍距之，凡八萬。堅進屯壽陽。玄爲前鋒都督，與從弟琰等選精銳決戰，射傷堅，俘獲數萬計，得僞輦及雲母車，寶器山積，錦罽萬端，牛、馬、驢、騾、駝十萬頭匹。」

考各家《世說新語》引書目錄，均以爲二書相同，即《謝車騎家傳》。

裴松之注《三國志》，創立了一種以「別傳」作爲某些單篇人物傳記的臨時名稱，以與其他叢集性史籍傳記相區別的嚴謹的注釋體例；劉孝標注《世說新語》，既採用了裴松之的注釋方法，更混淆破壞了裴氏引用單篇人物傳記的注釋體例。雖然劉孝標注引的大量傳記，十之八九賴之以存，有大功於後世，但是其隨意的引書方式，實不可取。在現存版本的《世說新語》中，出現這樣注釋體例不一的問題，一方面可能是劉孝標自身的引書體例不夠嚴謹，另一方面也可能是《世說新語》一書在傳抄修訂中脫漏所致。〔註4〕但無論如何，劉孝標注中存在的這些問題，使得「別傳」不再具有注釋學上的準確涵義，也讓後人對於「別傳」概念的認知，從此發生了許多誤解和偏差。

〔註4〕《世說新語》現存最早的版本是唐寫本殘卷，與今通行本相校，文字相異處甚多，如規箴 10 劉孝標注引《管輅別傳》，唐寫本即較今本多出七十餘字。紹興八年南宋董弅據晏殊校定本刻印《世說新語》，題云：「後得晏元獻公手自校本，盡去重複，其注亦小加翦截，最爲善本……然字有譌舛，語有難解，以它書證之，間有可是正處，而注亦比晏本時爲增損。」可見在此書的流傳中，經歷過多次修訂，無復原貌。

　　裴、劉之後的注釋家，也常常沿用「別傳」的概念來描述單篇人物傳記。今本范曄《後漢書》的八《志》，爲司馬彪所撰，南朝梁劉昭補注。《梁書‧劉昭傳》云：

　　　　劉昭字宣卿，平原高唐人。……初，昭伯父肜集衆家《晉書》注干寶《晉紀》，爲四十卷。至昭，又集後漢同異，以注范曄書，世稱博悉。遷通直郎，出爲剡令，卒官。

劉昭注中引有《董卓別傳》、《梁冀別傳》、《鍾離意別傳》三種單篇人物傳記，考其引文，並非抄錄自裴、劉注文，也與三人的正史傳記不同，可見劉昭不是照錄裴、劉引文，而是沿用了裴松之的注釋體例，使用「別傳」來改稱某些單篇人物傳記。唐章怀太子李賢爲范曄《後漢書》「紀」、「傳」部分作注，也引用了《鄭玄別傳》、《鍾離意別傳》、《郭泰別傳》、《蔡邕別傳》、《董卓別傳》、《華佗別傳》等單篇人物傳記。其中除引《華佗別傳》文字與裴松之《三國志注》引《華佗別傳》部分相同之外，其餘傳記文字均不見於裴、劉注文中，可證李賢也是沿用了裴氏的注釋體例。

　　唐李善注《文選》，引有《嵇康別傳》、《周處別傳》、《孫資別傳》、《向秀別傳》、《陸機陸雲別傳》、《邴原別傳》、《管輅別傳》，其文字都是從裴松之《三國志注》、劉孝標《世說新語注》中採錄。李善注中還引有《東方朔別傳》、《馬明生別傳》、《陳寔別傳》、《鍾離意別傳》，其文字不見於裴、劉注中。可見李善還是沿用了裴松之對這些傳記的處理方法，用「別傳」的變稱來體現這些傳記的單篇形式。

　　總之，通過考察這些唐代及其之前的注釋家引用單篇人物傳記的體例，可以發現「別傳」是一個有著確切涵義的注釋學用詞。由於種種原因，「別傳」在其他場合也常常被使用，而其涵義也有了很大的變化。

第二節　「別傳」概念的歷史流變

　　與注釋家使用具有嚴格意義的注釋學「別傳」概念不同，自東漢班固開始，就產生了與其不相符合的其他「別傳」概念，歷代對「別傳」的認識和使用也發生了很多變異。現按時代先後順序，對這些「別傳」概念加以考察。

　　1、東漢班固《漢書‧酷吏傳贊》：

　　　　自郅都以下皆以酷烈爲聲，然都抗直，引是非，爭大體。張湯

> 以知阿邑人主，與俱上下，時辯當否，國家賴其便。……杜周從諛，
> 以少言爲重。……湯、周子孫貴盛，故別傳。

《漢書》卷五十九有《張湯傳》，卷六十有《杜周傳》。班固贊云：

> 張湯、杜周並起文墨小吏，致位三公，列於酷吏。而俱有良子，
> 德器自過，爵位尊顯，繼世立朝，相與提衡，至於建武，杜氏爵乃
> 獨絕。迹其福祚，元功儒林之後莫能及也。

張湯、杜周皆爲酷吏，班固因二人子孫貴盛，也可立傳，所以未將張、杜列於《酷吏傳》中，而是將二人單獨立傳，並分別將其子孫可傳者附於其後，使其世系明晰。班固在《酷吏傳贊》中提到的「別傳」，即是專門立傳的意思。

> 【宋】倪思《班馬異同》卷二十四引《史記》卷一百十一《衛
> 將軍驃騎列傳》：「將軍公孫賀。賀，義渠人……族滅，無後。」其
> 下倪思注云：「《漢書》別傳」。

此處的「別傳」，指的是《漢書》卷六十六爲公孫賀專立一傳，而非《史記》將其傳置於衛青傳之後，成爲附傳。這種用法，即與班固完全相同。

裴松之注《三國志》，在表達與班固相同的概念時，使用了「別有傳」的說法，以與單篇人物傳記的「別傳」概念相區別。《三國志·魏書·劉表傳》「太祖軍到襄陽，琮舉州降，備走奔夏口」下注：

> 《傅子》曰：「巽字公悌，瓌偉博達，有知人鑒。辟公府，拜尚
> 書郎，後客荊州，以說劉琮之功，賜爵關內侯。文帝時爲侍中，大
> 和中卒。」……巽弟子嘏，別有傳。

又《三國志·吳書·賀齊傳》「子達及弟景，皆有令名，爲佳將」下注：

> 《會稽典錄》曰：「景爲滅賊校尉，御眾嚴而有恩，兵器精飾，
> 爲當時冠絕，早卒。達頗任氣，多所犯迕，故雖有征戰之勞，而爵
> 位不至，然輕財貴義，膽烈過人。子質，位至虎牙將軍。」景子邵，
> 別有傳。

《三國志》卷二十一有《傅嘏傳》，卷六十五有《賀邵傳》。可見裴氏的「別有傳」與班固的「別傳」，在概念上是相同的。

> 《新唐書·王璵傳》：「仕至司門郎中。璵曾孫摶，別傳。」《新
> 唐書》卷一百九《考證》：「璵曾孫摶，別傳」，沈炳震曰：「別傳者，
> 專立一傳。查新舊二《書》，摶皆附傳，未嘗專立傳也。」

這裏沈炳震對「別傳」的理解，與班固相同。但《新唐書》「璵曾孫摶，別傳」的表述，已經將班固的「別傳」概念擴大，即同書中只要有傳記，不必非指專傳，無論是同傳、題傳還是附傳，都可稱「別傳」。

宋代呂夏卿撰《唐書直筆》，分正史類傳記爲特傳、同傳、題傳、別傳、附傳五類。呂夏卿在解釋何爲別傳時舉例說：

> 或子孫無大善，而析以別傳，若蕭俛不附蕭華、杜元穎不附如晦是也。

呂夏卿的「別傳」，是指《舊唐書》中有親屬關係的人物分別立傳，不在一處。這可以看作討論正史時使用「別傳」的特例。

2、梁元帝蕭繹《金樓子》卷五載其《忠臣傳序》云：

> 夫天地之大德曰生，聖人之大寶曰位。因生所以盡孝，因位所以立忠。事君事父，資敬之禮寧異；爲臣爲子，率由之道斯一。忠爲令德，竊所景行。且孝子、烈女、逸民，咸有別傳。至於忠臣，曾無述製。今將發篋陳書，備加討論。

蕭繹在這段話中，把有關孝子、烈女、逸民的傳記稱爲別傳。如果把孝子、烈女、逸民理解爲具有相同特徵的一類人的話，那麼「別傳」就應該是指專門爲這類人立傳，而不用考慮這些傳記的性質，到底是正史傳記、雜史傳記還是單行傳記。如果把孝子、烈女、逸民理解爲《孝子傳》、《烈女傳》、《逸民傳》等專書，那麼「別傳」就是指正史之外的叢集性雜傳，即現代學者所稱的「類傳」。〔註5〕

唐代學者劉知幾對「別傳」的理解，也與蕭繹相近。其《史通》卷十《內篇》「雜述第三十四」云：

> 是知偏記小說，自成一家，而能與正史參行，其所從來尚矣。爰及近古，斯道漸煩，史氏流別，殊途並騖。權而爲論，其流有十焉：一曰偏記，二曰小錄，三曰逸事，四曰瑣言，五曰郡書，六曰家史，七曰別傳，八曰雜記，九曰地理書，十曰都邑簿。

在解釋何爲「別傳」時，劉知幾云：

> 賢士貞女，類聚區分，雖百行殊途，而同歸於善，則有取其所好，各爲之錄。若劉向《列女》、梁鴻《逸民》、趙采《忠臣》、徐廣

〔註5〕由於蕭繹是在討論《忠臣傳》時使用「別傳」一詞，因此這裏的「別傳」被理解爲專題性的類傳，是可以成立的。

《孝子》，此之謂別傳者也。」

其後又評曰：

> 別傳者，不出胸臆，非由機杼，徒以博採前史，聚而成書。其
> 有足以新言，加之別說者，蓋不過十一而已。如寡聞末學之流，則
> 深所嘉尚；至於探幽索隱之士，則無所取材。

劉知幾的「別傳」是「與正史參行」的偏記小說之一類，並且是指按照一定的人物類型「類聚區分」，「博採前史，聚而成書」的專題傳記集（類傳）。劉氏所舉的「別傳」作品，與蕭繹所舉完全一致，卻與注釋家單篇人物傳記的「別傳」涵義完全不同。

3、《藝文類聚》卷八十二「草部下」引《劉向別傳》曰：「都尉有種蔥書。」

《藝文類聚》卷八十二「草部下」引《劉向別錄》曰：「尹都尉書有種蓼篇。」

《太平御覽》卷九百七十九「菜茹部四」引《劉向別傳》曰：「尹都尉書有種蓼篇。」

《太平御覽》卷九百八十「菜茹部五」引《劉向別錄》曰：「尹都尉書有種芥葵蓼韭蔥諸篇。」

《藝文類聚》、《太平御覽》都分別引有《劉向別錄》和《劉向別傳》文字，然而題爲《劉向別錄》的文字與題爲《劉向別傳》的文字，多數略同，在此僅舉一例。考所有題爲《劉向別傳》的引文，都出於《劉向別錄》，二者實是同一本書。〔註6〕《漢書·藝文志》云：

> 至成帝時，以書頗散亡，使謁者陳農求遺書於天下，詔光祿大
> 夫劉向校經傳、諸子、詩賦，步兵校尉任宏校兵書，太史令尹咸校
> 術數，侍醫李柱國校方技。每一書已，向輒條其篇目，撮其指意，
> 錄而奏之。

梁阮孝緒《七錄序》云：

> 昔劉向校書，輒爲一錄，論其指歸，辨其訛謬，隨竟奏上，皆
> 載在本書。時又別集眾錄，謂之《別錄》，即今之《別錄》是也。

〔註6〕清代類書《駢字類編》卷一百三十四、《佩文韻府》卷八引有《劉向別傳》，
敘劉向校書遇太乙青藜之事，其文實錄自王子年《拾遺記》，不是單篇人物傳
記。

後人多有稱《劉向別錄》爲《劉向別傳》者，其「別傳」的含義是指劉向在整理文獻後寫出的提要性文字。由於《藝文類聚》、《太平御覽》等類書中有大量單篇人物傳記被稱爲《某某別傳》，因此將《劉向別錄》稱爲《劉向別傳》，容易與之發生混淆。

4、除裴松之、劉孝標等注釋家引用了大量別傳之外，《北堂書鈔》、《藝文類聚》、《初學記》、《太平御覽》等類書也輯錄了許多被稱爲「別傳」的單篇人物傳記，經過比對，發現這些類書中以「某某別傳」命名的傳記，有一部分是節錄裴松之、劉孝標、劉昭、李善等注釋家所引用的別傳，還有幾乎與此等量的稱「某某別傳」的一部分傳記，是沒有被注釋家們引用過的。考察後一部分傳記，其特徵與前一部分傳記相同，說明唐、宋類書參考了注釋家的引書方法，對單篇的人物傳記，採取了「別傳」的變稱。由於這些類書的傳世，爲後人保存了大量漢魏六朝單篇人物傳記資料，功不可沒。不過，由於這些類書成於眾手，在引用時難免出現同書異稱的現象。如單篇《東方朔傳》，《北堂書鈔》卷一百三十七「舟部　舟總篇」、卷一百四十五「酒食部　脯十六」引作《東方朔傳》，卷四十五「刑法部　獄刑十一」、卷一百八「樂部　鐘四」、卷一百三十「儀飾部一　髦頭七」、卷一百五十「天部二　星五」、卷一百五十七「地理部一　阪九」則引作《東方朔別傳》。《藝文類聚》中，也是《東方朔傳》、《東方朔別傳》並稱。又如《曹瞞傳》，《北堂書鈔》卷二十「帝王部　猜忌六十六」、卷一百三十六「儀飾部七　囊八十」引作《曹瞞傳》，卷一百二十四「武功部十二　棒四十四」則引作《曹瞞別傳》。《太平御覽》卷帙巨大，對《東方朔傳》、《曹瞞傳》的引用，更是「傳」、「別傳」、「記」、「列傳」、「占」、「集」並稱，非常混亂。

類似這樣的還有《佛圖澄傳》與《佛圖澄別傳》、《江蕤別傳》與《江蕤家傳》、《陳武別傳》與《陳武列傳》、《管輅別傳》與《管公明別傳》、《夏仲御別傳》與《夏仲舒傳》、《曹肇別傳》與《曹肇傳》等十餘種，考其文字，實爲同篇。

《藝文類聚》、《太平御覽》等類書中，這樣同書異名的現象還很多。類書的編纂成於眾手，在引書體例上難免出現不一致的情況。如果說上述第1、2種「別傳」還有其特定的意義的話，第3、4種所顯示的類書中的「別傳」，則無規律可循。後世有沿其誤者，更爲「別傳」概念的含混起到了汩泥揚波的作用。

5、《孔北海集・附錄》引《漢紀》別傳：

> 融在郡八年，僅以身免。帝初都許，融以爲宜略依舊制，定王
> 畿，正司隸所部爲千里之封，乃引公卿上書言其義。是時天下草創，
> 曹、袁之權未分，融所建明，不識時務。又天性氣爽，頗推平生之
> 意，狎侮太祖。太祖制酒禁，而融書啁之曰：『天有酒旗之星，地列
> 酒泉之郡，人有旨酒之德，故堯不飲千鍾，無以成其聖。且桀紂以
> 色亡國，今令不絕婚姻也。』太祖外雖寬容，而內不能平。御史大
> 夫郗慮知旨，以法免融官。歲餘，拜大中大夫。雖居家失勢，而賓
> 客日滿其門，愛才樂酒，常歎曰：『坐上客常滿，樽中酒不空，吾無
> 憂矣。』虎賁士有貌類蔡邕者，融每酒酣，輒引與同坐，曰：『雖無
> 老成人，尚有典刑。』其好士如此。」

考《三國志・崔琰傳附孔融》「初，太祖性忌，有所不堪者，魯國孔融」下裴
松之注，知此段文字出於張璠《漢紀・孔融傳》。《孔北海集・附錄》共引三
篇孔融傳記：范曄《後漢書》、司馬彪《續漢書》的傳記稱「列傳」，張璠《漢
紀》的傳記稱「別傳」。《隋書・經籍志》將范曄《後漢書》、司馬彪《續漢書》
歸於正史類，張璠《漢紀》歸於古史類，因此《孔北海集》稱正史傳記爲列
傳，稱正史外傳記爲別傳。此處張璠《漢紀》的「別傳」，是相對於正史列傳
而言的。但張璠《漢紀》中的《孔融傳》並非單篇形式的《孔融傳》（亦即各
注釋家和《藝文類聚》、《太平御覽》等類書徵引的《孔融別傳》），《孔北海集》
稱其爲「別傳」，顯然與注釋家的「別傳」概念不同。《四庫總目提要》稱《孔
北海集》爲明代人搜輯而成，因此，明代又出現了以「別傳」指代正史外叢
集史籍中人物傳記的新情況。

6、【明】陸楫《古今說海》輯錄明代及之前的小說，其中「說淵部」
列「別傳家」六十四卷，每卷輯錄小說一篇，卷首各標「別傳一」、「別傳
二」、「別傳三」等字樣。其中有《裴伷先別傳》、《李衛公別傳》等，皆爲依
託歷史人物撰寫的小說。此處的「別傳」，指的是純粹性質的小說，而非史
傳作品。漢魏六朝時期，以「某某別傳」題名的傳記，在目錄學著作中均
歸於史部雜傳類。由於別傳作品常常帶有小說性質，推演至唐代以後，以
「某某別傳」題名的純粹性質的小說，如《楊妃別傳》、《趙飛燕別傳》等單
篇小說大量產生，「別傳」與「內傳」、「外傳」等一樣，進而成爲小說題名的
一種。

7、【元】俞琰《易外別傳‧後序》：

迺述是書，附於《周易集說》之後，而名之曰《易外別傳》。蓋謂丹家之說，雖出於《易》，不過依倣而託之者，初非《易》之本義也。

此處「別傳」的「傳」，與所謂「毛公傳」、「公羊傳」一樣，是注釋的意思，而不是指人物傳記。《周易集說》也是俞琰所著，俞氏認爲《周易集說》所論爲「易學」正宗，而《易外別傳》所論爲「丹家之說」，所以將此書稱爲「別傳」，意爲「旁門別道的解說」。

第三節　清代以來各家別傳概念簡述

清代湯球有見於晉史著作繁多，而散佚極爲嚴重，特蒐輯諸書，編爲《九家舊晉書》，其中有《晉諸公別傳輯本》，其輯本序云：

嘗輯諸家舊《晉書》，見各書所引晉人之別傳者不少。以其可以參互考證也，爰依《晉書》前後，復爲編排錄出。夫別傳者何？蓋別乎正史而名之也。故無論凡泛稱某傳者可歸之，即家傳及名公鉅卿爲人所作之傳皆可云別傳。（自注：其中如羅含稱《羅府君別傳》，則家傳也；山濤稱袁宏《山濤別傳》，則時人所作之傳也）所以搜集《晉諸公別傳》，於此二類亦間採之，而明標其名。惟《荀氏家傳》等，似是其家譜敘，故另錄其入晉以後之人，附於別傳之後，因而以譜敘、自敘次焉，世紀、家記次焉，本事、行狀又次焉。至譜牒、碑、碣、誄、銘，請俟異日。蓋亦猶錄別傳以補訂正史之意也。故於輯諸公別傳而類及焉。

湯球的「別傳」概念是非常含混的。他說別傳即「別乎正史」「凡泛稱某傳者可歸之」，顯然沒有考慮到類傳如《孝子傳》、《文士傳》等與單篇人物傳記的差別。從湯球的輯錄來看，沒有將類傳傳記放入此書中，那麼推斷他的理解，別傳應該是那些單篇形式的傳記，而湯氏對此並沒有進行闡述。這樣就造成了湯球「別傳」釋名與其實際輯錄之間的矛盾，也就是說，湯球的「別傳」概念太過空泛，不能準確界定他所輯錄篇目的特徵。另外，湯球說「即家傳及名公鉅卿爲人所作之傳皆可云別傳」，此處的家傳，舉《羅府君別傳》爲例。姑且不考論《羅府君別傳》是否爲羅含家人所作，湯球將單篇人物傳記與多

人合傳的家傳（如《荀氏家傳》、《裴氏家傳》等）混爲一譚，本身就存在概念上的混淆。湯球輯本中還錄有《荀氏家傳》、《裴氏家傳》、《華嶠譜敘》、《虞氏譜》、《溫氏譜敘》、《袁氏譜》、《皇甫謐自序》、《杜預自敘》、《梅陶自敘》、《袁氏世紀》、《虞氏家記》、《王氏世家》、《嵇氏世家》、《石季倫本事》、《徐江州本事》、《趙吳郡行狀》等，這些文獻與單篇人物傳記在特徵上並不相同，湯球對這些種類的文獻輯錄也是舉一隅而概括之，並不專門進行蒐輯，所以稱爲「故於輯諸公別傳而類及焉」。湯球的所謂「類及」，就是不把這些文獻看作與別傳同類，這是值得予以肯定的。但是把這些文字列入《晉諸公別傳》中，容易使人對別傳概念的認識發生偏差。

清代王兆芳《文體通釋》云：「別傳者，別，分也，傳文分別於正傳之外，與之異處也。主於續事正傳，搜遺重錄。源出《東方朔別傳》，流有後世別傳甚多。」

王兆芳所說的別傳，是指正史傳記之外的人物傳記，並舉《東方朔別傳》爲例，也暗示別傳都是以單篇形式存在的，這樣的觀點當然正確，但還不夠全面精準。他說別傳「分別於正傳之外」、「主於續事正傳，搜遺重錄」，主觀地判定別傳都是隸附於正史傳記之下存在的，忽略了具有相當數量的單篇人物傳記，在正史中未被立傳的事實，也忽略了絕大多數單篇人物傳記先於正史問世的客觀情況。因此，王兆芳的別傳概念只是一種簡單的描述，在具體的特徵剖析上，還遠不完善。

韓兆琦《中國傳記文學史》說：「所謂別傳，是指正史和家譜以外的單行個人傳記。」韓兆琦的別傳概念突出了別傳的單篇形式特徵，而且有鑒於前人將譜牒文獻與單篇人物傳記相混淆的情況，專門把家譜提出來，特地加以澄清。不過正史和家譜之外的單篇個人傳記裏面，仍然存在許多特徵上的差異。如《馬融自敘》、《殷羨言行》、《趙吳郡行狀》、《徐江州本事》，以及文集中的傳記如《大人先生傳》、《五柳先生傳》等，甚至如《陸邁碑》、《張蒼梧碑》等，與《郭泰別傳》、《曹瞞傳》、《毌丘儉記》這樣的傳記之間，就有很大的差別。因此，韓兆琦的別傳概念也失於簡略。

程千帆在《閑堂文藪》第二輯之《史傳文學與傳記之發展》中說：「雜傳之名，本諸《隋書·經籍志》。其間異名亦頗眾，如或稱傳（《陳寔傳》），或稱世家（《王祥世家》），或稱敘（《趙至敘》），或稱家傳（《謝車騎家傳》）、或稱言行（《殷羨言行》）、或稱行狀（《趙吳郡行狀》）、或稱本事（《徐江州本事》），

均見《《世說新語〉注》。而稱別傳者尤多，目詳姚振宗《〈隋書經籍志〉考證》。別傳者，蓋本對史傳而言，及後史無傳而僅有私撰之傳者，亦稱別傳，則別傳又進爲單行傳記之稱矣。」程千帆認爲雜傳類傳記有許多種名稱，別傳是其中的一種，是相對於史傳而言的；有一些私撰的單行傳記，其傳主沒有在史傳中立傳，也被稱作別傳。程千帆確定別傳是與正史傳記相對的稱呼，但是對其在雜傳中的地位和功能未作進一步的闡述。程千帆的雜傳是與史傳相對而稱的，但雜傳類有一種今所謂類傳的《高士傳》、《列女傳》、《逸民傳》的叢集性傳記集，其中的很多傳主與單篇傳記的傳主相同，這二者之間的差別，也沒有被論及。

　　田延峰在《漢魏六朝時期人物別傳綜論》一文中，指出了別傳與紀傳体史著的三大區別：1、形式上的區別。「獨立地記述一個人的事迹」，「獨立成篇」，「一般爲一人一傳，單獨流行。」2、內容上的區別。「《漢書·司馬遷傳》贊曰：『然自劉向、揚雄博極群書，皆稱遷有良史之才，服其善序事理，辯而不華，質而不俚，其文直，其事核，不虛美，不隱惡，故謂之實錄。』……別傳卻與實錄精神背道而馳，從現在可知見的別傳佚文內容來看，趣聞佚事，詼諧小辨，奇言異行，生活小節，甚至於神異之事才是它的共性所在，一般史學家著史所重的軍政大事往往忽略，一筆帶過。」3、作傳意旨上的區別。「我國先秦史學就有『辨嫌明微，褒善貶惡』的思想……司馬遷作《史記》，進一步繼承了這種思想……在漢魏六朝時期的別傳中，只有少數別傳含有彰善懲惡的意思……而大多數別傳只是記錄了各個不同時期的名士風采，可擷取之情迹、言語，並不含有什麼特殊意旨，所謂『因其志尚，率爾而作』正是指此。」田延峰總結道：「別傳與紀傳体正史中人物傳記的區別正是別傳的特點，綜上所述，可以得出別傳的概念：別傳是漢魏六朝時期流行的一種人物傳記，多爲一人一傳，單獨成篇；多記傳主的生活小節，趣聞佚事，甚至於奇言異行，軍國之事疏略，個人之事詳盡；作傳者『率爾而作』，立傳意旨不一，因傳主多在紀傳体正史中有傳，而別傳有自己獨特的特點，爲與紀傳体正史中的人物傳記區別，故名別傳。」田延峰的別傳概念指出了別傳類傳記的一些基本特徵，比較客觀準確地對其作出了界定。

　　由於「別傳」一詞在歷史上就存在定義不一的情況，很多學者把別傳理解爲一個涵義複雜的多義詞，所以在進行學術研究時乾脆不使用它，而是另行命名。陳蘭村《中國傳記文學發展史》提出「散傳」的概念，「指一人一傳，

但不單獨成書，以單篇流行，或散見於各家文集中的個人傳記。」〔註7〕熊明也使用「散傳」概念，但涵義與陳蘭村稍有區別，是作為一個與類傳相對的概念：「散傳是指正史以外的單篇個人傳記。」〔註8〕武麗霞則使用「單傳」來表述與熊明相近的概念，並指出有一種兩人合傳的單篇傳記，也可歸為「單傳」概念之下。

從目前的狀況來看，無論是以別傳或者其他名稱來描述雜傳類中的某些傳記，歷代至今的學者都有著或大或小的分歧，在概念上的「名」和現存單篇人物傳記的「實」之間，沒有一個統一的標準。有鑒於此，筆者擬通過具體論證，提出「別傳類傳記」的概念，對單篇人物傳記進行準確劃分。

第四節　別傳類傳記概念的確立及其範圍

筆者認為，別傳類傳記的劃分，首先應該在雜傳的概念下進行，也就是說，正史、雜史中的史傳傳記（如《漢書・東方朔傳》、張璠《漢紀・孔融傳》），以及譜牒、銘誄碑墓誌（如《王氏譜》、《張蒼梧碑》、孫綽《庾公誄》、蔡邕《郭有道碑文》、任昉《劉先生夫人墓誌》）等敘述個人事蹟的其他體裁文獻是被排除在外的，這是近現代學者們的共識，不必贅述。根據裴松之、劉孝標等注釋家的注釋體例，「別傳」是特殊場合下對某些單篇人物傳記的變稱，因此，單篇的傳記形式是其最基本的特徵，所以在雜傳類傳記中，以類相從的叢集性傳記集（如《汝南先賢傳》、《高士傳》、《列女傳》、《王氏家傳》等）就可以被排除在外了。餘下的雜傳類單篇人物傳記，即熊明所說的「散傳」，還不能全部視為別傳。以下繼續採取排除法進行細分。

1、漢魏六朝時期，「史」的概念是比較寬泛的，敘鬼神虛妄之事的書籍如《搜神記》、《冤魂志》等，也被作為「史」來看待，從現代的眼光來看，這些書籍的創作者既是史家，也是小說家，但在當時，是被統一看作史家的。晉代干寶就是典型的例子。《隋書・經籍志》史部古史類著錄干寶《晉紀》二十三卷，史部雜傳類著錄干寶《搜神記》三十卷。《舊唐書・經籍志》史部編年類著錄干寶《晉紀》二十二卷，史部雜傳類著錄干寶《搜神記》三十卷。在這兩部目錄書中，《搜神記》都歸入雜傳類，與其他史籍具有同樣的「史」

〔註 7〕陳蘭村《中國傳記文學發展史》緒論，北京：語文出版社，1999 年，第 5 頁。
〔註 8〕熊明《漢魏六朝雜傳研究》，第 33 頁。

的性質。

《晉書‧干寶傳》:「干寶字令升,新蔡人也……寶父先有所寵侍婢,母甚妒忌。及父亡,母乃生推婢於墓中。寶兄弟年少,不之審也。後十餘年,母喪,開墓,而婢伏棺如生。載還,經日乃蘇。言其父常取飲食與之,恩情如生在。家中吉凶輒語之,考校悉驗。地中亦不覺為惡,既而嫁之,生子。又寶兄嘗病,氣絕,積日不冷。後遂寤,云見天地間鬼神事,如夢覺,不自知死。寶以此遂撰集古今神祇靈異人物變化,名為《搜神記》,凡二十卷,以示劉惔,惔曰:『卿可謂鬼之董狐。』」

在干寶看來,有關鬼神之事的記載,自古以來數不勝數,而親身經歷也促使自己相信鬼神的客觀存在,因此撰集《搜神記》,是對凡俗世界之外事迹的記錄,其價值等同於其他史籍。

《搜神記》原序:「雖考先志於載籍,收遺逸於當時,蓋非一耳一目之所親聞覩也,又安敢謂無失實者哉?衛朔失國,二《傳》互其所聞;呂望事周,子長存其兩說。若此比類,往往有焉。從此觀之,聞見之難,由來尚矣。夫書,赴告之定辭,據國史之方冊,猶尚若此,況仰述千載之前,記殊俗之表,綴片言於殘闕,訪行事於故老,將使事不二迹,言無異途,然後為信者,固亦前史之所病。然而國家不廢注記之官,學士不絕誦覽之業,豈不以其所失者小,所存者大乎?今之所集,設有承於前載者,則非余之罪也。若使採訪近世之事,苟有虛錯,願與先賢前儒分其譏謗。及其著述,亦足以發明神道之不誣也。羣言百家,不可勝覽,耳目所受,不可勝載。今粗取足以演八畧之旨,成其微說而已。幸將來好事之士,錄其根體,有以游心寓目而無尤焉。」

干寶認為史書自古就有並錄存疑的現象,因此「安敢謂無失實者哉」。反之,鬼神之事,也不能全都謂為虛妄。干寶的目的,就是要「發明神道之不誣也」。漢魏六朝時期,這種觀念是較為普遍且深入人心的,因此才有劉惔贊干寶為「鬼之董狐」的話語。

然而隨著對史學內涵認知的逐步明晰,所謂「鬼神之史」的著作,被排除到史部之外。《新唐書‧藝文志》史部編年類著錄干寶《晉紀》二十二卷,子部小說家類著錄干寶《搜神記》三十卷,標誌著目錄學家對兩書的性質進行了嚴格區分。其後的目錄學著作,都遵從《新唐書》的劃分,敘述鬼神之事的志怪書籍,從此與史部分道揚鑣。

這裏就產生了一個問題：對於漢魏六朝有關鬼神的單篇傳記，如張敏《神女傳》、曹毗《杜蘭香傳》〔註9〕、無名氏《曹著傳》等，應該用當時的眼光還是用現代的視角來看待。如果將其看作單篇的小說，那麼就不能歸入史部別傳類傳記中。由於雜傳與小說之間糾纏不清的聯繫，許多史傳裏包含了小說成份，或者當時的小說往往借助於史傳的外殼而存在。李劍國先生將雜傳分爲雜傳、亞雜傳小說、雜傳小說三類，〔註10〕正是看到了史傳與小說相互滲透同體同源的事實。然而史學傳記與小說畢竟應該有一個區分的標準，本論文認爲，別傳類傳記的最低標準，應該是實有其人。上述幾種傳記，由於人物純屬虛構，因此不在論文討論範圍之內。其他散傳也應用「眞人」的標準來進行甄別。

2、與志怪小說一樣，佛、道二家著作從《新唐書·藝文志》開始，也從史部被分離開來。佛、道類人物傳記集數量龐大，單行的人物傳記也相當多，其中如《佛圖澄傳》、《高坐傳》、《漢武內傳》、《茅君內傳》、《葛君內傳》等，有時也被引稱作「某某別傳」。本論文認爲，佛、道二家自成獨立體系，其單篇人物傳記在性質上與史傳傳記多有不同，也應該作爲獨立的系統來看待。在後面的討論中，僅採納注釋家所引單篇佛、道類傳記入別傳類傳記中，類書所引佛、道類傳記而稱「別傳」者，除錄自注釋家引用的之外，均不歸入別傳類傳記中。

3、雜傳類傳記中的散傳，還有一種「敘」類，是一個特殊現象。敘，或稱序，是具有傳記特徵的一種文體。敘分爲自敘和他敘。自敘以司馬遷《太史公自敘》爲源頭，在這篇自敘裏，司馬遷敘述了自己的家世、經歷、創作《史記》的起因、經過、內容和目的等，附於《史記》之末，實際上是一篇

〔註 9〕東晉曹毗《杜蘭香別傳》，諸書引用佚文頗多，其名首見於後魏賈思勰《齊民要術》卷十果蓏條所引，題爲《杜蘭香傳》。《北堂書鈔》卷一四三、卷一四八引作「曹毗《杜蘭香傳》」。《藝文類聚》卷八一引作「曹毗《杜蘭香傳》」，又卷七一、卷七九、卷八二引作「《杜蘭香別傳》」。《太平御覽》卷三九六引作「曹毗《神女杜蘭香傳》」，又卷七五九、卷七六一、卷八四九、卷九八四、卷九八九引作「曹毗《杜蘭香傳》」，又卷五百、卷八一六、卷九六四引作「《杜蘭香傳》」，又卷七六九、卷九七六引作「《杜蘭香別傳》」。《太平廣記》卷二七二引作「《杜蘭香別傳》」。以上所引，雖題名有所區別，然考其引文，實出同篇。因此，《杜蘭香別傳》是援用裴、劉等注釋家的注釋體例，將單篇人物傳記冠以「別傳」之名。

〔註10〕見李劍國《〈神女傳〉、〈杜蘭香傳〉、〈曹著傳〉考論》，《明清小說研究》，1998年第 4 期。

自傳和書序相結合的文字。王充《論衡》後的《自紀》、曹丕《典論》中有《自敘》篇，都是這樣的形式。後世自敘還有《馬融自敘》、《趙至自敘》、《傅暢自敘》、《杜預自敘》、《江淹自序傳》等。還有一種他敘，即由他人所作傳記稱敘者，如夏侯湛《羊秉敘》、《夏侯稱夏侯榮敘》、嵇紹《趙至敘》、傅玄《馬均序》等。這些敘無法確定是單篇形式還是附於書後，其文字的作用往往不限於傳述生平事迹，而雜以序、論的成份，因此本文將其作為單獨的一種雜傳形式，不歸入別傳類傳記中。

4、散傳中還有一些屬於文傳者，如東方朔《非有先生傳》、阮籍《大人先生傳》、陶潛《五柳先生傳》、袁粲《妙德先生傳》、江淹《袁友人傳》等，其文載於個人文集當中，往往通過自身經歷，虛構人物以發揚個人理想，行文介於傳與論之間，因此與史傳的性質不同。〔註11〕如陶潛《五柳先生傳》：

> 先生不知何許人也，亦不詳其姓字。宅邊有五柳樹，因以為號焉。閒靜少言，不慕榮利。好讀書，不求甚解，每有會意，便欣然忘食。性嗜酒，家貧不能常得，親舊知其如此，或置酒而招之。造飲輒盡，期在必醉；既醉而退，曾不吝情去留。環堵蕭然，不蔽風日。短褐穿結，簞瓢屢空。晏如也。常著文章自娛，頗示己志。忘懷得失，以此自終。

這裏既有陶淵明個人生活的影子，更蘊含著自己所嚮往的理想的人生狀態，絕非實錄。而且其文並非單行，因此對於這些文傳，本文不歸入別傳類傳記中。

5、還有一些題名不稱「傳」而具有傳記性質的篇章，如《殷羨言行》、《趙吳郡行狀》、《徐江州本事》、《石季倫本事》等，由於其功能和目的與「傳」不盡相同，也不歸入別傳類傳記中。

如稱「行狀」者，是敘述死者生平概略的文字，而具有特定的目的。徐師曾《文章明辯序說》云：

> 按劉勰云：「狀者，貌也。體貌本原，取其事實，先賢表諡，並有行狀，狀之大者也。」漢丞相倉曹傳胡幹始作《楊元伯行狀》，後世因之。蓋具死者世系、名字、爵里、行治、壽年之詳，或牒考功太常使議諡，或牒史館請編錄，或上作者乞墓誌碑表之類皆用之。

〔註11〕東方朔《非有先生傳》又名《非有先生論》，阮籍《大人先生傳》又名《大人先生論》，可見此類作品的性質，並非純粹的傳記。

而其文多出於門生故吏親舊之手，以謂非此輩不能知也。其逸事狀，
則但錄其逸者，其所已載不必詳焉，乃狀之變體也。〔註12〕

《世說新語》賞譽 34「太傅東海王鎮許昌」條劉孝標注引《趙吳郡行狀》
曰：

> 穆字季子，汲郡人。貞淑平粹，才識清通，歷尚書郎、太傅參
> 軍。後太傅越與穆及王承、阮瞻、鄧攸書曰：「《禮》，八歲出就外傳，
> 十年曰幼學，明可以漸先王之教也。然學之所受者淺，體之所安者
> 深。是以閑習禮度，不如式瞻軌儀；諷味遺言，不如親承辭旨。小
> 兒毗既無令淑之資，未聞道德之風，欲屈諸君時以閑豫，周旋燕誨
> 也。」穆歷晉明帝師、冠軍將軍、吳郡太守，封南鄉侯。

這些文字，是提供給作墓誌者瞭解趙穆生平用的。又韓愈《董公行狀》云：

> 謹具歷官行事狀，伏請牒考功，並牒太常議所諡，牒史館請垂
> 編錄。謹狀。〔註13〕

又李翱《韓公行狀》云：

> 謹具任官事跡如前，請牒考功，下太常定諡，並牒史館。謹
> 狀。〔註14〕

這兩例是提供給有關官員定諡或採錄用的。因此，行狀實際上是一種具有時
效性的應用文，與史傳著述不同。在魏晉時期，這種行狀的撰作是很普遍的
現象，如《三國志·魏書·王昶傳》裴松之注引《任嘏別傳》云：

> （任）嘏卒後，故吏東郡程咸、趙國劉固、河東上官崇等錄其
> 事行及所著書奏之。詔下秘書，以貫羣言。

《世說新語》政事 14「丞相嘗夏月至石頭看庾公」條劉孝標注引《殷羨言行》
曰：

> 王公薨後，庾冰代相，網密刑峻。羨時行，遇收捕者於途，慨
> 然歎曰：「丙吉問牛喘，似不爾。」嘗從容謂冰曰：「卿輩自是網目
> 不失，皆是小道小善耳。至如王公，故能行無理事。」謝安石每歎
> 詠此唱。庾赤玉曾問羨：「王公治何似？詎是所長？」羨曰：「其餘
> 令績不復稱論。然三捉三治，三休三敗。」

〔註12〕徐師曾《文體明辯序說》，羅根澤點校，北京：人民文學出版社，1988 年。
〔註13〕馬其昶《韓昌黎文集校注》卷八，上海：上海古籍出版社，1986 年。
〔註14〕《李文公集》卷十一，《四部叢刊》本。

又品藻 70「王子敬問謝公」條劉孝標注引《殷羨言行》曰：

> 時有人稱庾太尉理者，羨曰：「此公好舉宗木槌人。」

從這些文字來看，所謂「言行」，只是著重於紀錄其生前談話內容，與「傳」確有撰作上的差別。

「本事」雖然常常以個人題名，但卻是一種重在敘一事之始終的文體，主要是補充一些鮮爲人知的逸事，與敘一人之始末的傳體不同。《隋書・經籍志》即將《呂布本事》歸入雜史類。

通過上述排查，剩餘的散傳作品都可歸爲一類，即別傳類傳記，簡稱別傳。其特徵有四：

1、別傳是叢集性傳記集之外的單行個人傳記。

2、別傳在著述體式上與正史傳記一脈相承。

3、別傳是史部雜傳類下一種特殊的傳記形式。

4、別傳最初題名均爲「某某傳」，在注釋家和類書引用時，常常變稱爲「某某別傳」，以與其他傳記相區分，並體現其單篇形式。

第二章　漢魏六朝時期人物別傳綜論

第一節　漢魏六朝時期人物別傳創作的興衰

　　《爾雅・釋言》：「馹，遽，傳也。」郭璞注：「皆傳車驛馬之名。」〔註1〕《說文解字》：「傳，遽也。」段玉裁注：「遽，傳也，與此爲互訓，此二篆之本義，乘傳騎而使者也。」這是「傳」的本義。後來引申爲傳注，指解釋經書的文字。《春秋公羊傳》定公元年「主人習其讀而問其傳」，何休注：「讀謂經，傳謂訓詁。」〔註2〕馬瑞辰《毛詩傳箋通釋》：「詁訓第就經文所言者而詮釋之，傳則並經文所未言者而引申之。」〔註3〕司馬遷著《史記》，將解經之「傳」從「經」的附庸下獨立出來，成爲一種散文體裁，開創了紀傳史體，成爲後世正史創作的典範。章學誠說：「傳者，對經之稱，所以傳授訓詁，演繹義蘊，不得已而筆之於書者也。左氏匯萃寶書，詳具《春秋》始終，而司馬氏以人別爲篇，標傳稱列，所由名矣。經旨簡嚴，而傳文華美，於是文人沿流忘源，相率而撰無經之傳。」〔註4〕《史記》包括本紀、世家、列傳、表、書五個部分，其中世家和列傳只是在人物地位等級上有區別，而撰述體例上

〔註 1〕《爾雅注疏》卷三《釋言》，《十三經注疏本》，上海：上海古籍出版社，1997年，第 2581 頁。

〔註 2〕《春秋公羊傳注疏》卷二五《定公》，《十三經注疏本》，上海：上海古籍出版社，1997 年，第 2334 頁。

〔註 3〕馬瑞辰《毛詩傳箋通釋》卷一《雜考各說》之《毛詩詁訓傳名義考》，陳金生點校，北京：中華書局，1989 年，第 4 頁。

〔註 4〕章學誠《文史通義》卷七《永清縣志列傳序例》，葉瑛校注，中華書局，1985年，第 760 頁。

沒有差別，因此後世合二爲一，統稱列傳。司馬遷將「傳」由解經之作轉變爲以人爲中心進行敘事的史學文體，對後世影響甚巨。趙翼說：「古書凡記事立論及解經者，皆謂之傳，非專記一人事迹也，其專記一人爲一傳者，則自遷始。」〔註5〕自此之後，記述一人之始終的傳記體成爲史學著作中最爲重要的體裁，漢魏六朝人物別傳與其他叢集性史傳著作一樣，也正是在司馬遷的偉大開創之下，得以蓬勃發展起來。當然，一種現象的出現，往往是多方面因素共同作用的結果，漢魏六朝時期人物別傳創作的勃興，還有其他一些重要原因。

一、深厚的史官文化傳統

漢魏六朝人物別傳的創作，是在該時期史學創作的總體繁榮基礎上產生和發展起來的，而產生這種繁榮局面的原因之一，是漢代前後積累的深厚史官文化傳統，培育了士大夫階層良好的歷史意識和傳承民族歷史的文化精神。

中國古代史官文化，源自原始的巫文化。《國語·楚語下》載楚國大夫觀射父語：

> 古者民神不雜，民之精爽不攜貳者，而又能齊肅衷正，其智能上下比義，其聖能光遠宣朗，其明能光照之，其聰能聽徹之，如是則明神降之。在男曰覡，在女曰巫。……及少皥之衰也，九黎亂德，民神雜糅，不可方物。夫人作享，家爲巫史，無有要質，民匱於祀，而不知其福。烝享無度，民神同位。……顓頊受之，乃命南正重司天以屬神，命火正黎司地以屬民，使復舊常，無相侵瀆，是謂絕地天通。其後，三苗復九黎之德，堯復育重黎之後，不忘舊者，使復典之，以至於夏商，故重黎氏世敘天地，而別其分主者也。其在周，程伯休父其後也。當宣王時，失其官守，而爲司馬氏。

《史記·太史公自序》云：

> 昔在顓頊，命南正重以司天，北正黎以司地。唐虞之際，紹重黎之後，使復典之，至於夏商，故重黎氏世序天地。其在周，程伯

休甫其後也。當周宣王時，失其守而爲司馬氏。司馬氏世典周史。……太史公執遷手而泣曰：「余先周室之太史也。自上世嘗顯功名於虞夏，典天官事。後世中衰，絕於予乎？汝復爲太史，則續吾祖矣。」

遠古時期的巫覡是溝通天地、人神關係的使者。顓頊之時，命重黎氏世敘天地，至周宣王時，重黎氏後人失其官守，遂以司馬氏執掌太史之職。司馬遷《太史公自序》自述其家世，即是表達「續吾祖」而以史爲任的理想。司馬遷說過：「先人有言：『自周公卒，五百歲而有孔子，孔子至於今五百歲，有能紹而明之，正《易傳》、繼《春秋》、本《詩》、《書》、《禮》、《樂》之際。』意在斯乎！小子何敢讓焉。」這種淵源於先秦史官文化，但總體上超越了先秦史官文化的嶄新的歷史意識，是一種對承傳民族歷史文化遺產負有高度自覺精神的新型文化心態這樣一種世代接續的史官傳統，表現出古代史官在時世更迭，興廢輪替中存亡繼絕的深重的責任感，而這正是整個士大夫階層所共同具有的傳承民族文化的自覺精神。正是在這樣的心理基因作用下，古代史官文化中「存亡國、繼絕世，補弊起廢」〔註6〕的精神被發揚光大。司馬遷「究天人之際，通古今之變，成一家之言」〔註7〕的《史記》，也成爲效仿的標杆，激勵和吸引眾多後世士人投入到史學著述中去。

　　雖然先秦史官文化傳統是中國傳統史學的源頭，但是先秦史官卻並不以著書爲專職。眞正意義上的史書編纂，不在他們的職責範圍內。即便是到了西漢也是如此。司馬遷說：「太史公既掌天官，不治民。」〔註8〕《後漢書·百官志二》「太史令一人」，司馬彪注：「掌天時、星曆。凡歲將終，奏新年曆；凡國祭祀、喪娶之事，掌奏良日及時節禁忌；凡國有瑞應、災異，掌記之。」漢代的太史令，並沒有著述史書的職責，司馬氏父子著述《史記》，是出於他們繼承世業的使命感和傳承民族歷史文化的高度自覺。

　　從東漢明帝時起，史官才開始逐步以修史爲專職。劉知幾《史通·史官建置》云：「漢氏中興，明帝以班固爲蘭臺令史……又楊子山爲郡上計吏，獻所作《哀牢傳》，爲帝所異，徵詣蘭臺。斯則蘭臺之職，蓋當時著述之所也。」除蘭臺之外，東漢章帝又在東觀收藏圖書，並以爲官修史書之所，《東觀漢

〔註6〕司馬遷《史記·太史公自序》。
〔註7〕司馬遷《報任安書》。
〔註8〕司馬遷《史記·太史公自序》。

記》即在此修成。魏晉時代，才置專職修史的官職。《晉書‧職官志》云：「著作郎，周左史之任也。漢東京圖籍在東觀，故使名儒著作東觀，有其名，尚未有官。魏明帝太和中，詔置著作郎，於此始有其官，隸中書省。及晉受命，武帝以繆徵爲中書著作郎。元康二年詔曰：『著作舊屬中書，而秘書既典文籍，今改中書著作爲秘書著作。』於是改隸秘書省。後別自置省，而猶隸秘書著作郎一人，謂之大著作郎，專掌史任。又置佐著作郎八人。著作郎始到職，必撰《名臣傳》一人。」自魏晉以後，歷朝專設史官，進行修史著述工作，成爲固定的制度。

　　從先秦至魏晉南北朝，官方史職的發展以至成熟，形成了悠久深厚的史官傳統，在此基礎上誕生的《史記》、《漢書》、《三國志》等巨著，爲後世史學著述提供了經典範本，而屬於私人修撰的別傳類傳記，正是在這個大的文化傳統之下發展起來的。

二、經學急劇衰微和史官「失其常守」

　　兩漢最發達的是經學，這是武帝以來「獨尊儒術」的結果，由此出現累世治經的家族，如孔氏、伏氏、龍亢桓氏、弘農楊氏、汝南袁氏等。當時朝廷取士，以是否通經爲條件，甚至官員斷事決獄，以儒經古義作爲指導，凌駕於法律之上。於是學者大夫，皓首窮經，對其研究達到極其瑣碎支離的地步，使經學漸漸失去了生命力。班固說：「古之學者耕且養，三年而通一藝，存其大體，玩經文而已，是故用日少而畜德多，三十而五經立也。後世經傳既已乖離，博學者又不思多聞闕疑之義，而務碎義逃難，便辭巧說，破壞形體；說五字之文，至於二三萬言。後進彌以馳逐，故幼童而守一藝，白首而後能言；安其所習，毀所不見，終以自蔽。此學者之大患也。」〔註9〕經學自西漢末愈演愈烈的今古文之爭，也使經學長期處於分裂狀態。東漢章帝以後，讖緯之學取得了合法地位，經學的神學化更加速其走向崩潰。漢末大亂，漢朝的專制統治搖搖欲墜，儒學的獨尊地位逐漸被打破，玄學、佛學等趁機而起，社會風氣倏然一變，重視人性、重視人格獨立、強調個人價值、追求精神解脫的社會思潮成爲普遍趨勢。別傳以單個人物爲中心寫人記事的寫作形式，正與這種時代特徵相契合，自然能得到迅速發展。史學就在這時擺脫經學附庸的地位，自成體系，蔚爲大國。由於黃巾起義的打擊，官府控制的史

〔註9〕見班固《漢書‧藝文志》。

官制度被打亂，「史官失其常守」〔註10〕，官方對修史的控制也放鬆了。過去官方史書必須迎合統治意志，有時候不得不隱惡溢美，爲君者諱，使史書存在許多不足。而在動亂的年代，思想反而較爲開放，私撰之史蓬勃發展起來，努力反映不同的歷史層面，補正史之不足。史著體制也不再限於紀傳体、編年體，而沒有固定的體制，各記聞見，各抒其志，想寫什麼就寫什麼，「體制不經」。這就爲別傳的大量產生提供了歷史機遇。

三、人物品評風氣的流行和門閥制度

　　人物品評的風氣，起於兩漢的清議。兩漢實行薦舉的選官制度，清議作爲鄉里對士人的評價，常用作選舉人才的考量標準。後來，這樣的人物品評脫離爲獨立的鄉黨品題。《後漢書‧黨錮傳序》云：「自是正直廢放，邪枉熾結，海內希風之流，遂共相摽搒，指天下名士，爲之稱號。上曰『三君』，次曰『八俊』，次曰『八顧』，次曰『八及』，次曰『八厨』，猶古之『八元』、『八凱』也。竇武、劉淑、陳蕃爲『三君』，君者，言一世之所宗也。李膺、荀昱、杜密、王暢、劉祐、魏朗、趙典、朱寓爲『八俊』，俊者，言人之英也。郭林宗、宗慈、巴肅、夏馥、范滂、尹勳、蔡衍、羊陟爲『八顧』，顧者，言能以德行引人者也。張儉、岑晊、劉表、陳翔、孔昱、范康、檀敷、翟超爲『八及』，及者，言其能導人追宗者也。度尚、張邈、王考、劉儒、胡母班、秦周、蕃嚮、王章爲『八厨』，厨者，言能以財救人者也。」於是人物品題之風迅速傳開。《後漢書‧許劭傳》云：「劭與靖俱有高名，好共核論鄉黨人物，每月輒更其品題，故汝南俗有『月旦評』焉。」漢末士人，往往一經前輩名士品題，便名聲大振，躋身於名士行列，名利雙收。《郭林宗別傳》曰：「林宗遊洛陽，見河南李膺。膺大奇之，於是名震京師。復歸鄉里，衣冠諸儒送至河上，車數千輛。」〔註11〕《鄭玄別傳》云：「故尚書左丞同縣張逸，年十三，爲縣小吏。君謂之曰：『爾有贊道之德，玉雖美，須雕琢而成器，能爲書生，以成其志不？』對曰：『願之。』乃遂拔於其輩，妻以弟女。」〔註12〕湯用彤說：「溯自漢代取士大別爲地方察舉、公府徵辟。人物品鑒遂極重要，有名者入青雲，無聞者委溝壑。朝廷以名治（顧亭林語），士風亦竟以名相高。聲名出於鄉里之臧否，故民間清議乃隱操士人進退之權。於是月旦人物，流

〔註10〕見《隋書‧經籍志二史部》。
〔註11〕《太平御覽》卷三百八十「人事部二十一　美丈夫下」引。
〔註12〕《太平御覽》卷五百四十一「禮儀部二十　婚姻下」引。

爲俗尚，講目成名（《人物志》語），具有定格，乃成社會中不成文之法度。」
〔註13〕在這種情況下，要獲得清議之高名，必須做一些標新立異的獨特言行，於是紀錄這些言行的文字就流傳開來。到了曹魏建立九品中正制，各州置大中正，各郡置小中正，評騭人物，分爲九品。大小中正根據士人的家世門第，搜集其世系資料，寫成評狀，存入檔案，據此選用爲官。此制延續至兩晉南北朝，形成嚴格的門閥制度。民間記錄的資料和官方保存的中正評狀，就成爲別傳傳主死後立傳的資料來源。門閥制度的興盛，使譜牒家傳的撰作蓬勃發展，用以彰顯門第，頌祖宗功業，明社會地位。東晉時期的高門大族如琅邪王氏、高平郗氏、潁川庾氏、譙郡桓氏、陳郡謝氏、太原王氏等，特別重視這類書籍的修撰。這些叢集性的史著也影響到別傳的創作，即所傳之文必記其姓氏籍貫、家世官職，再敘述傳主個人氣質、仕宦履歷，其具體言行倒放在其次。這就形成了兩晉時期別傳的獨特風貌和撰著模式。

　　兩晉之後的南北朝時期，別傳的創作態勢卻截然發生變化，很快歸於沉寂，與之前的繁榮局面形成了鮮明的對比，這是一個非常值得討論的現象。本文認爲產生這種局面的原因有如下幾條：

　　1、門閥制度的腐朽衰敗。曹魏時期實行九品中正制，是團結各地方豪強，維護其統治地位的措施，其弊端在於阻塞了下層士人晉升之路，又不得不任用平庸甚至愚笨的高門子弟擔當要職，造成下品無高門，上品無寒士，「世冑躡高位，英俊沉下僚」的社會不公平。自各朝設立著作郎以來，因其職閑廩重，兩晉世家子弟起家多從此職開始，以至於「上車不落則著作，體中何如則秘書」的荒謬現象出現，官方的史著工作，自然有很大的倒退。從東晉的別傳作品來看，其仿佛家譜式的固定寫作模式，實際上顯現出這種史傳形式已經走向僵化，沒有了鮮活的生命力。南朝開國皇帝皆出身寒微，對門閥大族一直持又打又拉的態度，逐漸剝奪了門閥大族在政治上的權力和影響力，使得門閥士族走向分崩瓦解，最終在農民大起義中灰飛烟滅，別傳的創作也隨之走向沒落。

　　2、史學與相關注釋學著作的減少。縱觀整個南朝時期，史學著作的創作走向衰落，數量上較之魏晉減少了許多。尤其是本朝人撰本朝史的風氣，至此基本消亡。考《隋書·經籍志》，該期本朝人撰本朝史的著作僅有徐爰《宋書》、謝吳《梁書》、陸瓊《陳書》等寥寥數部。私修史書更是難得一見。總

〔註13〕湯用彤《魏晉玄學論稿》，上海：上海古籍出版社，2001年，第10頁。

體來說，各種史學著作的質量並不高。列於二十四史的正史著作，《梁書》、《陳書》都是唐代官修。這段時期出現的史學大家，也只有沈約一人。沈約所撰《宋書》，後世無人作注，無法看到其撰述的淵源所自。其他的史著，就更無人措意了。由於對該時期的書籍，沒有像裴松之以史證史、劉孝標以史證小說那樣進行注釋，因此，即使有一些別傳曾經存在過，但是隨著時世亂離，最終消失在歷史長河之中。

3、與史學的衰微不同，文學在該時期得到充分的發展。劉宋文帝時，在國子學立文學館，與儒學、玄學、史學並立，成為一門獨立學科。王、謝等門閥大族成員，很多都具備較高的文學素養。謝氏文學作品見錄於《文選》的就有 6 人，王筠《與諸兒書》提到其一門七代，人人有集。這樣的文學家族集團，以及以皇帝、王族為中心集結的文學集團，在南朝數量眾多。在文學批評史上，南北朝也是一個輝煌的時代。劉勰《文心雕龍》和鍾嶸《詩品》，對後世文學批評產生了深遠影響。文集的編纂方面，也出現《文選》、《玉臺新咏》等重要作品。南朝秘書郎、著作郎的選拔也不再以史才為重，而轉向文才。這些變化，使得士子們對文學的關注，大大超越對史學的注意，在他們看來，文學創作的價值可以超越其他創作，所謂「經國之大業，不朽之盛事」，既能憑此躋身政壇，又可傳之後世，名播千載。因此，史學與文學此消彼漲，士人轉入以文學創作為主的社會現狀，也是別傳在此時期銷聲匿跡的重要原因。隋唐以後，這種模仿正史列傳的單篇別傳也非常少，代之而起的是如《大人先生傳》、《五柳先生傳》等虛構成份較多、著重於論理的文傳，以及依附歷史人物所作的小說。

總之，別傳類傳記起於西漢，發展於漢末至曹魏，兩晉達到極盛，隨後迅速歸於沉寂，是漢魏六朝時期史學發展中一道獨特的風景。

第二節　漢魏六朝時期別傳的傳主

縱觀現存的漢魏六朝時期人物別傳，其傳主的身份是多樣化的，有大儒名士、朝廷重臣、世家子弟、名門賢媛、方士逸民，還有佛道高人。而以時間角度進行分析可以發現，不同階段的別傳傳主，在總體上具有各自不同的主要類型特徵。

首先是從西漢至東漢建安前的早期別傳。該階段內現存的別傳數量並不

多，傳主計有東方朔、李陵、張純、鍾離意、李郃、李固、李燮、樊英、劉根、梁冀、蔡邕、盧植、馬融、鄭玄、趙岐、董卓、郭泰、陳寔、何顒等人。這些別傳中，傳錄奇異怪誕之事的傳記較多。如《東方朔別傳》，紀錄的事件明顯具有道教方術的影響。再看其他別傳：

> 《李郃別傳》：「公長七尺八寸，多鬚髯，八眉。左耳有奇表，項枕如鼎足，手握三公之字。〔註14〕

> 《李郃別傳》：「郃居漢中。和帝即位，分遣使者，循行州郡觀風俗，皆微服單行。使者二人到益州，投公舍宿。公察其人，異焉。時日暮，露坐，爲出酒與啖。公仰視星，問曰：『二君發京師時，寧知使者何日發耶？』二人驚相視，問公何以知之。郃指星曰：『有二使星，來向益郡。』」〔註15〕

> 《樊英別傳》：「英隱於壺山，嘗有黑風從西方起。英謂學者曰：『成都市火甚盛。』因含水西向噀之，乃令記其日。後有從蜀來者，云『是日大火，黑雲平旦從東起。須臾大雨，火遂得滅。』」〔註16〕

> 《董卓別傳》：「卓會公卿，召諸降賊。敗行，責降者曰：『何不鑿眼！』應聲，眼皆落地。〔註17〕

早期別傳中出現如此集中的傳寫虛妄怪誕內容的現象，使後世學者對別傳的史學價值產生懷疑，以致對魏晉以降別傳的眞實性，也推而論之，表現出輕視的態度。

該期還有一些碩儒、名士別傳，主要展現傳主的高德逸風。如：

> 《李燮別傳》：「燮字德公，京兆人。拜京兆尹，吏民愛敬之，乃作歌曰：『我府君道教，舉恩如春，威如虎，愛如母，訓如父。』」〔註18〕

> 《馬融別傳》：「馬融爲儒，教養諸生，常有千數。善鼓琴，好吹笛，達生任性，不拘儒者之節。居宇器服，多存侈飾。常坐高

〔註14〕《太平御覽》卷三百六十三「人事部四　形體」引。
〔註15〕《北堂書鈔》卷四十「政術部　奉使三十六　循行州郡」引。
〔註16〕《藝文類聚》卷八十「火部　火」引。
〔註17〕《太平御覽》卷三百六十六「人事部七　目」引。
〔註18〕《太平御覽》卷二百五十二「職官部五十　尹」引。

堂，施絳紗帳，前授生徒，後列女樂，弟子以次相傳，鮮有入其室者。」〔註19〕

　　《陳寔別傳》：「寔字仲弓，潁川人。自爲兒童，不爲戲弄，等類所歸。寔在鄉閭，平心率物，其爭訟，輒求判正，曉譬曲直，返無怨者。至乃歎曰：『寧爲刑罰所加，不爲陳君所短。』時歲荒，民儉有盜，夜入其室，止於梁上。寔陰見之，乃起自整拂，呼命子孫，正色訓之曰：『夫人不可不自勉。不善之人，未必本惡，習與性成，遂至於此，如梁上君是矣。』盜大驚，自投於地，稽首歸罪。寔徐譬之曰：『似君子狀貌，不似惡人，宜深尅己反善。然此當由困貧。』令遺絹二疋。自是縣無復盜竊。」〔註20〕

　　《郭林宗別傳》：「林宗嘗行梁、陳間遇雨，故其中一角霑而折。二國學士莫不折其角，其見儀如此。」〔註21〕

　　《鄭玄別傳》：「玄年十一二，隨母還家。正臘會，同列十數人，皆美服盛飾，語言閒通，玄獨漠然如不及。母私督數之，乃曰：『此非我志，不在所願也。』」〔註22〕

　　《鄭玄別傳》：「大將軍何進禮待甚優，玄不受朝服，惟服幅巾，一宿而去。」〔註23〕

這些碩儒名士別傳，都出現在東漢末年，實與其後的三國別傳相接續，成爲三國名士別傳之先聲，其著重傳寫名士風神、軼聞趣事的手法，也奠定了別傳類傳記主流類型的特徵。

　　三國時期出現了別傳創作的第一個高潮。這段時期除了邴原、禰衡、管寧、邊讓、司馬徽、何晏等名士別傳之外，特別突出的是名臣別傳。該期別傳的大部分都出自裴松之《三國志注》中所引名臣別傳。這些名臣別傳，主要是傳寫其仕宦經歷和生平行事。三國時期的別傳，大大加強了細節描寫，其中一些對話描寫，非常傳神，集中突出了傳主的性格風貌。如：

　　《邴原別傳》：「太子燕會，眾賓百數十人，太子建議曰：『君父

〔註19〕《藝文類聚》卷六十九「服飾部　帳」引。
〔註20〕《太平御覽》卷四百三「人事部四十四　道德」引。
〔註21〕《北堂書鈔》卷一百二十七「衣冠部一　巾八　遇雨」引。
〔註22〕《後漢書・鄭玄傳》「父數怒之不能禁」李賢注引。
〔註23〕《北堂書鈔》卷一百二十七「衣冠部一　巾八　鄭玄幅巾」引。

各有篤疾，有藥一丸，可救一人，當救君邪，父邪？』眾人紛紜，或父或君。時原在坐，不與此論。太子諮之於原，原悖然對曰：『父也。』太子亦不復難之。」〔註24〕

《禰衡別傳》：「衡少有才辯，而氣尚剛傲，好矯時慢物。興平中，避難荊州。建安初，遊許下。始達潁川，乃陰懷一刺，既而無所之適，至於刺字漫滅。是時，許都新建，賢士大夫，四方來集，或問衡曰：『盍從陳長文、司馬伯遠乎？』對曰：『吾焉從屠沽兒耶？』又問：『荀文若、趙稚長云何？』衡曰：『文若可借而弔喪，稚長可使監廚請客。』惟善魯國孔融及弘農楊修，常稱曰：『大兒孔文舉，小兒楊德祖，餘子碌碌，莫足數也。』」〔註25〕

《吳質別傳》：「帝嘗召質及曹休歡會，命郭后出見質等。帝曰：『卿仰諦視之。』其至親如此。質黃初五年朝京師，詔上將軍及特進以下皆會質所，大官給供具。酒酣，質欲盡歡。時上將軍曹真性肥，中領軍朱鑠性瘦，質召優，使說肥瘦。真負貴，恥見戲，怒謂質曰：『卿欲以部曲將遇我邪？』驃騎將軍曹洪、輕車將軍王忠言：『將軍必欲使上將軍服肥，即自宜為瘦。』真愈恚，拔刀瞋目，言：『俳敢輕脫，吾斬爾！』遂罵坐。質案劍曰：『曹子丹，汝非屠几上肉，吳質吞爾不搖喉，咀爾不搖牙，何敢恃勢驕邪？』鑠因起曰：『陛下使吾等來樂卿耳，乃至此邪！』質顧叱之曰：『朱鑠，敢壞坐！』諸將軍皆還坐。鑠性急，愈恚，還拔劍斬地。遂便罷也。」〔註26〕

《趙雲別傳》：「雲身長八尺，姿顏雄偉，為本郡所舉，將義從吏兵詣公孫瓚。時袁紹稱冀州牧，瓚深憂州人之從紹也，善雲來附，嘲雲曰：『聞貴州人皆願袁氏，君何獨迴心，迷而能反乎？』雲答曰：『天下訩訩，未知孰是，民有倒懸之厄，鄙州論議，從仁政所在，不為忽袁公私明將軍也。』遂與瓚征討。時先主亦依託瓚，每接納雲，雲得深自結託。雲以兄喪，辭瓚暫歸，先主知其不反，捉手而別，雲辭曰：『終不背德也。』……初，先主之敗，有人言雲已北去

〔註24〕《三國志‧魏書‧邴原傳》「太祖征吳，原從行，卒」裴松之注引。

〔註25〕《北堂書鈔》卷一百四「藝文部　刺四十七　禰衡懷刺」引。

〔註26〕《三國志‧魏書‧吳質傳》裴松之注引。

者，先主以手戟摘之曰：『子龍不棄我走也。』頃之，雲至。從平江南，以爲偏將軍，領桂陽太守，代趙範。範寡嫂曰樊氏，有國色，範欲以配雲。雲辭曰：『相與同姓，卿兄猶我兄。』固辭不許。時有人勸雲納之，雲曰：『範迫降耳，心未可測；天下女不少。』遂不取。範果逃走，雲無纖介。……益州既定，時議欲以成都中屋舍及城外園地桑田分賜諸將。雲駁之曰：『霍去病以匈奴未滅，無用家爲，今國賊非但匈奴，未可求安也。須天下都定，各反桑梓，歸耕本土，乃其宜耳。益州人民，初罹兵革，田宅皆可歸還，令安居復業，然後可役調，得其歡心。』先主即從之」〔註27〕

《荀粲別傳》：「粲常以婦人才智不足論，自宜以色爲主。驃騎將軍曹洪女有色，粲於是聘焉。容服帷帳甚麗，專房燕婉。歷年後，婦病亡。未殯，傅嘏往唁粲，粲不哭而神傷。嘏問曰：『婦人才色並茂爲難。子之聘也，遺才存色，非難遇也。何哀之甚？』粲曰：『佳人難再得。顧逝者不能有傾城之異，然未可易遇也。』痛悼不能已已，歲餘亦亡。亡時年二十九。粲簡貴，不與常人交接，所交者一時俊傑。至葬夕，赴期者裁十餘人，悉同年相知名士也，哭之，感慟路人。粲雖褊隘，以燕婉自喪，然有識猶追惜其能言。」〔註28〕

《孟宗別傳》：「孟宗爲光祿勳，嘗大會公卿。先少飲酒，偶有強者，飲一杯便吐。時令峻急，凡有醉吐者，皆傳詔司察。公吐麥飯，察者以聞上，乃歎息，詔問食麥飯意，宗答曰：『臣家足有米飯耳，直愚性所安。』上乃嘆息曰：『德行純素如此。』」〔註29〕

三國時期開始出現婦女別傳，如梁寬《龐娥親傳》、鍾會《母夫人張氏傳》、《蔡琰別傳》。這種別傳源自劉向《列女傳》，主要敘述女性的賢惠義烈和機敏才幹，是後世各種《列女傳》修撰的重要採錄素材。

該期別傳紀實性大大加強，傳錄怪異內容的別傳極爲少見，僅有《葛仙翁別傳》、《胡綜別傳》等寥寥數篇，顯示出別傳類傳記的創作向史傳特質的回歸，並影響著兩晉的別傳創作精神。

三國時期現存別傳計有：

〔註27〕《三國志·蜀書·趙雲傳》裴松之注引。
〔註28〕《世說新語》惑溺2「荀奉倩與婦至篤」條劉孝標注引。
〔註29〕《太平御覽》卷七百四十三「疾病部六　嘔吐」引。

《曹瞞傳》、《曹操別傳》、《魏武別傳》、《魏文帝別傳》、《曹植別傳》、《邴原別傳》、《荀彧別傳》、《孫資別傳》、《劉廙別傳》、《禰衡別傳》、《平原禰衡傳》、《蒲元別傳》、《吳質別傳》、《荀采傳》、《司馬徽別傳》、《孔融別傳》、《吳質別傳》、《任嘏別傳》、《管寧別傳》、《傅巽別傳》、《楊彪別傳》、《邊讓別傳》、《桓階別傳》、《何晏別傳》、《程曉別傳》、《潘勗別傳》、鍾會《母夫人張氏傳》、《蔡琰別傳》、《華佗別傳》、《管輅別傳》、《諸葛亮別傳》、《費禕別傳》、《趙雲別傳》、《諸葛恪別傳》、《諸葛元遜別傳》、《孟宗別傳》、《虞翻別傳》、《樓承先別傳》、《胡綜別傳》、《陸績別傳》、《孫權傳》、《葛仙翁別傳》。

兩晉門閥制度的興盛達到巔峰，為彰顯門弟，譜牒家傳的創作隨之興盛起來，別傳的創作也隨這一變化而出現轉變。兩晉別傳傳主絕大部分都來自高門大族，既有風流名士，也有朝廷重臣，但最本質的特徵，還是在於其歸屬於某個望族之下。因此，兩晉別傳呈現的主要特徵，是傳錄門閥士族成員。

劉孝標《世說新語注》中引用了眾多別傳，其中很大部分別傳的傳主都是門閥大族中人，如琅邪臨沂王氏：

《王乂別傳》：「乂字叔元，琅邪臨沂人。時蜀新平，二將作亂，文帝西之長安，乃徵為相國司馬，遷大尚書，出督幽州諸軍事，平北將軍。」〔註30〕

《王丞相別傳》：「王導字茂弘，琅琊人。祖覽，以德行稱。父裁，侍御史。導少知名，家世貧約，恬暢樂道，未嘗以風塵經懷也。」〔註31〕

《王含別傳》：「含字處弘，琅邪臨沂人。累遷徐州刺史、光祿勳。與弟敦作逆，伏誅。」〔註32〕

《王敦別傳》：「敦字處仲，琅邪臨沂人。少有名理，累遷青州刺史。避地江左，歷侍中，丞相、大將軍、揚州牧，以罪伏誅。〔註33〕敦子應，字安期，官至武衛將軍。」〔註34〕

〔註30〕《世說新語》德行26「祖光祿少孤貧」條劉孝標注引。
〔註31〕《世說新語》德行27「周鎮罷臨川郡」條劉孝標注引。
〔註32〕《世說新語》言語37「王敦兄含，為光祿勳」條劉孝標注引。
〔註33〕《世說新語》文學20「衛玠始渡江」條劉孝標注引。
〔註34〕《太平御覽》卷二百三十七職官部三十五「左右衛將軍」條下引。

《王舒傳》：「舒字處明，琅邪人。祖覽，知名。父會，御史。舒器業簡素，有文武幹。中宗用為北中郎將、荊州刺史、尚書僕射，出為會稽太守。以父名會，累表自陳。討蘇峻有功，封彭澤侯，贈車騎大將軍。」〔註35〕

《王邃別傳》：「邃字處重，琅邪人，舒弟也。意局剛清，以政事稱。累遷中領軍、尚書左僕射。」〔註36〕

《王廙別傳》：「廙字世將，祖覽，父正。廙高朗豪率。王導、庾亮遊於石頭，會廙至。爾日迅風飛颿，廙倚船樓長嘯，神氣甚逸。導謂亮曰：『世將為復識事。』亮曰：『正足舒其逸耳。』性倨傲，不合己者面拒之，故為物所疾。加平南將軍，薨。」〔註37〕

《王彬別傳》：「彬字世儒，琅邪人。祖覽，父正，並有名德。彬爽氣出儕類，有雅正之韻。與元帝姨兄弟，佐佑皇業，累遷侍中。從兄敦下石頭，害周伯仁。彬與顗素善，往哭其尸，甚慟。既而見敦，敦怪其有慘容而問之，答曰：『向哭周伯仁，情不能已。』敦曰：『伯仁自致刑戮，汝復何為者哉！』彬曰：『伯仁清譽之士，有何罪？』因數敦曰：『抗旌犯上，殺戮忠良。』音辭忼慨，與淚俱下。敦怒甚，丞相在坐，代為之懼，命彬曰：『拜謝。』彬曰：『有足疾。比來見天子，尚不能拜。何跪之有？』敦曰：『腳疾何如頸疾？』以親故，不害之。累遷江州刺史、左僕射，贈衛將軍。」〔註38〕

《王澄別傳》：「澄風韻邁達，志氣不羣。從兄戎、兄夷甫名冠當年，四海人士一為澄所題目，則二兄不復措意，云：『已經平子。』其見重如此，是以名聞益盛。天下知與不知，莫不傾注。澄後事迹不逮，朝野失望。及舊遊識見者，猶曰：『當今名士也！』」〔註39〕

《王劭別傳》：「劭字敬倫，丞相導第五子。清貴簡素，研味玄賾，大司馬桓溫稱為『鳳雛』。累遷尚書僕射、吳國內史。」〔註40〕

〔註35〕《世說新語》識鑒15「王大將軍既亡」條劉孝標注引。
〔註36〕《世說新語》賞譽46「王大將軍與元皇表云」條劉孝標注引。
〔註37〕《世說新語》仇隙3「王大將軍執司馬愍王」條劉孝標注引。
〔註38〕《世說新語》識鑒15「王大將軍既亡」條劉孝標注引。
〔註39〕《世說新語》賞譽3152「王夷甫語樂令」條劉孝標注引。
〔註40〕《世說新語》雅量26「王劭王薈共詣宣武」條劉孝標注引。

《王薈別傳》：「薈字敬文，丞相最小子。有清譽，夷泰無競。仕至鎮軍將軍。」〔註41〕

《王胡之別傳》：「胡之字脩齡，琅邪臨沂人，王廙之子也。〔註42〕胡之少有風尚，才器率舉，有秀悟之稱。〔註43〕歷吳興太守，徵侍中、丹陽尹、秘書監，並不就。拜使持節、都督司州諸軍事、西中郎將、司州刺史。〔註44〕胡之常遺世務，以高尚爲情，與謝安相善也。〔註45〕治身清約，以風操自居。〔註46〕好談諧，善屬文辭，爲當世所重。」〔註47〕

《王彪之別傳》：「彪之從伯導謂彪之曰：『選曹舉汝爲尚書郎，幸可作諸王佐邪！』」〔註48〕

《王司徒傳》：「王珣字元琳，丞相導之孫，領軍洽之子也。少以清秀稱。大司馬桓溫辟爲主簿，從討袁眞，封交趾望海縣東亭侯，累遷尚書左僕射，領選，進尚書令。」〔註49〕

《王珉別傳》：「珉字季琰，琅邪人，丞相導孫，中領軍洽少子。有才藝，善行書，名出兄珣右。累遷侍中、中書令，贈太常。」〔註50〕

《王獻之別傳》：「祖父曠，淮南太守。父義之，右將軍。咸寧中，詔尚餘姚公主，遷中書令，卒。」〔註51〕

又如太原晉陽王氏：

《王汝南別傳》：「襄城郝仲將，門至孤陋，非其所偶也。君嘗見其女，便求聘焉。果高朗英邁，母儀冠族。其通識餘裕皆此類。」〔註52〕

〔註41〕《世說新語》雅量26「王劭王薈共詣宣武」條劉孝標注引。
〔註42〕《世說新語》言語81「王司州至吳興印渚中看」條劉孝標注引。
〔註43〕《世說新語》賞譽136「林公云」條劉孝標注引。
〔註44〕《世說新語》言語81「王司州至吳興印渚中看」條劉孝標注引。
〔註45〕《世說新語》賞譽125「謝太傅稱王脩齡曰」條劉孝標注引。
〔註46〕《世說新語》賞譽131「謝太傅語眞長」條劉孝標注引。
〔註47〕《世說新語》品藻60「或問林公」條劉孝標注引。
〔註48〕《世說新語》方正46「王中郎年少時」條劉孝標注引。
〔註49〕《世說新語》言語102「宣武移鎮南州」條劉孝標注引。
〔註50〕《世說新語》政事24「王大爲吏部郎」條劉孝標注引。
〔註51〕《世說新語》德行39「王子敬病篤」條劉孝標注引。
〔註52〕《世說新語》賢媛15「王汝南少無婚」條劉孝標注引。王汝南名王湛。

　　《王述別傳》：「述字懷祖，太原晉陽人。祖湛，父承，並有高名。述早孤，事親孝謹。簞瓢陋巷，宴安永日。由是爲有識所知，襲爵藍田侯。〔註53〕述少眞獨退靜，人未嘗知。〔註54〕述常以謂人之處世，當先量己而後動，義無虛讓。是以應辭便當固執。其貞正不踰，皆此類。」〔註55〕

　　《王濛別傳》：「濛之交物，虛己納善，恕而後行，希見其喜慍之色，凡與一面，莫不敬而愛之。然少孤，事諸母甚謹，篤義穆族，不脩小潔，以清貧見稱。〔註56〕濛與沛國劉惔齊名，時人以濛比袁曜卿，惔比荀奉倩，而共交友，甚相知賞也。〔註57〕濛性和暢，能清言，談道貴理中，簡而有會。商略古賢顯默之際，辭旨劭令，往往有高致。〔註58〕丞相王導辟名士時賢，協贊中興，旌命所加，必延俊乂。辟濛爲掾。〔註59〕濛以永和初卒，年三十九。沛國劉惔與濛至交，及卒，惔深悼之，雖友于之愛，不能過也。」〔註60〕

　　《王中郎傳》：「坦之字文度，太原晉陽人。祖東海太守承，清淡平遠。父述，貞貴簡正。坦之器度淳深，孝友天至，譽輯朝野，標的當時。累遷侍中、中書令，領北中郎將、徐、兗二州刺史。」〔註61〕

　　《王恭別傳》：「恭清廉貴峻，志存格正，起家著作郎，歷丹陽尹、中書令，出爲五州都督、前將軍、青兗二州刺史。」〔註62〕

又如譙國龍亢桓氏：

　　《桓彝別傳》：「彝字茂倫，譙國龍亢人，漢五更桓榮九世孫也。父顥，有高名。彝少孤，識鑒明朗。避亂渡江。累遷散騎常

〔註53〕　《世說新語》文學22「殷中軍爲庚公長史」條劉孝標注引。
〔註54〕　《世說新語》簡傲10「謝中郎是王藍田女婿」條劉孝標注引。
〔註55〕　《世說新語》方正47「王述轉尚書令」條劉孝標注引。
〔註56〕　《世說新語》賞譽87「劉尹每稱王長史云」條劉孝標注引。
〔註57〕　《世說新語》賞譽109「王長史云」條劉孝標注引。
〔註58〕　《世說新語》賞譽133「謝公云」條劉孝標注引。
〔註59〕　《世說新語》任誕32「王長史、謝仁祖同爲王公掾」條劉孝標注引。
〔註60〕　《世說新語》傷逝10「王長史病篤」條劉孝標注引。
〔註61〕　《世說新語》言語72「王中郎令伏玄度習鑿齒論青楚人物」條劉孝標注引。
　　　　　王中郎名王坦之。
〔註62〕　《世說新語》德行44「王恭從會稽還」條劉孝標注引。

侍。」〔註63〕

《桓溫別傳》：「溫字元子，譙國龍亢人，漢五更桓榮後也。父彝，有識鑒。溫少有豪邁風氣，爲溫嶠所知。累遷琅邪內史，進征西大將軍，鎮西夏。時逆胡未誅，餘燼假息。溫親勒郡卒，建旗致討，清蕩伊、洛，展敬園陵。薨，諡宣武侯。」〔註64〕

《桓豁別傳》：「豁字朗子，溫之弟。累遷荊州刺史，贈司空。」〔註65〕

《桓沖別傳》：「沖字玄叔，溫弟也。累遷車騎將軍，都督七州諸軍事。」〔註66〕

《桓玄別傳》：「玄字敬道，譙國龍亢人，大司馬溫少子也。幼童中，溫甚愛之，臨終，命以爲嗣。年七歲，襲封南郡公。拜太子洗馬、義興太守。不得志，少時去職，歸其國。與荊州刺史殷仲堪素舊，情好甚隆。」〔註67〕

又如高平金鄉郗氏：

《郗鑒別傳》：「鑒字道徽，高平金鄉人，漢御史大夫郗慮後也。少有體正，耽思經籍，以儒雅著名。永嘉末，天下大亂，饑饉相望。冠帶以下，皆割己之資供鑒。元皇徵爲領軍，遷司空、太尉。」〔註68〕

《郗愔別傳》：「愔字方回，高平金鄉人，太宰鑒長子也。淵靖純素，無執無競，簡私暱，罕交遊。歷會稽內史、侍中、司徒。」〔註69〕

《郗曇別傳》：「曇字重熙，鑒少子。性韻方質，和正沈簡。累遷丹陽尹、北中郎將、徐兗二州刺史。」〔註70〕

〔註63〕《世說新語》德行30「桓常侍聞人道深公者」條劉孝標注引。
〔註64〕《世說新語》言語55「桓公北征」條劉孝標注引。
〔註65〕《世說新語》豪爽10「桓石虔司空豁之長庶也」條劉孝標注引。
〔註66〕《世說新語》夙惠7「桓宣武薨」條劉孝標注引。
〔註67〕《世說新語》德行41「初桓南郡楊廣共說殷荊州」條劉孝標注引。
〔註68〕《世說新語》德行24「郗公值永嘉喪亂」條劉孝標注引。
〔註69〕《世說新語》品藻29「郗司空家有傖奴」條劉孝標注引。
〔註70〕《世說新語》賢媛25「王右軍郗夫人謂二弟司空中郎曰」條劉孝標注引。

《郗超別傳》：「超精於理義，沙門支道林以爲一時之俊。」
〔註71〕

又如穎川鄢陵庾氏：

《庾異行（兖）別傳》：「異妻樂氏生子澤。初，異與妻捃而產
於澤，遂以命之。」〔註72〕

《庾亮別傳》：「亮拜中書郎，領著作，侍講東宮，其所論釋，
多見稱述。」〔註73〕

《庾翼別傳》：「翼字稚恭，穎川鄢陵人也。少有大度，時論以
經略許之。兄太尉亮薨，朝議推才，乃以翼都督七州，進征南將軍、
荊州刺史。翼爲荊州，雅有大志，每以門地威重，兄弟寵授，不陳
力竭誠，何以報國。雖蜀阻險塞，胡負凶力，然皆無道酷虐，易可
乘滅。當此時，不能掃除二寇以復王業，非丈夫也。於是徵役三州，
悉其帑實，成眾五萬，兼率荒附，治戎大舉，直指魏、趙，軍次襄
陽，耀威漢北也。」〔註74〕

《庾珉別傳》：「珉字子琚，位列侍中。劉聰作亂，京都傾覆，
珉時直在省，謂僚佐曰：『吾必死此屋內。』既天子蒙塵，珉與許遐
等侍從。聰設會，使帝行酒，珉至帝前，乃慨然流涕。聰曰：『此動
人心。』即時遇害。」〔註75〕

又如吳國吳郡顧氏：

陸機《顧譚傳》：「宣太子正位東宮，天子方隆訓導之義，妙簡
俊彥，講學左右。時四方之傑畢集，太傅諸葛恪等雄奇蓋眾，而譚
以清識絕倫，獨見推重。自太尉范慎、謝景、羊徽之徒，皆以秀稱
其名，而悉在譚下。」〔註76〕

顧凱之《顧悅傳》：「君以直道，陵遲於世。入見王，王髮無二
毛，而君已斑白。問君年，乃曰：『卿何偏蚤白？』君曰：『松栢之

〔註71〕《世說新語》言語75「謝公云」條劉孝標注引。
〔註72〕《太平御覽》卷八百二十四「資產部四　捃」引。
〔註73〕《北堂書鈔》卷五十七「設官部九　著作摠」引。
〔註74〕《世說新語》言語53「庾稚恭爲荊州」、豪爽7「庾稚恭既常有中原之志」條
　　　　劉孝標注引。
〔註75〕《太平御覽》卷四百一十八「人事部五十九　忠貞」引。
〔註76〕《三國志·吳書·顧譚傳》裴松之注引。

姿，經霜猶茂；臣蒲柳之質，望秋先零。受命之異也。』王稱善久
之。」〔註77〕

《顧和別傳》：「和字君孝，吳郡人。祖容，吳荊州刺史。父相，
晉臨海太守。和總角知名，族人顧榮雅相器愛，曰：『此吾家之騏驥
也，必振衰族。』累遷尚書令。」〔註78〕

這些別傳較之三國別傳，細節描寫明顯減少，人物性格特徵往往以極簡略的
詞語概括，如「器業簡素，有文武幹」、「有清譽，夷泰無競」、「清廉貴峻，
志存格正」等等，而著重敘述其氏族譜系，仕宦履歷，帶有濃厚的譜牒意
味。當然，除了這種主要特徵之外，一些別傳用儉省的筆墨塑造鮮活的人物
神貌，是超越前代別傳之處。如：

《孫登別傳》：「孫登字公和，汲郡人。清靜無爲，好讀《易》，
彈琴頹然自得。觀其風神，若遊六合之外者。當魏末，居北山中，以
石窟爲宇，編草自覆。阮嗣宗見登，被髮端坐巖下，遙見鼓琴。嗣
宗自下趨進，莫得與言。嗣宗乃長嘯，與琴音諧和。登因嘯和之，
妙響動林壑。」〔註79〕

《裴楷別傳》：「裴楷少知名，而風情朗悟。初，陳留阮籍遭母
喪，楷弱冠往弔。籍乃離喪位，神志晏然。至，乃縱情嘯詠，傍若
無人。楷不爲改容，行止自若，遂便率情獨哭。哭畢而退，威容舉
動無異。」〔註80〕

《孫放別傳》：「放字齊莊，監君次子也。年八歲，太尉庾公召
見之。放清秀，欲觀試，乃授紙筆令書，放便自疏名字。公題後問
之曰：『爲欲慕莊周邪？』放書答曰：『意欲慕之。』公曰：『何故不
慕仲尼，而慕莊周？』放曰：『仲尼生而知之，非希企所及；至於莊
周，是其次者，故慕耳。』公謂賓客曰：『王輔嗣應答恐不能勝之。』……
放兄弟並秀異，與庾翼子園客同爲學生。園客少有佳稱，因談笑嘲
放曰：『諸孫於今爲盛。』盛，監君諱也。放即答曰：『未若諸庾之
翼翼。』放應機制勝，時人仰焉。司馬景王、陳、鍾諸賢相酬，無

〔註77〕《世說新語》言語57「顧悅與簡文同年而髮早白」條劉孝標注引。
〔註78〕《世說新語》言語33「顧司空未知名詣王丞相」條劉孝標注引。
〔註79〕《藝文類聚》卷四十四「樂部四　琴」引。
〔註80〕《太平御覽》卷五百六十一「禮儀部　弔」引。

以踰也。」〔註81〕

兩晉別傳計有：

　　《衛玠別傳》、何邵《荀粲傳》、何邵《王弼傳》、陶潛《孟嘉別傳》、夏侯湛《辛憲英傳》、《雷煥別傳》、《裴楷別傳》、《羊祜別傳》、《孫惠別傳》、《向秀別傳》、《王彬別傳》、《王廙別傳》、《王濛別傳》、《許遜別傳》、《許肅別傳》、《陶侃別傳》、《陸機別傳》、《陸雲別傳》、《孫放別傳》、《郭翻別傳》、《杜祭酒別傳》、《羅含別傳》、《羅府君別傳》、《陳武別傳》、《夏仲御別傳》、《孫登別傳》、《石勒別傳》、《石虎別傳》、陸機《顧譚傳》、顧愷之《顧悅傳》、袁宏《山濤別傳》、《諸葛恢別傳》、《卞壺別傳》、《何禎別傳》、《蔡充別傳》、《蔡司徒別傳》、《羊曼別傳》、《張華別傳》、《司馬無忌別傳》、《王劭別傳》、《王薈別傳》、《王含別傳》、《王中郎傳》、《王胡之別傳》、《王雅別傳》、《王乂別傳》、《王舒傳》、《王恭別傳》、《王敦別傳》、《王處沖別傳》（《王湛別傳》）、《王濬別傳》、《王威別傳》、《丞相別傳》、《王司徒傳》、《王彪之別傳》、《王獻之別傳》、《王澄別傳》、《王蘊別傳》、《王祥別傳》、《王胡別傳》、《王珉別傳》、《桓任別傳》、《桓石秀別傳》、《桓玄別傳》、《桓彝別傳》、《桓沖別傳》、《桓溫別傳》、《桓豁別傳》、《趙穆別傳》、《傅宣別傳》、《周處別傳》、《郭璞別傳》、《左思別傳》、《盧諶別傳》、《祖約別傳》、《祖逖別傳》、《謝鯤別傳》、《謝安別傳》、《殷浩別傳》、《孔愉別傳》、《賈充別傳》、《顧和別傳》、《潘尼別傳》、《潘岳別傳》、《范宣別傳》、《范汪別傳》、《鍾雅別傳》、《劉尹別傳》、《劉惔別傳》、《陳逵別傳》、《周顗別傳》、《阮孚別傳》、《阮裕別傳》、《阮光祿別傳》、《賀循別傳》、《郗鑒別傳》、《郗愔別傳》、《郗曇別傳》、《郗超別傳》、《陸玩別傳》、《賈逵別傳》、《張載別傳》、《荀勖別傳》、《傅咸別傳》、《孫略別傳》、《庾亮別傳》、《庾翼別傳》、《庾珉別傳》、《庾異行別傳》、《潘京別傳》、《江蕤別傳》、《江祚別傳》、《徐邈別傳》、《顏含別傳》、《顧和別傳》、《歐陽建別傳》、《郭文舉別傳》、曹毗《曹肇傳》、《曹志別傳》、《曹攄別傳》、《嵇康別傳》、嵇喜《嵇康傳》、孫綽《嵇中散傳》、蕭統《陶淵明傳》、《司馬晞傳》、《虞光祿傳》、《江惇傳》、《孝文王傳》、《佛圖澄別傳》、《支遁別傳》、《高坐傳》、《吳猛別傳》、《許邁別傳》、《許邁別傳》。

　　南北朝別傳數量銳減，其原因前已述及。現存僅有《謝朓別傳》、王僧孺《太常敬子任府君傳》、蕭統《陶淵明傳》。

〔註81〕《世說新語》言語 50、排調 33 劉孝標注引。

第三節　漢魏六朝時期別傳的作者

　　單篇留存的別傳類傳記，往往篇幅很短，流傳不廣，在叢集性史籍「刪采其要」之後，便極易散亡，因此現存別傳的作者，可考者極少。在裴松之《三國志注》和劉孝標《世說新語注》中，所引別傳大多不題作者姓名。

　　那麼這些別傳的作者到底是什麼人呢？目前看來，絕大多數別傳的作者姓名都無法加以考證了，但從已知的材料來看，漢魏六朝時期人物別傳的作者主要是與傳主同時或稍後的名士賢達、親屬、著作郎官和所謂的「方聞之士」、「幽人處士」。如：

　　　　【晉】常璩《華陽國志》卷十一《後賢志・陳壽》：「凡壽所述
　　作二百餘篇，符、苴、階各數十篇，二州先達及華夏文士多爲作傳，
　　大較如此。」

這說明與陳壽同時的文人賢士，有許多都在陳壽死後爲其作傳。現存可考的這類別傳有何劭《王弼傳》、《荀粲傳》、袁宏《山濤別傳》、孫綽《嵇中散傳》、傅玄《馬鈞別傳》等，可見當時名士除了爲亡人作墓誌碑銘誄之外，爲其作傳也蔚爲風氣。

　　以親屬身份創作別傳應該是別傳類傳記中最爲普遍的現象，如：

　　　　《三國志・魏書・孫資傳》：「登牀受詔，然後帝崩。」裴松之
　　於注文後有案語：「臣松之以爲孫、劉於時號爲專任，制斷機密，政
　　事無不綜。資、放被託付之問，當安危所斷，而更依違其對，無有
　　適莫。受人親任，理宜得然。案《本傳》及諸書並云放、資稱贊曹
　　爽，勸召宣王，魏室之亡，禍基於此。資之別傳，出自其家，欲以
　　是言掩其大失，然恐負國之玷，終莫能磨也。」

　　　　《隋書・經籍志》：「《管輅傳》三卷，管辰撰。」《三國志・魏
　　書・管輅傳》：「明年二月，卒，年四十八。」裴松之注引《管輅別
　　傳》，其後有《管辰敍》：「辰不以闇淺，得因孔懷之親，數與輅有所
　　諮論。」

按《詩・小雅・常棣》：「死喪之威，兄弟孔懷。」鄭玄箋：「死喪，可畏怖之事。維兄弟之親，甚相思念。」可知《管輅別傳》的作者管辰與傳主管輅是兄弟關係。

　　　　【清】何焯《義門讀書記》卷二七「軍退，貶爲鎮軍將軍」條：
　　注《雲別傳》云云。按：諸葛賞罰之肅，雲猶貶號。其下安得濫賜。

又足以明其不然。別傳類皆子孫溢美之言，故承祚不取。

上述三條提及別傳「出自其家」、「皆子孫溢美之言」，可證許多別傳出自傳主的族人或後人之手。現存可考的這類傳記有管辰《管輅傳》、鍾會《母夫人張氏傳》、顧愷之《顧悅傳》、嵇喜《嵇康傳》、傅玄《傅巽傳》、曹毗《曹肇傳》、夏侯湛《辛憲英傳》、陶潛《孟府君傳》、陸機《顧譚傳》、謝鯤《樂廣傳》等。這些作者本人也多是當時的名士公卿，地位較高。

《晉書・職官志》：「著作郎始到職，必撰《名臣傳》一人。」自魏明帝置著作郎，專掌史任以來，六朝均設此職。著作郎在職期間，需要根據材料撰作史傳。據《晉書・陳壽傳》，陳壽初為佐著作郎，撰《蜀相諸葛亮集》；後為著作郎，又撰《三國志》。別傳類傳記中有一些題名特殊的傳記，應該就是著作郎撰寫的單篇名臣傳。如《丞相別傳》、《王長史別傳》、《阮光祿別傳》、《王汝南別傳》等。

> 《文獻通考》卷一百九十五引《宋三朝藝文志》：「傳記之作，蓋史筆之所不及者，方聞之士得以紀述而為勸戒。」

> 《崇文總目》「傳記類」敘：「古者史官，其書有法。大事書之策，小事載之簡牘。至於風俗之舊，耆老所傳，遺言逸行，史不及書，則傳記之說，或有取焉。然自六經之文，諸家異學，說或不同，況乎幽人處士，聞見各異。或詳一時之所得，或發史官之所諱，參求考質，可以備多聞焉。」

上述二條的「傳記」，是相對於正史而言的，泛指正史外的各種史傳。當然，以單篇形式存在的人物別傳也在其論述範圍之內。這裏提到的「方聞之士」、「幽人處士」出於各種目的，寫作出各種類型的史傳作品。這些人或不願留下姓名，或其姓名在流傳中湮沒。別傳的作者，當然也應該有許多是這樣的人。這從裴松之注《三國志》、劉孝標注《世說新語》時，引用別傳文字不注明別傳作者上，也可以得到證實。這些「方聞之士」、「幽人處士」所傳的內容，都是「史筆之所不及者」，重在搜奇錄異，往往涉及方術占卜等荒誕虛無之事，敘事方式多場景化、戲劇化，呈現出小說的特點。這些別傳有《東方朔別傳》、《鍾離意別傳》、《梁冀別傳》、《曹瞞傳》、《雷煥別傳》、《許邁別傳》等。

另外還有《馬融別傳》、《鄭玄別傳》等，為其門人所撰。蕭綱作為皇室成員，編輯《昭明太子集》並作《昭明太子傳》。

　　從這些別傳作者的身份來看，其實以名士和著作郎官居多，其創作基本上都遵循實錄原則，只是所錄之事，往往瑣碎旁逸，因此不被後世所重視，也少有被正史著作所採用。而那些「迂怪妄誕，眞虛莫測」的別傳，其實在整個別傳類傳記中只占到少數。因此，過去對別傳類傳記的總體看法失於偏頗，在審視這類傳記的作者之後，可以對別傳類傳記的價值進行重新評估。

第三章　漢魏六朝時期人物別傳的 比較研究

第一節　漢魏六朝人物別傳與史學之關係

　　《隋書‧經籍志》雜傳類序稱雜傳是「牽爾而作，不在正史」、「蓋亦史官之末事也」、「載筆之士，刪採其要焉」。因此，對於雜傳的史學價值，正統的評價是不高的。別傳作爲雜傳的一個組成部分，當然也具有這樣的特徵。但是如果據此忽視別傳在史學中的作用，顯然是不客觀的。別傳類傳記的創作，往往先於其他形式的史學著作，因此成爲其他史著創作的基本參考材料，在其創作中起著極爲重要的作用。

　　如對單篇形式的《東方朔傳》與班固《漢書‧東方朔傳》的關係，近代學者就存在不同的看法。姚振宗《隋書經籍志考證》云：

> 　　案《史記‧滑稽列傳》附載褚少孫所補六事中有東方朔事，與
> 《漢書》互有同異，似即本此之別傳。少孫自言「臣爲郎時，好讀
> 外家傳語。」案「外家傳語」即別傳之流，然則此別傳豈猶是前漢
> 所傳，爲褚少孫、劉子政、班孟堅所見者歟？〔註1〕

姚振宗認爲褚少孫所補東方朔事本於單篇《東方朔傳》，而班固修《漢書》時應該見到過這篇《東方朔傳》。逯欽立則斷定班固《漢書‧東方朔傳》是刪削單篇《東方朔傳》而成：

〔註 1〕 姚振宗《隋書經籍志考證》卷二十史部雜傳類，《續修四庫全書》本。

　　　　竊謂《東方朔別傳》本出西漢，即當時所謂「外家傳語」者，
　　　班固《漢書》朔傳即抄而錄之。而抄錄之迹，猶可窺見，特後人未
　　　曾加意，故爲始終之秘耳。《漢書》六十五《東方朔傳》末尾云：「世
　　　所傳他事皆非也」。顏師古注云：「謂如《東方朔別傳》及俗用五行
　　　時日之書，皆非實事也。」欽立按師古此說，固謂《東方朔別傳》
　　　行於班書以前。然其以皆非實事斷之，以明曾爲孟堅之所擯弃，此
　　　則未達一間，不悟《漢書》朔傳固自此《別傳》刪取也。〔註2〕

逯欽立還例舉了《漢書・東方朔傳》與單篇《東方朔傳》相同的事件，以證
明班固採用了單篇《東方朔傳》的內容。筆者的看法是，班固應當看到過單
篇形式的《東方朔傳》，但認爲其中許多內容並非實事，所以在撰寫《漢書・
東方朔傳》時，沒有予以採用。班固的「其事浮淺」、「後世好事者因取奇言
怪語附著之」，就是針對單篇《東方朔傳》所發。而兩傳中有相同的地方，是
在所難免的，可能兩部傳記都有其他的文獻依據，各自加以採用而已。

　　　裴松之注《三國志》，旁徵博引，近人沈家本著《三國志注所引書目》，
共輯得裴氏所引書籍 210 種。伍野春分析前人 19 家《三國志注引書目錄》，
經過比較研究，得出的結論是裴注共引書245種，另有 11 則出處不詳。裴松
之注的引書，大部分爲史書，開創了以史證史的注釋方法。《四庫提要》云：
「宋元嘉中，裴松之受詔爲注，所注襍引諸書，亦時下己意，綜其大致，約
有六端：一曰引諸家之論，以辨是非；一曰參諸書之文，以核訛異；一曰
傳所有之事，詳其委曲；一曰傳所無之事，補其闕佚；一曰傳所有之人，詳
其生平；一曰傳所無之人，附以同類。」正如裴松之在《上三國志注表》中
所說：

　　　　竊惟績事以眾色成文，蜜蜂以兼采爲味，故能使絢素有章，甘
　　逾本質。

從裴松之注引的別傳類傳記來看，確實起到了這樣的作用。

　　　《三國志・魏書・龐淯傳》：「初，淯外祖父趙安爲同縣李壽所殺，淯舅
兄弟三人同時病死，壽家喜。淯母娥自傷父讎不報，乃幃車袖劍，白日刺壽
於都亭前，訖，徐詣縣，顏色不變，曰：『父讎已報，請受戮。』祿福長尹嘉
解印綬縱娥，娥不肯去，遂彊載還家。會赦得免，州郡歎貴，刊石表閭。」

〔註 2〕逯欽立《漢魏六朝文學論集》第一編《漢詩別錄》辨僞第一，陝西人民出版
　　　社，1984 年。

裴松之注引皇甫謐《列女傳》：

　　酒泉烈女龐娥親者，表氏龐子夏之妻，祿福趙君安之女也。君安為同縣李壽所殺，娥親有男弟三人，皆欲報讎，壽深以為備。會遭災疫，三人皆死。壽聞大喜，請會宗族，共相慶賀。云：「趙氏彊壯已盡，唯有女弱，何足復憂！」防備懈弛。娥親子淯出行，聞壽此言，還以啟娥親。娥親既素有報讎之心，及聞壽言，感激愈深，愴然隕涕曰：「李壽，汝莫喜也，終不活汝！戴履天地，為吾門戶，吾三子之羞也。焉知娥親不手刃殺汝，而自徼倖邪？」陰市名刀，挾長持短，晝夜哀酸，志在殺壽。壽為人凶豪，聞娥親之言，更乘馬帶刀，鄉人皆畏憚之。比鄰有徐氏婦，憂娥親不能制，恐逆見中害，每諫止之，曰：「李壽，男子也，凶惡有素，加今備衛在身。趙雖有猛烈之志，而彊弱不敵。邂逅不制，則為重受禍於壽，絕滅門戶，痛辱不輕也。願詳舉動，為門戶之計。」娥親曰：「父母之讎，不同天地共日月者也。李壽不死，娥親視息世間，活復何求！今雖三弟早死，門戶泯絕，而娥親猶在，豈可假手於人哉！若以卿心況我，則李壽不可得殺；論我之心，壽必為我所殺明矣。」夜數磨礪所持刀訖，扼腕切齒，悲涕長歎，家人及鄉里咸共笑之。娥親謂左右曰：「卿等笑我，直以我女弱不能殺壽故也。要當以壽頸血污此刀刃，令汝輩見之。」遂棄家事，乘鹿車伺壽。至光和二年二月上旬，以白日清時，於都亭之前，與壽相遇，便下車扣壽馬，叱之。壽驚愕，迴馬欲走。娥親奮刀斫之，并傷其馬。馬驚，壽擠道邊溝中。娥親尋復就地斫之，探中樹蘭，折所持刀。壽被創未死，娥親因前欲取壽所佩刀殺壽，壽護刀瞋目大呼，跳梁而起。娥親迺挺身奮手，左抵其額，右樁其喉，反覆盤旋，應手而倒。遂拔其刀以截壽頭，持詣都亭，歸罪有司，徐步詣獄，辭顏不變。時祿福長漢陽尹嘉不忍論娥親，即解印綬去官，弛法縱之。娥親曰：「讎塞身死，妾之明分也。治獄制刑，君之常典也。何敢貪生以枉官法？」鄉人聞之，傾城奔往，觀者如堵焉，莫不為之悲喜慷慨嗟歎也。守尉不敢公縱，陰語使去，以便宜自匿。娥親抗聲大言曰：「枉法逃死，非妾本心。今讎人已雪，死則妾分，乞得歸法以全國體。雖復萬死，於娥親畢足，不敢貪生為明廷負也。」尉故不聽所執，娥親

復言曰：「匹婦雖微，猶知憲制。殺人之罪，法所不縱。今旣犯之，義無可逃。乞就刑戮，隕身朝市，肅明王法，娥親之願也。」辭氣愈屬，面無懼色。尉知其難奪，彊載還家。涼州刺史周洪、酒泉太守劉班等並共表上，稱其烈義，刊石立碑，顯其門閭。太常弘農張奐貴尚所履，以束帛二十端禮之。海內聞之者，莫不改容贊善，高大其義。故黃門侍郎安定梁寬追述娥親，爲其作傳。玄晏先生以爲父母之讎，不與共天地，蓋男子之所爲也。而娥親以女弱之微，念父辱之酷痛，感讎黨之凶言，奮劍仇頸，人馬俱摧，塞亡父之怨魂，雪三弟之永恨，近古已來，未之有也。《詩》云：「脩我戈矛，與子同仇」，娥親之謂也。

娥親殺死讎人李壽，引文稱在漢靈帝光和二年（179）二月。文中專門提到梁寬「追述娥親，爲其作傳」，顯然這是一篇單獨的人物傳記。根據《三國志》的記載，梁寬爲東漢末年人，那麼他爲娥親作傳，也應當就在光和二年後不久。皇甫謐的《列女傳》敘娥親事，很可能就是參考甚至直接照錄梁寬所作傳記而寫成。對比陳壽《三國志》的文字，與皇甫謐《列女傳》的文字僅詳略之別，如《三國志》云「趙安爲同縣李壽所殺」，《列女傳》云「君安爲同縣李壽所殺」；《三國志》云「兄弟三人同時病死」，《列女傳》云「男弟三人，皆欲報讎，壽深以爲備。會遭災疫，三人皆死」；《三國志》云「壽家喜」，《列女傳》云「壽聞大喜，請會宗族，共相慶賀」；《三國志》云「祿福長尹嘉解印綬縱娥」，《列女傳》云「祿福長漢陽尹嘉不忍論娥親，即解印綬去官，弛法縱之」；《三國志》云「遂彊載還家」，《列女傳》云「尉知其難奪，彊載還家」；《三國志》云「州郡歎貴，刊石表閭」，《列女傳》云「涼州刺史周洪、酒泉太守劉班等並共表上，稱其烈義，刊石立碑，顯其門閭」。很顯然，陳壽的傳記與《列女傳》中的文字有極爲密切的聯繫。考二人《晉書》本傳，皇甫謐晉武帝太康三年（282）卒，年六十八。陳壽晉惠帝元康七年（297）卒，年六十五。皇甫謐長陳壽十八歲，因此陳壽在修《三國志》時，應該參考並使用了皇甫謐《列女傳》中的材料。雖然陳壽可能並沒有直接從梁寬的傳記中采集資料，但從單篇別傳到叢集性類傳，最後成爲正史文字的軌跡，昭然可循。

《三國志・魏書・邴原傳》：「邴原字根矩，北海朱虛人也。少與管寧俱以操尚稱，州府辟命皆不就。黃巾起，原將家屬入海，住鬱洲山中。時孔融

為北海相，舉原有道。原以黃巾方盛，遂至遼東，與同郡劉政俱有勇略雄氣。遼東太守公孫度畏惡欲殺之，盡收捕其家，政得脫。度告諸縣：『敢有藏政者與同罪。』政窘急，往投原，原匿之月餘，時東萊太史慈當歸，原因以政付之。既而謂度曰：『將軍前日欲殺劉政，以其為己害。今政已去，君之害豈不除哉！』度曰：『然。』原曰：『君之畏政者，以其有智也。今政已免，智將用矣，尚奚拘政之家？不若赦之，無重怨。』度乃出之。原又資送政家，皆得歸故郡。原在遼東，一年中往歸原居者數百家，游學之士，教授之聲，不絕。

　　後得歸，太祖辟為司空掾。原女早亡，時太祖愛子倉舒亦沒，太祖欲求合葬，原辭曰：『合葬，非禮也。原之所以自容於明公，公之所以待原者，以能守訓典而不易也。若聽明公之命，則是凡庸也，明公焉以為哉？』太祖乃止，徙署丞相徵事。崔琰為東曹掾，記讓曰：『徵事邴原、議郎張範，皆秉德純懿，志行忠方，清靜足以厲俗，貞固足以幹事，所謂龍翰鳳翼，國之重寶。舉而用之，不仁者遠。』代涼茂為五官將長史，閉門自守，非公事不出。太祖征吳，原從行，卒。」

　　本傳不過四百餘字，敘事簡略。裴注引《邴原別傳》云：

　　　　原十一而喪父，家貧，早孤。鄰有書舍，原過其旁而泣。師問曰：「童子何悲？」原曰：「孤者易傷，貧者易感。夫書者，必皆具有父兄者，一則羨其不孤，二則羨其得學，心中惻然而為涕零也。」師亦哀原之言而為之泣曰：「欲書可耳！」答曰：「無錢資。」師曰：「童子苟有志，我徒相教，不求資也。」於是遂就書。一冬之間，誦《孝經》、《論語》。自在童齔之中，嶷然有異。及長，金玉其行。欲遠游學，詣安丘孫崧。崧辭曰：「君鄉里鄭君，君知之乎？」原答曰：「然。」崧曰：「鄭君學覽古今，博文彊識，鈎深致遠，誠學者之師模也。君乃舍之，躡屣千里，所謂以鄭為東家丘者也。君似不知而曰然者，何？」原曰：「先生之說，誠可謂苦藥良鍼矣；然猶未達僕之微趣也。人各有志，所規不同，故乃有登山而採玉者，有入海而採珠者，豈可謂登山者不知海之深，入海者不知山之高哉！君謂僕以鄭為東家丘，君以僕為西家愚夫邪？」崧辭謝焉。又曰：「兗、豫之士，吾多所識，未有若君者；當以書相分。」原重其意，難辭之，持書而別。原心以為求師啟學，志高者通，非若交遊待分而成

也。書何為哉？乃藏書於家而行。原舊能飲酒，自行之後，八九年間，酒不向口。單步負笈，苦身持力，至陳留則師韓子助，潁川則宗陳仲弓，汝南則交范孟博，涿郡則親盧子幹。臨別，師友以原不飲酒，會米肉送原。原曰：「本能飲酒，但以荒思廢業，故斷之耳。今當遠別，因見眠餞，可一飲讌。」於是共坐飲酒，終日不醉。歸以書還孫崧，解不致書之意。後為郡所召，署功曹主簿。時魯國孔融在郡，教選計當任公卿之才，乃以鄭玄為計掾，彭璆為計吏，原為計佐。融有所愛一人，常盛嗟嘆之。後恚望，欲殺之，朝吏皆請。時其人亦在坐，叩頭流血，而融意不解。原獨不為請。融謂原曰：「眾皆請而君何獨不？」原對曰：「明府於某，本不薄也，常言歲終當舉之，此所謂『吾一子』也。如是，朝吏愛恩未有在某前者矣，而今乃欲殺之。明府愛之，則引而方之於子，憎之，則推之欲危其身。原愚，不知明府以何愛之？以何惡之？」融曰：「某生於微門，吾成就其兄弟，拔擢而用之；某今孤負恩施。夫善則進之，惡則誅之，固君道也。往者應仲遠為泰山太守，舉一孝廉，旬月之間而殺之。夫君人者，厚薄何常之有！」原對曰：「仲遠舉孝廉，殺之，其義焉在？夫孝廉，國之俊選也。舉之若是，則殺之非也；若殺之是，則舉之非也。《詩》云：『彼己之子，不遂其媾。』蓋譏之也。語云：『愛之欲其生，惡之欲其死。既欲其生，又欲其死，是惑也。』仲遠之惑甚矣。明府奚取焉？」融乃大笑曰：「吾直戲耳！」原又曰：「君子於其言，出乎身，加乎民；言行，君子之樞機也。安有欲殺人而可以為戲者哉？」融無以答。是時漢朝陵遲，政以賄成，原乃將家人入鬱洲山中。郡舉有道，融書喻原曰：「脩性保貞，清虛守高，危邦不入，久潛樂土。王室多難，西遷鎬京。聖朝勞謙，疇咨儁義。我徂求定，策命懇惻。國之將隕，嫠不恤緯，家之將亡，緹縈跋涉，彼匹婦也，猶執此義。實望根矩，仁為己任，授手援溺，振民於難。乃或晏晏居息，莫我肯顧，謂之君子，固如此乎！根矩，根矩，可以來矣！」原遂到遼東。遼東多虎，原之邑落獨無虎患。原嘗行而得遺錢，拾以繫樹枝，此錢既不見取，而繫錢者愈多。問其故，答者謂之神樹。原惡其由己而成淫祀，乃辨之，於是里中遂斂其錢以為社供。後原欲歸鄉里，止於三山。孔融書曰：「隨會在秦，賈季在

翟，諮仰靡所，歎息增懷。頃知來至，近在三山。《詩》不云乎，『來歸自鎬，我行永久。』今遣五官掾，奉問榜人舟楫之勞，禍福動靜告慰。亂階未已，阻兵之雄，若棊弈爭梟。」原於是遂復反還。積十餘年，後乃逋還。南行已數日，而度甫覺。度知原之不可復追也，因曰：「邴君所謂雲中白鶴，非鶉鷃之網所能羅矣。又吾自遣之，勿復求也。」遂免危難。自反國土，原於是講述禮樂，吟咏詩書，門徒數百，服道數十。時鄭玄博學洽聞，註解典籍，故儒雅之士集焉。原亦以高遠清白，頤志澹泊，口無擇言，身無擇行，故英偉之士向焉。是時海內清議，云青州有邴、鄭之學。魏太祖爲司空，辟原署東閣祭酒。太祖北伐三郡單于，還住昌國，燕士大夫。酒酣，太祖曰：「孤反，鄴守諸君必將來迎，今日明旦，度皆至矣。其不來者，獨有邴祭酒耳！」言訖未久，而原先至。門下通謁，太祖大驚喜，擎履而起，遠出迎原曰：「賢者誠難測度！孤謂君將不能來，而遠自屈，誠副饑虛之心。」謁訖而出，軍中士大夫詣原者數百人。太祖怪而問之，時荀文若在坐，對曰：「獨可省問邴原耳！」太祖曰：「此君名重，乃亦傾士大夫心。」文若曰：「此一世異人，士之精藻，公宜盡禮以待之。」太祖曰：「固孤之宿心也。」自是之後，見敬益重。原雖在軍歷署，常以病疾，高枕里巷，終不當事。又希會見。河內張範，名公之子也，其志行有與原符，甚相親敬。令曰：「邴原名高德大，清規邈世，魁然而峙，不爲孤用。聞張子頗欲學之，吾恐造之者富，隨之者貧也。」魏太子爲五官中郎將，天下向慕，賓客如雲，而原獨守道持常，自非公事不妄舉動。太祖微使人從容問之，原曰：「吾聞國危不事冢宰，君老不奉世子，此典制也。」於是乃轉五官長史，令曰：「子弱不才，懼其難正，貪欲相屈，以匡勵之。雖云利賢，能不惡惡！」太子燕會，眾賓百數十人，太子建議曰：「君父各有篤疾，有藥一丸，可救一人，當救君邪，父邪？」眾人紛紜，或父或君。時原在坐，不與此論。太子諮之於原，原悖然對曰：「父也。」太子亦不復難之。

裴氏所引的這段別傳文字，多達一千七百三十餘字，大大多於本傳，從少年求學、青年游學、出爲功曹、避地遼東，直到任曹操東閣祭酒、曹丕長史，較爲詳細地紀錄了邴原的生平，而且與本傳文字相互補充，完善了整篇傳記，

使邴原博學高遠，清正剛直的形象更爲豐滿。如果仔細品味本傳與別傳，也可以發現陳壽的本傳內容實際上是採自別傳，裴氏所引，補足了單篇《邴原別傳》的全篇內容。

陳壽《三國志》中的人物傳記文字，還有很多是從單篇的別傳文字中採錄改寫而成。最典型的例子就是《管輅傳》，裴注引《管輅別傳》達 19 條之多，每條都體現出陳壽本傳文字的淵源所自。如「父爲利漕，利漕民郭恩兄弟三人，皆得躄疾，使輅筮其所由。輅曰：『卦中有君本墓，墓中有女鬼，非君伯母，當叔母也。昔饑荒之世，當有利其數升米者，排著井中，噴噴有聲，推一大石，下破其頭，孤魂冤痛，自訴於天。』於是恩涕泣服罪。」裴松之注引《管輅別傳》云：

> 利漕民郭恩，字義博，有才學，善《周易》、《春秋》，又能仰觀。輅就義博讀《易》，數十日中，意便開發，言難踰師。於此分著下卦，用思精妙，占覺上諸生疾病死亡貧富喪衰，初無差錯，莫不驚怪，謂之神人也。又從義博學仰觀，三十日中通夜不臥，語義博：「君但相語墟落處所耳，至於推運會，論災異，自當出吾天分。」學未一年，義博反從輅問《易》及天文事要。義博每聽輅語，未嘗不推几慷慨。自言「登聞君至論之時，忘我篤疾，明闇之不相逮，何其遠也！」義博設主人，獨請輅，具告辛苦，自說：「兄弟三人俱得躄疾，不知何故？試相爲作卦，知其所由。若有咎殃者，天道赦人，當爲吾祈福於神明，勿有所愛。兄弟俱行，此爲更生。」輅便作卦，思之未詳。會日夕，因留宿，至中夜，語義博曰：「吾以此得之。」既言其事，義博悲涕沾衣，曰：「皇漢之末，實有斯事。君不名主，諱也。我不得言，禮也。兄弟躄來三十餘載，腳如棘子，不可復治，但願不及子孫耳。」輅言火形不絕，水形無餘，不及後也。

裴松之爲了注文不與本傳文字重複，對別傳文字作了一些處理。《管輅別傳》中「既言其事」，實即陳壽本傳中管輅所說的那段話。可見陳壽的本傳文字，就是根據《管輅別傳》改寫而成。

又如「輅至安德令劉長仁家，有鳴鵲來在閣屋上，其聲甚急。輅曰：『鵲言東北有婦昨殺夫，牽引西家人夫離婁，候不過日在虞淵之際，告者至矣。』到時，果有東北同伍民來告，鄰婦手殺其夫，詐言西家人與夫有嫌，來殺我

婿。」裴松之注引《管輅別傳》云：

> 勃海劉長仁有辯才，初雖聞輅能曉鳥鳴，後每見難輅曰：「夫生
> 民之音曰言，鳥獸之音曰鳴，故言者則有知之貴靈，鳴者則無知之
> 賤名，何由以鳥鳴爲語，亂神明之所異也？孔子曰：『吾不與鳥獸同
> 羣』，明其賤也。」輅答曰：「夫天雖有大象而不能言，故運星精於
> 上，流神明於下，驗風雲以表異，役鳥獸以通靈。表異者必有浮沉
> 之候，通靈者必有宮商之應，是以宋襄失德，六鶂並退，伯姬將焚，
> 鳥唱其災，四國未火，融風已發，赤鳥夾日，殃在荊楚。此乃上天
> 之所使，自然之明符。考之律呂則音聲有本，求之人事則吉凶不失。
> 昔在秦祖，以功受封，葛盧聽音，著在《春秋》，斯皆典謨之實，非
> 聖賢之虛名也。商之將興，由一燕卵也。文王受命，丹鳥銜書，此
> 乃聖人之靈祥，周室之休祚，何賤之有乎？夫鳴鳥之聽，精在鶉火，
> 妙在八神，自非斯倫，猶子路之於死生也。」長仁言：「君辭雖茂，
> 華而不實，未敢之信。」須臾有鳴鵲之驗，長仁乃服。

《管輅別傳》中「須臾有鳴鵲之驗」，是裴松之改寫的文字，其具體內容，即
陳壽本傳中的文字。雖然陳壽所述不見得與《管輅別傳》的文字完全相同，
但本傳內容與別傳內容的互補連貫，是顯而易見的。

又如「館陶令諸葛原遷新興太守，輅往祖餞之，賓客並會。原自起取燕
卵、蠭窠、蜘蛛著器中，使射覆。卦成，輅曰：『第一物，含氣須變，依乎宇
堂，雄雌以形，翅翼舒張，此燕卵也。第二物，家室倒縣，門戶眾多，藏精
育毒，得秋乃化，此蠭窠也。第三物，觳觫長足，吐絲成羅，尋網求食，利
在昏夜，此蜘蛛也。』舉坐驚喜。」裴松之注引《管輅別傳》云：

> 諸葛原字景春，亦學士。好卜筮，數與輅共射覆，不能窮之。
> 景春與輅有榮辱之分，因輅餞之，大有高譚之客。諸人多聞其善
> 卜、仰觀，不知其有大異之才，於是先與輅共論聖人著作之原，又
> 敘五帝、三王受命之符。輅解景春微旨，遂開張戰地，示以不固，
> 藏匿孤虛，以待來攻。景春奔北，軍師摧衄，自言吾觀卿旌旗，城
> 池已壞也。其欲戰之士，於此鳴鼓角，舉雲梯，弓弩大起，牙旗雨
> 集。然後登城曜威，開門受敵，上論五帝，如江如漢，下論三王，
> 如翩如翰；其英者若春華之俱發，其攻者若秋風之落葉。聽者眩
> 惑，不達其義，言者收聲，莫不心服，雖白起之坑趙卒，項羽之塞

灘水，無以尚之。於時客皆欲面縛銜璧，求束手於軍鼓之下。輅猶總干山立，未便許之。至明日，離別之際，然後有腹心始終。一時海內俊士，八九人矣。蔡元才在朋友中最有清才，在眾人中言：「本聞卿作狗，何意為龍？」輅言：「潛陽未變，非卿所知，焉有狗耳得聞龍聲乎！」景春言：「今當遠別，後會何期？且復共一射覆。」輅占既皆中。景春大笑，「卿為我論此卦意，紓我心懷。」輅為開爻散理，分賦形象，言微辭合，妙不可述。景春及眾客莫不言聽後論之美，勝於射覆之樂。景春與輅別，戒以二事，言：「卿性樂酒，量雖溫克，然不可保，寧當節之。卿有水鏡之才，所見者妙，仰觀雖神，禍如膏火，不可不慎。持卿叡才，遊於雲漢之間，不憂不富貴也。」輅言：「酒不可極，才不可盡，吾欲持酒以禮，持才以愚，何患之有也？」

《管輅別傳》中「輅占既皆中」，是裴松之改寫的文字，管輅射覆的具體內容，已移植到本傳中。

《三國志》本傳還敘述管輅為劉奉林婦卜卦、往見安平太守王基、清河王經去官還家、輅又至郭恩家、輅至列人典農王弘直許，與族兄孝國、清河太守華表、吏部尚書何晏、魏郡太守鍾毓、平原太守劉邠、清河令徐季龍、清河倪太守、弟管辰交往的故事，裴松之注無一例外地引用了《管輅別傳》文字，或豐富本傳敘事的來龍去脈，或補充相關的事件言行。將本傳與別傳相對照，可以得出陳壽的《管輅傳》就是整體節錄改寫《管輅別傳》而成的結論。

裴松之《三國志注》中還引用了一些別傳，將其與本傳文字相比較，考證異同，得出自己的結論。如《三國志‧魏書‧孫資傳》：「其年，帝寢疾，欲以燕王宇為大將軍，及領軍將軍夏侯獻、武衛將軍曹爽、屯騎校尉曹肇、驍騎將軍秦朗共輔政。宇性恭良，陳誠固辭。帝引見放、資，入臥內，問曰：『燕王正爾為？』放、資對曰：『燕王實自知不堪大任故耳。』帝曰：『曹爽可代宇不？』放、資因贊成之。又深陳宜速召太尉司馬宣王，以綱維皇室。帝納其言，即以黃紙授放作詔。放、資既出，帝意復變，詔止宣王勿使來。尋更見放、資曰：『我自召太尉，而曹肇等反使吾止之，幾敗吾事！』命更為詔，帝獨召爽與放、資俱受詔命，遂免宇、獻、肇、朗官。太尉亦至，登牀受詔，然後帝崩。」裴松之注引《孫資別傳》云：

帝詔資曰：「吾年稍長，又歷觀書傳中，皆歎息無所不念。圖萬年後計，莫過使親人廣據職勢，兵任又重。今射聲校尉缺，久欲得親人，誰可用者？」資曰：「陛下思深慮遠，誠非愚臣所及。書傳所載，皆聖聽所究，向使漢高不知平、勃能安劉氏，孝武不識金、霍付屬以事，殆不可言！文皇帝始召曹真還時，親詔臣以重慮，及至晏駕，陛下即阼，猶有曹休外內之望，賴遭日月，御勒不傾，使各守分職，纖介不間。以此推之，親臣貴戚，雖當據勢握兵，宜使輕重素定。若諸侯典兵，力均衡平，寵齊愛等，則不相為服；不相為服，則意有異同。今五營所領見兵，常不過數百，選授校尉，如其輩類，為有儔匹。至於重大之任，能有所維綱者，宜以聖恩簡擇，如平、勃、金、霍、劉章等一二人，漸殊其威重，使相鎮固，於事為善。」帝曰：「然。如卿言，當為吾遠慮所圖。今日可參平、勃，俟金、霍，雙劉章者，其誰哉？」資曰：「臣聞知人則哲，惟帝難之。唐虞之聖，凡所進用，明試以功。陳平初事漢祖，絳、灌等謗平有受金盜嫂之罪。周勃以吹簫引彊，始事高祖，亦未知名也；高祖察其行跡，然後知可付以大事。霍光給事中二十餘年，小心謹慎，乃見親信。日磾夷狄，以至孝質直，特見擢用，左右尚曰『妄得一胡兒而重貴之』。平、勃雖安漢嗣，其終，勃被反名，平劣自免於呂須之讒。上官桀、桑弘羊與霍光爭權，幾成禍亂。此誠知人之不易，為臣之難也。又所簡擇，當得陛下所親，當得陛下所信，誠非愚臣之所能識別。」

陳壽本傳稱劉放、孫資在魏明帝咨詢輔政人選時，故意推舉曹爽和司馬懿，而魏氏王朝的覆亡，從此埋下了禍根。《孫資別傳》卻描述了一段完全相反的對話，將曹爽和司馬懿的輔政推託為魏明帝的決定，因此裴松之評曰：

孫、劉於時號為專任，制斷機密，政事無不綜。資、放被託付之間，當安危所斷，而更依違其對，無有適莫。受人親任，理豈得然？案本傳及諸書並云放、資稱贊曹爽，勸召宣王，魏室之亡，禍基於此。資之別傳，出自其家，欲以是言掩其大失，然恐負國之玷，終莫能磨也。

有一些本傳語焉不詳的地方，裴松之也引用別傳和其他史傳文獻，並錄存疑。如《三國志‧魏書‧嵇康傳》：「時又有譙郡嵇康，文辭壯麗，好言老、莊，

而尙奇任俠。至景元中，坐事誅。」裴松之注引孫盛《魏氏春秋》云：

> 康臨刑自若，援琴而鼓，既而歎曰：「雅音於是絕矣！」時人莫
> 不哀之。初，康採藥於汲郡共北山中，見隱者孫登。康欲與之言，
> 登默然不對。踰時將去，康曰：「先生竟無言乎？」登乃曰：「子才
> 多識寡，難乎免於今之世。」

又注引《嵇康別傳》云：

> 孫登謂康曰：「君性烈而才儁，其能免乎？」稱康臨終之言
> 曰：「袁孝尼嘗從吾學《廣陵散》，吾每固之不與。《廣陵散》於今絕
> 矣！」

又注引孫盛《晉陽秋》云：

> 康見孫登，登對之長嘯，踰時不言。康辭還，曰：「先生竟無言
> 乎？」登曰：「惜哉。」

裴松之案語云「此二書（《魏氏春秋》《晉陽秋》）皆孫盛所述，而自爲殊異如
此」，稱《嵇康別傳》所述「與（孫）盛所記不同」。在這裏，裴氏只是羅列
了不同的史料，並沒有加以評判。又如《三國志‧吳書‧虞翻傳》：「虞翻字
仲翔，會稽餘姚人也，太守王朗命爲功曹。孫策征會稽，翻時遭父喪，衰絰
詣府門，朗欲就之，翻乃脫衰入見，勸朗避策。朗不能用，拒戰敗績，亡走
浮海。翻追隨營護，到東部候官，候官長閉城不受，翻往說之，然後見納。
朗謂翻曰：『卿有老母，可以還矣。」裴松之注引《虞翻別傳》云：

> 朗使翻見豫章太守華歆，圖起義兵。翻未至豫章，聞孫策向會
> 稽，翻乃還。會遭父喪，以臣使有節，不敢過家，星行追朗至候官。
> 朗遣翻還，然後奔喪。

裴松之評曰：「而《傳》云孫策之來，翻衰絰詣府門，勸朗避策，則爲大異。」
裴松之對本傳、別傳的差異不加案斷，並錄存疑，表現出史官審愼的態度。

裴松之還注引有一些別傳，其傳主未在陳壽《三國志》中單獨立傳，裴
氏的引用，豐富了《三國志》的人物傳記群體。如《三國志‧魏書‧王昶傳》：
「樂安任昭先，淳粹履道，內敏外恕，推遜恭讓，處不避汙，怯而義勇，在
朝忘身。吾友之善之，願兒子遵之。」裴松之注引《任嘏別傳》云：

> 嘏，樂安博昌人。世爲著姓，夙智性成，故鄉人爲之語曰：「蔣
> 氏翁，任氏童。」父旐，字子旗，以至行稱。漢末，黃巾賊起，天
> 下饑荒，人民相食。寇到博昌，聞旐姓字，乃相謂曰：「宿聞任子

旟，天下賢人也。今雖作賊，那可入其鄉邪？」遂相帥而去。由是
聲聞遠近，州郡並招舉孝廉，歷酸棗、祝阿令。嘏八歲喪母，號泣
不絕聲，自然之哀，同於成人，故幼以至性見稱。年十四始學，疑
不再問，三年中誦五經，皆究其義，兼包羣言，無不綜覽，於時學
者號之神童。遂遇荒亂，家貧賣魚，會官稅魚，魚貴數倍，嘏取直
如常。又與人共買生口，各雇八匹。後生口家來贖，時價直六十
匹。共買者欲隨時價取贖，嘏自取本價八匹。共買者慚，亦還取本
價。比居者擅耕嘏地數十畝種之，人以語嘏，嘏曰：「我自以借之
耳。」耕者聞之，慚謝還地。及邑中爭訟，皆詣嘏質之，然後意
厭。其子弟有不順者，父兄竊數之曰：「汝所行，豈可令任君知
邪！」其禮教所化，率皆如此。會太祖創業，召海內至德，嘏應其
舉，為臨菑侯庶子、相國東曹屬、尚書郎。文帝時，為黃門侍郎。
每納忠言，輒手書懷本，自在禁省，歸書不封。帝嘉其淑慎，累遷
東郡、趙郡、河東太守，所在化行，有遺風餘教。嘏為人淳粹愷
悌，虛己若不足，恭敬如有畏。其脩身履義，皆沉默潛行，不顯其
美，故時人少得稱之。著書三十八篇，凡四萬餘言。嘏卒後，故吏
東郡程咸、趙國劉固、河東上官崇等，錄其事行及所著書奏之。詔
下秘書，以貫羣言。

這篇別傳記敘了任嘏籍貫家世，生平行事，首尾完整，完全可以作為一篇本
傳，補充到《三國志》傳記體系之中。有些傳記也起到在傳、注之間形成清
晰的人物世系的作用。如《三國志·魏書·曹植傳》：「（曹）志累增邑，并前
九百九十戶。」裴松之注引《曹志別傳》云：

> 志字允恭，好學有才行。晉武帝為中撫軍，迎常道鄉公於鄴，
> 志夜與帝相見，帝與語，從暮至旦，甚器之。及受禪，改封鄄城公。
> 發詔以志為樂平太守，歷章武、趙郡，遷散騎常侍、國子博士，後
> 轉博士祭酒。及齊王攸當之藩，下禮官議崇錫之典，志歎曰：「安有
> 如此之才，如此之親，而不得樹本助化，而遠出海隅者乎？」乃建
> 議以諫，辭旨甚切。帝大怒，免志官。後復為散騎常侍。志遭母憂，
> 居喪盡哀，因得疾病，喜怒失常，太康九年卒，諡曰定公。

曹植之子曹志，亦有可傳之處，因此裴松之引其別傳，補充《三國志》本文。
又如《三國志·魏書·衛覬傳》：「建安末，尚書右丞河南潘勗，黃初時，散

騎常侍河內王象，亦與覬並以文章顯。」裴松之注云：

> 《文章志》曰：「勖字元茂，初名芝，改名勗，後避諱。或曰勗
> 獻帝時爲尚書郎，遷右丞。詔以勗前在二千石曹，才敏兼通，明習
> 舊事，敕并領本職，數加特賜。二十年，遷東海相。未發，留拜尚
> 書左丞。其年病卒，時年五十餘。魏公九錫策命，勗所作也。勗子
> 滿，平原太守，亦以學行稱。」

> 滿子尼，字正叔。《尼別傳》曰：「尼少有清才，文辭溫雅。初
> 應州辟，後以父老歸供養。居家十餘年，父終，晚乃出仕。尼嘗贈
> 陸機詩，機答之，其四句曰：『猗歟潘生，世篤其藻，仰儀前文，丕
> 隆祖考。』位終太常。」

> 尼從父岳，字安仁。《岳別傳》曰：「岳美姿容，夙以才穎發名。
> 其所著述，清綺絕倫。爲黃門侍郎，爲孫秀所殺。」

> 尼、岳文翰，並見重於世。尼從子滔，字湯仲。《晉諸公贊》：「滔
> 以博學才量爲名。永嘉末，爲河南尹，遇害。」

又如《三國志・魏書・盧毓傳》：「盧毓字子家，涿郡涿人也。父植，有名於
世。」裴松之注云：

> 《續漢書》曰：「植字子幹。少事馬融，與鄭玄同門相友。植剛
> 毅有大節，常喟然有濟世之志，不苟合取容，不應州郡命召。建寧
> 中，徵博士，出補九江太守，以病去官。作《尚書章句》、《禮記解
> 詁》。稍遷侍中、尚書。張角起，以植爲北中郎將征角，失利抵罪。
> 頃之，復以爲尚書。張讓劫少帝奔小平津，植手劍責數讓等，讓等
> 皆放兵，垂泣謝罪，遂自殺。董卓議欲廢帝，眾莫敢對，植獨正言，
> 語在卓傳。植以老病去位，隱居上谷軍都山，初平三年卒。太祖北
> 征柳城，過涿郡，令告太守曰：『故北中郎將盧植，名著海內，學爲
> 儒宗，士之楷模，乃國之楨幹也。昔武王入殷，封商容之閭，鄭喪
> 子產而仲尼隕涕。孤到此州，嘉其餘風。《春秋》之義，賢者之後，
> 有異於人。敬遣丞掾脩墳墓，并致薄醱，以彰厥德。』植有四子，
> 毓最小。

「毓子欽、珽，咸熙中欽爲尙書，珽泰山太守。」裴松之注云：

> 《世語》曰：「欽字子若，珽字子笏。欽泰始中爲尚書僕射，領
> 選，咸寧四年卒，追贈衛將軍，開府。」

虞預《晉書》曰：「欽少居名位，不顧財利，清虛淡泊，勤修禮
典。同郡張華，家單少孤，不爲鄉邑所知，惟欽貴異焉。欽子浮，
字子雲。」

《晉諸公贊》曰：「張華博識多聞，無物不知。浮高朗經博，有
美於華，起家太子舍人，病疳，截手，遂廢。朝廷器重之，就家以
爲國子博士，遷祭酒。永平中爲秘書監。珽及子皓、志並至尚書。
志子諶，字子諒。溫嶠表稱諶清出有文思。」

《諶別傳》曰：「諶善著文章。洛陽傾覆，北投劉琨，琨以爲司
空從事中郎。琨敗，諶歸段末波。元帝之初，累召爲散騎中書侍郎，
不得南赴。永和六年，卒於胡中，子孫過江。妖賊帥盧循，諶之曾
孫。」

裴氏通過對正史、雜史、別傳等書籍的引用，將盧植及其後人的世系清晰地
展現出來，很好地彌補了《三國志》本傳的不足。另外，裴松之注《三國志·
吳書·陸遜傳》時引用《陸機陸雲別傳》，使陸遜、陸抗、陸機陸雲三代人的
事迹合於一處，也起到了相同的作用。

　　裴注引用別傳文字，還起到詳細解釋本傳文字原委的補充作用。如《三
國志·魏書·劉廙傳》：「魏諷反，廙弟偉爲諷所引，當相坐誅。太祖令曰：『叔
向不坐弟虎，古之制也。』特原不問。」裴松之注引《劉廙別傳》云：

　　初，廙弟偉與諷善，廙戒之曰：「夫交友之美，在於得賢，不可
不詳。而世之交者，不審擇人，務合黨眾，違先聖人交友之義，此
非厚己輔仁之謂也。吾觀魏諷，不脩德行，而專以鳩合爲務，華而
不實，此直攪世沽名者也。卿其慎之，勿復與通。」偉不從，故及
於難。

又如《三國志·蜀書·趙雲傳》：「七年卒，追諡順平侯。」裴松之注云：

　　《雲別傳》載後主詔曰：「雲昔從先帝，功績既著。朕以幼沖，
涉塗艱難，賴恃忠順，濟於危險。夫諡所以敘元勳也，外議雲宜
諡。」大將軍姜維等議，以爲雲昔從先帝，勞績既著，經營天下，
遵奉法度，功效可書。當陽之役，義貫金石。忠以衛上，君念其賞；
禮以厚下，臣忘其死。死者有知，足以不朽；生者感恩，足以殞身。
謹按諡法，柔賢慈惠曰順，執事有班曰平，克定禍亂曰平，應諡雲
曰順平侯。

又如《三國志·魏書·荀彧傳》:「八年,太祖錄彧前後功,表封彧爲萬歲亭侯。」裴松之注云:

> 《彧別傳》載太祖表曰:「臣聞慮爲功首,謀爲賞本,野績不越廟堂,戰多不踰國勳。是故曲阜之錫,不後營丘,蕭何之土,先於平陽。珍策重計,古今所尚。侍中守尚書令彧,積德累行,少長無悔,遭世紛擾,懷忠念治。臣自始舉義兵,周遊征伐,與彧戮力同心,左右王略,發言授策,無施不效。彧之功業,臣由以濟,用披浮雲,顯光日月。陛下幸許,彧左右機近,忠恪祗順,如履薄冰,研精極銳,以撫庶事。天下之定,彧之功也。宜享高爵,以彰元勳。」彧固辭無野戰之勞,不通太祖表。太祖與彧書曰:「與君共事以來,立朝廷,君之相爲匡弼,君之相爲舉人,君之相爲建計,君之相爲密謀,亦以多矣。夫功未必皆野戰也,願君勿讓。」彧乃受。

總之,從裴松之注可以發現,陳壽《三國志》裏很多傳記的內容都採自別傳類傳記,甚至有的本傳就是整體改寫別傳而成。有的別傳內容,則起到補充原文、並存異說、完善譜系、增列本傳等多方面作用。由此可見,別傳類傳記是正史創作的重要參考資料,也是補充正史的重要組成部分,其價值應該受到重視。傳統的觀念中只看到別傳類傳記中有「迂怪妄誕,眞虛莫測」的內容,於是以偏概全,否定其史學價值;且將其作爲「史官之末事」,無視別傳類傳記往往先於正史存在,正史常常採錄別傳內容的事實,歷代人云亦云,造成了對別傳類傳記的誤解和對其價值的誤判。

在其他正史中,也有許多採錄別傳文字的實例,如范曄《後漢書》。《宋書·范曄傳》:

> 元嘉九年(432)冬,彭城太妃薨,待葬,祖夕,僚故並集東府。曄弟廣淵時爲司徒祭酒,其日在直。曄與司徒左西屬王深宿廣淵許,夜中酣飲,開北牖听挽歌爲樂。義康大怒,左遷曄宣城太守。不得志,乃刪眾家《後漢書》爲一家之作。在郡數年,遷長沙王義欣鎮軍長史,加寧朔將軍。

在范曄之前,已經有大量東漢斷代史籍出現,如謝承《後漢書》、薛瑩《後漢書》、華嶠《後漢書》、司馬彪《續漢書》、謝沈《後漢書》、袁山松《後漢書》、張璠《漢記》等。范曄的《後漢書》吸取前人多種漢史之精華,後出轉精,

被後世尊爲東漢一代之正史。很顯然，《後漢書》這部正史的創作是建立在掌握大量前代史料基礎之上的，這其中也包括別傳類傳記。從范曄《後漢書》的人物列傳來看，許多故事的本源都出自別傳類傳記。

《後漢書‧鄭玄傳》：「鄭玄字康成，北海高密人也。八世祖崇，哀帝時尚書僕射。玄少爲鄉嗇夫，得休歸，常詣學官，不樂爲吏。父數怒之，不能禁。」章怀太子李賢注：

> 《鄭玄別傳》曰：「玄年十一二，隨母還家，正臘會。同列十數人，皆美服盛飾，語言閑通。玄獨漠然如不及，母私督數之，乃曰：『此非我志，不在所願也。』」

又「遂造太學受業，師事京兆第五元。先始通《京氏易》、《公羊春秋》、《三統曆》、《九章算術》，又從東郡張恭祖受《周官》、《禮記》、《左氏春秋》、《韓詩》、《古文尚書》。以山東無足問者，乃西入關，因涿郡盧植，事扶風馬融。融門徒四百餘人，升堂進者五十餘生。融素驕貴，玄在門下，三年不得見，乃使高業弟子傳受於玄。玄日夜尋誦，未嘗怠倦。會融集諸生考論圖緯，聞玄善算，乃召見於樓上。玄因從質諸疑義，問畢，辭歸。融喟然謂門人曰：『鄭生今去，吾道東矣。』」

《世說新語》文學1「鄭玄在馬融門下」條劉孝標注：

> 《（鄭）玄別傳》曰：「玄少好學書數，十三誦《五經》，好天文、占候、風角、隱術。年十七，見大風起，詣縣曰：『某時當有火災。』至時果然，智者異之。年二十一，博極羣書，精曆數圖緯之言，兼精算術。遂去吏，師故兗州刺史第五元。又就東郡張恭祖受《周禮》、《禮記》、《春秋傳》，周流博觀，每經歷山川，及接顏一見，皆終身不忘。扶風馬季長以英儒著名，玄往從之，參考同異。季長后戚，嫚於待士，玄不得見，住左右，自起精廬。既因紹介得通。時涿郡盧子幹爲門人冠首，季長又不解剖裂七事，玄思得五，子幹得三。季長謂子幹曰：『吾與汝皆弗如也。』季長臨別執玄手曰：『大道東矣，子勉之！』」

又「時大將軍袁紹總兵冀州，遣使要玄，大會賓客。玄最後至，乃延升上坐。身長八尺，飲酒一斛，秀眉明目，容儀溫偉。紹客多豪俊，並有才說，見玄儒者，未以通人許之，競設異端，百家互起。玄依方辯對，咸出問表，皆得所未聞，莫不嗟服。」

《世說新語》文學1「鄭玄在馬融門下」條劉孝標注引《鄭玄別傳》：

> 大將軍何進辟玄，乃縫掖相見。玄長八尺餘，鬚眉美秀，姿容
> 甚偉。進待以賓禮，授以几杖。玄多所匡正，不用而退。袁紹辟玄，
> 及去，餞之城東，欲玄必醉。會者三百餘人，皆離席奉觴，自旦及
> 暮，度玄飲三百餘杯，而溫克之容，終日無怠。

又「唯有一子益恩。孔融在北海，舉爲孝廉。及融爲黃巾所圍，益恩赴難，
隕身。有遺腹子，玄以其手文似己，名之曰小同。」《三國志・魏書・曹髦傳》：
「車駕親率羣司，躬行古禮焉」下裴松之注：

> 《（鄭）玄別傳》曰：「玄有子，爲孔融吏，舉孝廉。融之被圍，
> 往赴，爲賊所害。有遺腹子，以丁卯日生，而玄以丁卯歲生，故名
> 曰小同。」

又「遺令薄葬，自郡守以下嘗受業者，縗絰赴會千餘人。」《北堂書鈔》卷九
十二「禮儀部 葬三十二」引《鄭玄別傳》：

> 玄卒，遺令薄葬，自郡守以下嘗受業者，衰絰赴者千餘人。

《後漢書・張純傳》：「建武初，舊章多闕，每有疑議，輒以訪純。自郊廟、
婚冠、喪紀、禮儀，多所正定，帝甚重之。以純兼虎賁中郎將，數被引見，
一日或至數四。」《太平御覽》卷二百四十一「職官部三十九 虎賁中郎將」
引《張純別傳》：

> 純字伯仁，郊廟、冠婚、喪祭、禮儀，多所正定，上甚重之。
>
> 以純兼虎賁中郎將，一日數見。

《後漢書・鍾離意傳》：「時詔賜降胡子縑，尚書案事，誤以十爲百。帝見司
農上簿，大怒，召郎將笞之。意因入叩頭曰：『過誤之失，常人所容，若以懈
慢爲愆，則臣位大罪重，郎位小罪輕，笞皆在臣，臣當先坐。』乃解衣就格。
帝意解，使復冠，而貰郎。」《藝文類聚》卷四十八「職官部四 僕射」引《鍾
離意別傳》：

> 意爲尚書僕射，其年匈奴羌胡歸義，詔賜縑三百匹。尚書侍郎
> 廣陵暨酆誤以爲三千匹。詔，大怒，鞭酆欲死。意入諫曰：「海內遐
> 邇，謂陛下貴微財而賤人命，愚臣所不安。」明帝以意諫，且酆錯
> 合大義，貰酆，勅大官賜酒藥，詔謂意曰：「非鍾離尚書，朕幾降威
> 於此郎。」

《後漢書・郭泰傳》：「乃遊於洛陽，始見河南尹李膺。膺大奇之，遂相友善，

於是名震京師。後歸鄉里，衣冠諸儒送至河上，車數千兩，林宗唯與李膺同舟而濟，眾賓望之，以爲神仙焉。」《藝文類聚》卷七十一「舟車部　舟」引《郭林宗別傳》：

> 林宗遊洛陽，始見河南尹李膺。膺大奇之，遂相友善，於是名震京師。後歸鄉曲，衣冠諸儒送至河上，車數千輛，林宗惟與李膺同舟而濟，眾賓望之，以爲神仙焉。

又「明年春，卒於家。……同志者乃共刻石立碑。蔡邕爲文，既而謂涿郡盧植曰：『吾爲碑銘多矣，皆有慙德，唯郭有道無愧色耳。』」《太平御覽》卷三百八十八「人事部二十九　色」引《郭子別傳》：

> 林宗秀立高峙，澹然淵停。蔡伯喈告盧子幹、馬日磾曰：「爲天下作碑銘多矣，未嘗不有慙色，唯郭先生碑頌，無愧色耳。」

又「初，泰始至南州，過袁奉高，不宿而去。從叔度，累日不去。或以問泰，泰曰：『奉高之器，譬之泛濫，雖清而易挹；叔度之器，汪汪若千頃之陂，澄之不清，撓之不濁，不可量也。」

《世說新語》德行3：「郭林宗至汝南，造袁奉高，車不停軌，鸞不輟軛；詣黃叔度，乃彌日信宿。人問其故，林宗曰：『叔度汪汪如萬頃之波，澄之不清，擾之不濁，其器深廣，難測量也。」

劉孝標注：

> 《（郭）泰別傳》曰：「薛恭祖問之，泰曰：『奉高之器，譬諸汎濫，雖清易挹也。』」

《後漢書・陳寔傳》：「家貧，復爲郡西門亭長，尋轉功曹。時中常侍侯覽託太守高倫用吏倫教署爲文學掾，寔知非其人，懷檄請見，言曰：『此人不宜用。』而侯常侍不可違，寔乞從外署，不足以塵明德。倫從之，於是鄉論怪其非舉。寔終無所言。倫後被徵爲尚書，郡中士大夫送至輪氏傳舍。倫謂眾人言曰：『吾前爲侯常侍用吏，陳君密持教還，而於外白署比，聞議者以此少之。此咎由故人，畏憚強禦，陳君可謂善則稱君，過則稱己者也。寔固自引愆，聞者方歎息，由是天下服其德。」

《太平御覽》卷二百六十四「職官部六十二　功曹參軍」引《陳寔別傳》：

> 寔字仲弓，潁川許人也。爲郡功曹。時中常侍侯覽託太守高倫用吏倫教署文學掾，寔知非其人，乃懷檄請見，乞從外署。倫從之，

於是鄉論怪其非舉。倫後被徵爲尚書，郡中士大夫送至傳舍，倫語
眾人曰：「吾前爲侯常侍用吏，此各由故人，畏憚強禦，陳君可謂善
則稱君，惡則稱己者也。聞者方歎息。

又「寔在鄉閭，平心率物，其有爭訟，輒求判正，曉譬曲直，退無怨者，至
乃歎曰：『寧爲刑罰所加，不爲陳君所短。』時歲荒，民儉有盜夜入其室，止
於梁上。寔陰見，乃起自整拂，呼命子孫，正色訓之曰：『夫人不可不自勉。
不善之人，未必本惡，習以性成，遂至於此，梁上君子者是矣。』盜大驚，
自投於地，稽顙歸罪。寔徐譬之曰：『視君狀貌，不似惡人，宜深剋己反善。
然此當由貧困。』令遺絹二匹。自是一縣無復盜竊。」

《太平御覽》卷四百三「人事部四十四　道德」引《陳寔別傳》：

寔字仲弓，潁川人，自爲兒童，不爲戲弄，等類所歸。寔在鄉
閭，平心率物，其爭訟，輒求判正，曉譬曲直，返無怨者，至乃歎
曰：「寧爲刑罰所加，不爲陳君所短。」時歲荒，民儉有盜夜入其
室，止於梁上。寔陰見之，乃起自整拂，呼命子孫，正色訓之曰：「夫
人不可不自勉。不善之人，未必本惡，習與性成，遂至於此，如梁
上君是矣。」盜大驚，自投於地，稽首歸罪。寔徐譬之曰：「似君子
狀貌，不似惡人，宜深剋己反善。然此當由困貧。」令遺絹二疋。
自是縣無復盜竊。

《後漢書‧禰衡傳》：「衡乃著布單衣、疎巾，手持三尺梲杖，坐大營門，以
杖捶地，大罵。吏白外有狂生坐於營門，言語悖逆，請收案罪。操怒謂融曰：
『禰衡豎子，孤殺之猶雀鼠耳。顧此人素有虛名，遠近將謂孤不能容之。今
送與劉表，視當何如。』於是遣人騎送之。」

《太平御覽》卷三百「兵部三十一　騎」引《禰衡別傳》：

衡著官布單衣，以杖捶地，數罵曹操，及毀其先祖，無所不至。
操及勒外取上廏駿馬三疋，并騎二人。須臾，外給馬辦。曹公謂孔
文舉曰：「禰衡小人，無狀乃爾，孤今殺之，無異鼠雀耳。顧此子有
異才，遠近聞之，將謂孤不能容物。劉景升天性愡急，不能容受，
此子必當殺之。」乃以衡置馬上，兩騎挾送至南陽也。

考范曄《後漢書》中李固、李燮、趙岐、盧植、何顒、許劭、荀彧、孔融、
董卓、李郃、華佗、龐淯母等傳的某些文字，也與其別傳文字有密切的淵源
關係，在此不一一舉例。

　　沈家本《世說注引書目錄序》云：「唐初修《晉書》，頗採用其言（按：指《世說新語》），取二書以相校，竟有全襲其文者。……孝標注中糾正義慶之紕謬，極為精審，不第為臨川之功臣，並足以規《晉書》矣。」〔註3〕正史《晉書》編撰之前，各家晉史就多達二十餘種，如王隱《晉書》、虞預《晉書》、朱鳳《晉書》、謝沈《晉書》、謝靈運《晉書》、臧榮緒《晉書》、沈約《晉書》、蕭子雲《晉書》、何法盛《晉中興書》、陸機《晉紀》、干寶《晉紀》、曹嘉之《晉紀》、鄧粲《晉紀》、徐廣《晉紀》、劉謙之《晉紀》、裴松之《晉紀》、孫盛《晉陽秋》、檀道鸞《續晉陽秋》、荀綽《晉後書》、蕭子顯《晉史草》等等，為唐修《晉書》提供了充足的原始材料。除了這些，《晉書》還大量採錄《世說新語》中的文字。沈家本稱劉孝標注「足以規《晉書》」，其實《晉書》中一些文字，也是採錄劉注引書而成。如《晉書‧石勒傳》：「居武鄉北原山下，草木皆有鐵騎之象，家園中生人參，花葉甚茂，悉成人狀。父老及相者皆曰：『此胡狀貌奇異，志度非常，其終不可量也。勸邑人厚遇之，時多嗤笑。」

　　《太平御覽》卷九百九十一「藥部八　人參」引《石勒別傳》：

　　　　初，勒家園中生人參，葩茂甚盛。於時父老相者皆云此人體奇
　　　貌異，有大志量，其終不可知，勸邑人厚遇之。

又如《晉書‧佛圖澄傳》：「勒召澄試以道術，澄即取鉢盛水，燒香呪之。須臾，鉢中生青蓮花，光色曜日。」

　　《太平御覽》卷七百五十九「器物部四　鉢」引《佛圖澄別傳》：

　　　　澄以鉢盛水，燒香呪之。須臾，鉢中生青蓮花。

又如《晉書‧夏統傳》：「夏統字仲御，會稽永興人也。幼孤貧，養親以孝，聞睦於兄弟。每採稄求食，星行夜歸，或至海邊拾蠊蛤以資養。」

　　《太平御覽》卷四百三十一「人事部七十二　勤」引《夏仲御別傳》：

　　　　夏統字仲御，永興人，與母兄弟居，恒星行夜歸，採稄求食。
　　　母老病，不綜家事，仲御四鼓起，洒掃庭內，鑽火炊爨之後，徑便
　　　入野。

又「後其母病篤，乃詣洛市藥。會三月上巳，洛中王公已下並至浮橋，士女駢填，車服燭路。統時在船中曝所市藥，諸貴人車乘來者如雲，統並不之顧。太尉賈充怪而問之，統初不應，重問，乃徐答曰：『會稽夏仲御也。』」

〔註3〕《沈寄簃先生遺書乙編‧古書目三種》。

《藝文類聚》卷四「歲時部中　三月三日」引《夏仲御別傳》：

> 仲御詣洛，到，三月三日，洛中公王以下莫不方軌連軫，並至
> 南浮橋邊禊。男則朱服耀路，女則錦綺粲爛。仲御時在船中曝所市
> 藥，雖見此輩，穩坐不搖。賈公望見之，深奇其節，顧相與語，「此
> 人有心膽，有似冀缺。」走問船中安坐者為誰，仲御不應。重問，
> 徐乃答曰：「會稽北海閒民夏仲御。」

又如《晉書‧顧悅之傳》：「顧悅之字君叔，少有義行。與簡文同年而髮早白，
帝問其故，對曰：『松栢之姿，經霜猶茂；蒲柳常質，望秋先零。』簡文悅其
對。」

《世說新語》言語 57「顧悅與簡文同年」條劉孝標注：

> 顧凱之為父傳曰：「君以直道，陵遲於世。入見王，王髮無二
> 毛，而君已斑白。問君年，乃曰：『卿何偏蚤白？』君曰：『松栢之
> 姿，經霜猶茂；臣蒲柳之質，望秋先零。受命之異也。』王稱善久
> 之。」

無論正史還是類傳的創作，都建立在對前世留存的零星材料的搜集改寫之
上。從上述的例證來看，單篇形式的漢魏六朝人物別傳是叢集性史傳著作不
可或缺的採錄對象，別傳的史學價值反映在正史著作中，充分凸顯了其在史
學中占有的重要地位。

第二節　漢魏六朝人物別傳與文學之關係

既然別傳是所謂「史官之末事」，那麼正統的史學觀念對它的束縛和規範
就要小得多。別傳可以藉其史傳的外殼，「雜以虛誕怪妄之說」；可以「穿鑿
旁說」，移植改造甚至虛構故事；可以「莫顧事理」、「輕弄筆端，肆情高下」，
不求客觀展現人物原貌，而是表達創作者的主觀評判。這樣一些特徵，使別
傳自然地與文學發生了關係。尤其是與唐傳奇的關係，前人多有論述。

魯迅曾經將唐傳奇的淵源歸於志怪小說。「傳奇者流，源蓋出於志怪。」
〔註 4〕這一論斷無疑是經典性的，但是顯得過於簡略。其實按照《隋書‧經籍
志》的分類法，志怪一類是歸入史部雜傳類的，而雜傳類下其他種類的作品，

〔註 4〕魯迅《中國小說史略》第八篇《唐之傳奇文》（上），東方出版社，1996 年，
　　　　第 52 頁。

尤其是別傳類作品，同樣是唐傳奇的重要源頭。

程千帆在其《史傳文學與傳記文學之發展》一文中說道：

> 紀傳體之史，固史傳文學之正宗，而西漢之末，雜傳漸興，魏
> 晉以來，斯風尤甚，方於正史，若驂隨靳。其體實上承史公列傳之
> 法，下啓唐人小說之風，乃傳記之重要發展也。可作品雖多，亡佚
> 亦眾，故世之論家，殆罕及焉。〔註5〕

在《儉腹鈔・〈曹瞞傳〉與〈法顯行傳〉》中，程千帆又說：

> 雜傳的出現，特別是別傳的大量涌現，標誌著傳記文學離開史
> 籍而獲得了獨立的生命。……而雜傳的寫作，則從西漢以來，都是
> 「因其志尚，率爾而作，不在正史。」所以後來就「作者甚眾，名
> 目轉廣」了。這樣的大量創作，固然促進了傳記文學本身的發達，
> 同時也爲唐代傳奇小說的產生準備了條件。〔註6〕

熊明的論述則更爲直接，他說：

> 正史之外的漢魏六朝雜傳，由於與史的疏離狀態，較少受到撰
> 史規範的制約，在創作上逐步形成了很多新的特點，如大量雜傳的
> 小說性內蘊，就是最爲突出的一點。也正因爲這一新的品格，才使
> 漢魏六朝雜傳在不自覺中趨近了小說，孕育了傳奇的胚胎。在此意
> 義上，可以說，漢魏六朝雜傳是唐人傳奇的重要源頭，是唐人傳奇
> 的直接宗祖。
>
> 唐人傳奇承繼漢魏六朝雜傳而來，這種承繼關係，鮮明地體現
> 在文體方面。傳奇文體，不論是外在的文本模式，還是內在的敘事
> 模式，都直接淵源於漢魏六朝雜傳文體，帶著雜傳文體的深刻印
> 迹。〔註7〕

這些論述，都鮮明地指出了唐傳奇與雜傳之間的緊密關係。作爲雜傳的一個
重要類別，漢魏六朝別傳當然也是唐人傳奇的重要源頭之一。本文認爲，在
小說的發展史上，其實有一個從別傳到志人志怪，再到唐傳奇的脈絡。漢魏
六朝別傳在敘事模式和內容上的小說化，其實質是中國傳統敘事文學從歷史
「史官之傳統」走向文學之「小說家言」的演變過程，而本文探討的別傳也

〔註5〕程千帆《閑堂文藪》，濟南：齊魯書社，1984年，第150頁。

〔註6〕程千帆《儉腹鈔》（鞏本棟編），上海：上海文藝出版社，1998年。

〔註7〕熊明《漢魏六朝雜傳研究》，瀋陽，遼海出版社，2004年，第453～454頁。

因此成為以《史記》發端的敘事文學傳統逐步走向唐傳奇——這一敘事文學高峰的重要中間環節。可以說，漢魏六朝別傳中間體現出來的小說化傾向和元素，是歷史敘事向唐人傳奇的「趨近或轉化，唐人傳奇的興起則是漢魏六朝雜傳小說化的必然結果」。〔註8〕承上啓下的漢魏六朝別傳在形式與內容兩方面都開啓了唐傳奇的理路，孕育了唐傳奇的胚胎。〔註9〕

首先來看別傳與志人、志怪小說的聯繫。志人小說，自然是以《世說新語》為代表。這部作品語言簡練，以展現人物風度神貌見長，其中的很多條目，其實都採自別傳傳記。如德行3「郭林宗至汝南，造袁奉高，車不停軌，鸞不輟軛；詣黃叔度，乃彌日信宿。人問其故，林宗曰：『叔度汪汪如萬頃之陂，澄之不清，擾之不濁，其器深廣，難測量也。』」劉孝標注引《郭泰別傳》云：

> 薛恭祖問之，泰曰：「奉高之器，譬諸汎濫，雖清易挹也。」

這條注不僅補充了問者姓名，而且本文的「叔度汪汪」句顯然與注文「雖清易挹也」相接續，此條文字本於《郭泰別傳》，自不待辯。

又如言語3「孔文舉年十歲，隨父到洛。時李元禮有盛名，為司隸校尉。詣門者，皆儁才清稱及中表親戚乃通。文舉至門，謂吏曰：『我是李府君親。』既通，前坐。元禮問曰：『君與僕有何親？』對曰：『昔先君仲尼與君先人伯陽有師資之尊，是僕與君奕世為通好也。』元禮及賓客莫不奇之。大中大夫陳韙後至，人以其語語之，韙曰：『小時了了，大未必佳。』文舉曰：『想君小時，必當了了。』韙大踧踖。」劉孝標注引《孔融別傳》曰：

> 融四歲，與兄食梨，輒引小者。人問其故，答曰：「小兒法當取
> 小者。」年十歲，隨父詣京師。河南尹李膺有重名，融欲觀其為
> 人，遂造之。膺問：「高明父祖嘗與僕周旋乎？」融曰：「然。先
> 君孔子與君先人李老君同德比義，而相師友，則融與君累世通家
> 也。」眾坐莫不歎息，僉曰：「異童子也！」大中大夫陳韙後至，
> 同坐以告，韙曰：「人小時了了者，長大未必能奇。」融應聲曰：
> 「即如所言，君之幼時，豈實慧乎？」膺大笑，顧謂融曰：「長大必

〔註8〕 熊明《雜傳與小說：漢魏六朝雜傳研究》，瀋陽：遼海出版社，2004年，第544頁。

〔註9〕 熊明《雜傳與小說：漢魏六朝雜傳研究》下編，漢魏六朝雜傳與唐人傳奇：李劍國《唐五代志怪傳奇敘錄》，天津：南開大學出版社，1998年；李宗為《唐人傳奇》第二章《唐人傳奇發展初期》，北京：中華書局，1985年。

爲偉器！」

又如言語 50「孫齊由、齊莊二人，小時詣庾公。公問齊由何字，答曰：『字齊由。』公曰：『欲何齊邪？』曰：『齊許由。』齊莊何字，答曰：『字齊莊。』公曰：『欲何齊？』曰：『齊莊周。』公曰：『何不慕仲尼而慕莊周？』對曰：『聖人生知，故難企慕。』庾公大喜小兒對。」劉孝標注引《孫放別傳》曰：

> 放字齊莊，監君次子也。年八歲，太尉庾公召見之。放清秀，欲觀試，乃授紙筆令書，放便自疏名字。公題後問之曰：「爲欲慕莊周邪？」放書答曰：「意欲慕之。」公曰：「何故不慕仲尼，而慕莊周？」放曰：「仲尼生而知之，非希企所及；至於莊周，是其次者，故慕耳。」公謂賓客曰：「王輔嗣應答恐不能勝之。」辛長沙王相。

又如規箴 12「謝鯤爲豫章太守，從大將軍下至石頭。敦謂鯤曰：『余不得復爲盛德之事矣！』鯤曰：『何爲其然，但使自今已後，日亡日去耳。』」劉孝標注引《謝鯤別傳》曰：

> 鯤之諷切雅正，皆此類也。

又如容止 5「嵇康身長七尺八寸，風姿特秀。」劉孝標注引《嵇康別傳》曰：

> 康長七尺八寸，偉容色，土木形骸，不加飾厲，而龍章鳳姿，天質自然。正爾在羣形之中，便自知非常之器。

上述諸條本文與注文之間的淵源關係，一目了然。再看志怪小說代表作《搜神記》採錄別傳的情況：

《搜神記》卷一「葛玄」條：

> 葛玄字孝先，從左元放受《九丹液仙經》。與客對食，言及變化之事，客曰：「事畢，先生作一事特戲者。」玄曰：「君得無即欲有所見乎？」乃嗽口中飯，盡變大蜂數百，皆集客身，亦不螫人。久之，玄乃張口，蜂皆飛入。玄嚼食之，是故飯也。

《藝文類聚》卷九十七「蟲豸部　蜂」引《葛仙翁別傳》：

> 仙公與客對食，客曰：「食畢，當請先（生）作一奇戲。」食未竟，仙公曰：「諸君得無邑邑欲見乎？」即吐口中飯，盡成飛蜂滿屋，或集客身，莫不震肅，但自不螫人耳。良久，仙公乃張口，見蜂皆飛還入口中，成飯食之。

又如《搜神記》卷一「杜蘭香」條：

> 漢時有杜蘭香者，自稱南康人氏。以建業四年春，數詣張傳。傳年十七。望見其車在門外，婢通言：「阿母所生，遣授配君，可不敬從！」傳先名改碩。碩呼女前視，可十六七，說事邈然久遠。有婢子二人：大者萱支，小者松支。鈿車青牛，上飲食皆備。作詩曰：「阿母處靈嶽，時遊雲霄際。眾女侍羽儀，不出墉宮外。飄輪送我來，豈復恥塵穢。從我與福俱，嫌我與禍會。」至其年八月旦，復來，作詩曰：「逍遙雲漢間，呼吸發九嶷。流汝不稽路，弱水何不之。」出薯 子三枚，大如雞子，云：「食此，令君不畏風波，辟寒溫。」碩食二枚，欲留一。不肯，令碩食盡。言：「本爲君作妻，情無曠遠。以年命未合，其小乖，大歲東方卯，當還求君。」蘭香降時，碩問：「禱祀何如？」香曰：「消魔自可愈疾，淫祀無益。」香以藥爲消魔。

《藝文類聚》卷八十一「草部上 藥」引曹毗《杜蘭香傳》：

> 神女蘭香降張碩，碩問：「禱祀何如？」香曰：「消摩自可愈疾，淫祀無益。」香以藥爲消摩。

又如《搜神記》卷二「樊英」條：

> 樊英隱於壺山，嘗有暴風從西南起，英謂學者曰：「成都市火甚盛。」因含水嗽之。乃命計其時日。後有從蜀來者云：「是日大火，有雲從東起，須臾大雨，火遂滅。」

《藝文類聚》卷八十「火部 火」引《樊英別傳》：

> 英隱於壺山，嘗有黑風從西方起，英謂學者曰：「成都市火甚盛。」因含水西向噀之。乃令記其日。後有從蜀來者云：「是日大火，黑雲平旦從東起，須臾大雨，火遂得滅。」

又如《搜神記》卷三「鍾離意」條：

> 漢永平中，會稽鍾離意字子阿，爲魯相。到官，出私錢萬三千文，付戶曹孔訢，修夫子車。身入廟，拭几席劍屨。男子張伯，除堂下草，土中得玉璧七枚。伯懷其一，以六枚白意。意令主簿安置几前。孔子教授堂下牀首有懸甕，意召孔訢，問：「此何甕也？」對曰：「夫子甕也。背有丹書，人莫敢發也。」意曰：「夫子，聖人。所以遺甕，欲以懸示後賢。」因發之，中得素書，文曰：「後世修吾

書，董仲舒，護吾車，拭吾履，發吾笥，會稽鍾離意。璧有七，張
伯藏其一。」意即召問：「璧有七，何藏一耶？」伯叩頭出之。
《後漢書‧鍾離意傳》：「帝雖不能用，然知其至誠，亦以此故，不得久留，
出爲魯相。」章怀太子李賢注引《鍾離意別傳》：

　　意爲魯相，到官，出私錢萬三千文，付戶曹孔訢，修夫子車。
身入廟，拭几席劍履。男子張伯，除堂下草，土中得玉璧七枚。伯
懷其一，以六枚白意。意令主簿安置几前。孔子教授堂下牀首有懸
甕，意召孔訢，問：「此何甕也？」對曰：「夫子甕也。背有丹書，
人莫敢發也。」意曰：「夫子，聖人。所以遺甕，欲以懸示後賢。」
因發之，中得素書，文曰：「後世修吾書，董仲舒，護吾車，拭吾
履，發吾笥，會稽鍾離意。璧有七，張伯藏其一。」意即召問，伯
果服焉。

《搜神記》卷三還有管輅三條、華佗一條，皆採自別傳。由此可見，別傳類
傳記作爲原始資料，不僅被正史所採用，也被小說家所大量汲取。因此，由
雜傳影響發展而來的唐傳奇，也與別傳具有血脈相通的緊密聯繫。

　　我們可以從外在與內在兩個方面來勾連出二者之間這種或明顯或幽深的
關聯。外在，主要是指漢魏六朝別傳在形式上對唐傳奇的啓發與誘導，以及
唐傳奇直接或間接地在形式上沿襲、學習了漢魏六朝別傳，包括篇章命名、
文本存在形式、言說方式、內部多種文體交叉四個方面；關於內在的一面，
則主要是指在內容和題材上，唐傳奇直接選擇漢魏六朝別傳的某些題材與故
事進行敷衍，唐傳奇與漢魏六朝別傳對相同或相似題材的選擇，以及在整體
的敘事模式上，唐人傳奇對漢魏六朝別傳的延續。

　　外在形式的接近，可以明確說明唐傳奇對漢魏六朝別傳的直接承繼和沿
襲。

　　從最初始的篇章命名上，二者之間的聯繫就是異常明顯的。漢魏六朝別
傳中有《曹瞞傳》、《平原禰衡傳》、《孟宗別傳》、《杜蘭香傳》、《毋丘儉記》、
《羊祜別傳》等等，而在唐傳奇中，我們耳熟能詳的也有《任氏傳》、《柳氏
傳》、《霍小玉傳》、《李章武傳》、《補江總白猿傳》、《楊妃外傳》、《虬髯客傳》
等大量的與漢魏六朝別傳同樣以傳爲名，更同樣以人物、傳主爲篇名的情況。
「唐代傳奇小說單篇作品多以傳、記爲篇名。傳和記在記敘對象上略有不同，
傳以人物爲主，以傳主的生平爲線索，記其卓爾不群的事跡；記以事物爲主，

以事物的變動變化爲線索，記其奇幻曲折的經歷……」〔註10〕也就是說，不論是以傳爲名還是以記爲名，唐傳奇在篇章的標題上直接上溯至漢魏六朝別傳是非常明顯的，至於在其後的發展中，傳奇小說將以「記」爲題的篇章更傾向於志怪，則是在漢魏六朝別傳的發展道路上新出現的更爲細致的分野。

就文本存在的形式而言，我們也能夠發現二者之間緊密的聯繫。歷代史志書目對唐傳奇作品的著錄空前地一致，基本都將傳奇小說作品錄於史部雜傳類，與漢魏六朝別傳同處一類。宋代的《郡齋讀書志》和《直齋書錄解題》均將《楊貴妃外傳》、《趙飛燕外傳》繫於雜傳類，其後的《文獻通考》將《綠珠傳》、《次柳氏舊聞》等錄於雜傳類，《百川書志》、《絳雲樓書目》、《讀書敏求記》等著名的目錄學著作都將唐傳奇作品和漢魏六朝別傳作品歸爲一類。

在其他的一些記載中，也能夠看到二者在文本存在和命名上的關聯。辛文房《唐才子傳》卷十中說：「雜傳記中多錄鬼神靈怪之詞，哀調深情，不異時昔，然影響所託，理亦荒唐，故不能一一盡之。」〔註11〕《國史補·序》云：「集小說，涉南北朝至開元，著爲傳記。予自開元至長慶間撰《國史補》，慮史氏或闕則補之意，續傳記而有不爲。」〔註12〕在他們口中的「傳記」或者「雜傳記」作品，其實都是指的他們同時代的傳奇小說作品。可見，在歷史發展的過程中，別傳與傳奇之間是存在著觀念上的交叉并行階段的，在漢魏六朝別傳流傳的過程中，在唐傳奇發展的初期，二者在讀者以及一部分學者（書目作者）、史官的眼中，本就是一個體裁的同類作品，乃至到以後的更長時間裏，將唐傳奇與漢魏六朝人物別傳從「敘事文學」這一大類中細分爲二，都是一個重要的命題。

在文本保存形式與篇名之外，我們更能夠找到別傳與傳奇之間聯繫的，在於二者在言說方式上的一脈相承：

> 《杜蘭香傳》：杜蘭香，自稱南陽人，以建興四年春，數詣張傳。〔註13〕

〔註10〕見石昌渝《小說源流論》，北京：三聯書店，1994年，第153頁。

〔註11〕辛文房《唐才子傳》卷十，舒寶璋校注，河南：中州古籍出版社，1987年，第281頁。

〔註12〕李肇《國史補》，王宏治整理，《中華野史》唐朝卷，山東：泰山出版社，2000年，第585頁。

〔註13〕《藝文類聚》卷七十九「靈異部下　神」引。

　　　　《向秀別傳》：秀字子期。河內人。少爲同郡山濤所知。〔註14〕

　　　　《孫資別傳》：資字彥龍，幼而岐嶷，三歲喪二親，長於兄嫂。

〔註15〕

這是典型的漢魏六朝別傳中人物出場時的描寫方式。這既是別傳脫胎於傳統的史學，仍保留其中的敘事言說方式的表現，同時也是整個漢魏六朝時期描寫人物，關注其出身郡望的習慣使然。而對比唐人傳奇的行文，就可以看到兩者何其相似。

　　　　《任氏傳》：任氏，女妖也。〔註16〕

　　　　《謝小娥傳》：小娥，姓謝氏，豫章人，估客女也。〔註17〕

也是沿著中國傳統的歷史敘述方式開始，從這一點而言，我們可以說漢魏六朝別傳與唐傳奇從根本意義上而言，都是中國歷史敘事模式的衍生品，唐傳奇可以從正統的史學著作中找到這樣的言說模式，但通過漢魏六朝人物別傳的承接，在敘事文學與歷史敘事之間就有了一個更爲清晰的脈絡。

　　我們還可以從別傳與傳奇相似的結文方式看出二者之間的聯繫。別傳的結尾部分，一般都要交代人物的歸宿，又常常要談到傳主的子孫。

　　　　《吳質別傳》：質其年夏卒。質先以怙威肆行，諡曰醜侯。質子

　　　應乃上書論枉，至正元中乃改諡威侯。應字溫舒，晉尚書。應子康，

　　　字子仲，知名於時，亦至大位。〔註18〕

與唐傳奇作品相比：

　　　　《柳毅傳》：洎開元中，上方屬意於神仙之事，精索道術，毅不

　　　得安，隧相與歸洞庭。凡十餘歲，莫知其跡。

　　　　　至開元末，毅之表弟薛嘏爲京畿令，謫官東……〔註19〕

盡管人物的主體不同，所寫一者爲實際中的歷史人物，一者爲虛構之神仙術士，但在文章的結尾部分，別傳和唐傳奇再一次表現出驚人的相似。甚至到

〔註14〕《世說新語》言語18「嵇中散既被誅」條劉孝標注引。

〔註15〕《三國志‧魏書‧孫資傳》「先是，資亦歷縣令，參丞相軍事」下裴松之注引。

〔註16〕汪辟疆校錄《唐人小說》，上海：上海古籍出版社，1983年。

〔註17〕同上。

〔註18〕《三國志‧魏書‧吳質傳》「官至振威將軍假節都督河北諸軍事封列侯」下裴松之注引。

〔註19〕魯迅輯校《唐宋傳奇集》，《魯迅輯錄古籍叢編》第二冊，北京：人民文學出版社，1999年。

以後的小說中，我們都還能夠找到這條從正史到漢魏六朝別傳，再到唐傳奇，再到小說的敘事結尾方式。

在言說的方式上，唐人傳奇經常採用的一種方式是作者直接進入到敘事過程中，原本第三人稱的全知性視角突然轉換成為作者親歷的第一人稱視角，以此來證明自己傳奇中所敘之事為真。如：

> 至元和八年春，余罷江西從事，扁舟東下，淹泊建業，登瓦官寺閣。有僧齊物者，重賢好學，與余善，因告余曰：「有孀婦名小娥者，每來寺中，示我十二字謎語，某不能解。」

> 其年夏月，余始歸長安，途徑泗濱，國善義寺，謁大德尼令……
> 〔註20〕

作者在敘述謝小娥故事的過程中兩次出場，以標榜自己記錄的故事真實而無可疑。這種明明是虛構之事，卻又屢次三番地標榜實錄的作法，也正源自漢魏六朝別傳的體制。別傳中常常以精確無疑的時間、地點、人物展開敘述，以強化自己所記之人與事的可信性，從而樹立起自己所作之別傳的權威性。

唐傳奇在這一點上的模仿與直接沿襲，同樣也證明著其從漢魏六朝別傳的身上汲取了大量的營養。

在篇章命名、文本存在形式、言說方式三個方面尋找到漢魏六朝別傳和唐人傳奇小說的聯繫之後，我們還可以發現，二者之間在形式上最為重要的聯繫結點在於二者在文體形式上，都具有多種文體交叉并存的特點。

從總體上而言，兩者都是散體文，但在散體為主的文體中，又夾雜以駢體、詩歌、議論等體制。尤其在賦體和詩歌體兩個方面，表現得特別突出。

在漢魏六朝的別傳中，以賦體之駢儷之句來描寫的情況就十分普遍。如：

> 《夏仲御別傳》：仲御當正會，宗弟承問御曰：「黃帳之衰，西施之孫，鄭袖之子，膚如凝脂，顏如桃李，徘徊容與，載進載止，彈琴而奏，清角翔風，至而玄雲起，若乃攜手交舞，流盼頡玩，足逾鼙鼓，口銜笙簧，裙赫以四序，素耀煥以揚光，赴急絃而折倒，應緩節以相伴，遠望而雲，近視而雪，舒紅顏而微笑，啟朱脣而揚聲。〔註21〕

〔註20〕汪辟疆校錄《唐人小說》，上海：上海古籍出版社，1983年。

〔註21〕《太平御覽》卷五六八「樂部六　女樂」、《初學記》卷一五「樂部上　雜樂第三」、《北堂書鈔》卷一一二「樂部八　倡優二八」引，此處引文從《御覽》。

這一長段駢體的文字就在整個散體的《夏仲御別傳》中夾雜而出，被人形容為「鏤金錯采，粲然可觀」。

在漢末以降的六朝時期，文字的駢儷化是一個總的語言運用趨勢，在別傳這樣的以散為主的文字中，夾雜以相當成分的賦體和駢體文字並不奇怪，其他如《嵇康別傳》、《衛玠別傳》等著名別傳作品中，都有這樣的情況，但是在唐人傳奇的作品中，也同樣有這樣駢散錯落的文字，既增強了敘事的感染力，更極大程度上造成了唐人傳奇小說在文字上藻飾化、華麗化的風格，這同樣是明顯受到了漢魏六朝別傳的影響。

在散體中插入詩歌的形式在唐傳奇中屢見不鮮，在文章的開頭部分、結尾部分尤其多見，而這也並不是唐傳奇的獨創，在漢魏六朝的別傳作品中，插入詩歌以豐富傳記文字的現象就已經出現了。

> 《蔡琰別傳》：琰字文姬，先適河東衛仲道，夫亡無子，歸寧於
> 家。漢末大亂，為胡騎所獲，在左賢王部伍中。春月登胡殿，感笳
> 之音，作詩言志曰：「胡笳動兮邊馬鳴，孤雁歸兮聲嚶嚶。」〔註22〕

在《蔡琰別傳》中還敘述至蔡琰在胡人中十三年，有二男，捨而歸之，同樣作詩云：「家既迎兮當歸寧，兒呼母兮啼失聲，我掩耳兮不忍聽。」這些都是在漢魏人的別傳作品中出現的插入詩歌現象。又如《神女傳》、《杜蘭香傳》、《曹著傳》都有詩歌在別傳中出現。

> 飄搖乎浮勃逢，敖曹雲石滋。芝英不須潤，至德與時期。神仙
> 豈虛降，應運來相之。納我榮五族，逆我致禍災。

> 縱鬢代摩奴，須臾就尹喜。

除了正式的詩歌以外，在漢魏六朝別傳中，還加入了民諺民歌，例如《曹瞞傳》中的「人中有呂布，馬中有赤兔」，《祖逖別傳》中的「又童謠曰：幸哉！遺民免虎豹，三辰既朗遇慈父，玄酒清醪甘瓠脯，亦何報恩歌且無。」諺語民歌與詩歌一樣，都在漢魏六朝別傳中起到了抒情言志的重要作用。

唐人傳奇中的詩歌與民諺，就變得非常常見了〔註23〕，并且和別傳一樣，

〔註22〕《北堂書鈔》卷一一一「樂部七　笳」，《藝文類聚》卷四十四「樂部四　笳」，此處引文從《藝文類聚》。

〔註23〕關於唐傳奇中詩歌與歌謠的作用，參見石昌渝《中國小說源流論》第四章《傳奇小說》第三節《詩賦的插入》，北京：三聯書店，1994年，第167頁；李劍國《唐五代志怪傳奇敘錄》之《唐稗思考錄》，天津：南開大學出版社，1998年，第90頁。

往往在敘事的過程中起到了畫龍點睛的作用，爲整個故事增添了特有的抒情節奏。

在散體的文字中，漢魏六朝別傳還有加入議論性文字、點評等表達作者觀點的部分，這也同樣在唐傳奇中得到了延續。

因此，唐傳奇的文體兼備，也就是以散體爲主，夾雜以駢體、詩賦、議論等其他文體的現象與漢魏六朝的別傳有相當程度的關聯，盡管這一特點在漢魏六朝別傳中表現得不如唐傳奇那麼明顯和鮮明，但畢竟是在別傳中出現苗頭，或者奠定下相當基礎的。客觀的說，文體之間的相互影響是造成唐傳奇最終文體兼備的最重要因素，但是一個動態的文學形式在漢魏六朝別傳這裏已經呈現雛形，并對唐傳奇形成了一定程度的影響，最終在唐傳奇，這一敘事文學形式裏得到強化和明確，這應該是中國敘事文學發展進程中的客觀事實。

在對漢魏六朝別傳與唐傳奇之間外在形式上的比較之後，我們確實能夠發現，唐傳奇受到了漢魏六朝別傳明顯的影響，在篇章命名、文本存在的形式、言說方式、內部的多種文體交叉並存等多個方面，唐傳奇都保留著從史傳文學出發，被漢魏六朝別傳所發揚廣大的敘事傳統。從漢魏六朝別傳的角度來說，以上多個方面的特色逐漸在人物別傳中開始形成，盡管其中帶有很多不自覺的成分，也有更多不成熟的情況，但畢竟是在整個漢魏六朝時期，在正統的史傳之外，呈現出了獨特的人物別傳的風格，而這樣的一種敘事風格及特色，在唐傳奇那裏走到了更加成熟的階段，終於從描寫眞實人物的眞實事件的別傳，脫胎而成爲了虛構成分更加濃厚的敘事文體——傳奇小說。

在對外在形式進行對比之後，再看一看漢魏六朝別傳與唐傳奇在內容與題材上的傳承性。

就別傳與傳奇的主體——人物而言，兩者是共同的，即不同於史官傳統，非有重大歷史意義或以資借鑒的人物不能進入正統的歷史序列中，而從漢魏六朝別傳開始，更多的人物開始進入作者的眼中，尤其是更多處幽深之所的名人雅士，許多普通的母親、妻子、小孩都在別傳中得以展現出來，而在唐傳奇那裏，這一選擇的標準更擴大化爲上至皇帝貴族，下至販夫走卒、娼妓優伶等普通百姓，都進入到了傳奇作者的眼中，並在筆下表現出自己的風貌。

　　就事類而言，正統的歷史一定是要選擇對帝王統治有借鑒意義，對王朝政治具有重要作用的人與事來描寫，而從漢魏六朝的別傳開始，則打破了這一傳統，也就是說，在別傳裏，一些生活化的事件開始進入敘事的過程，甚至因爲事件本身的精彩而被描摹得具有了情節性、戲劇性，但是在漢魏六朝的別傳那裏，事件本身還是眞實可信的，人物也是歷史上眞實存在的。因此，別傳所選擇的事類儘管瑣碎，爲史官之不選，也有一部分傳聞、虛誕、神怪的題材，更是未進入傳統歷史的行列中的，但卻因其生活化而成爲最具敘事文學意味的部分。

　　而到了唐傳奇那裏，則文學的虛構性色彩大爲加強，適度的誇張與虛構的情節成爲了主體，但在題材的選擇上則同樣還是從一些軼聞逸事展開，從一些傳聞和神怪之說發端，從這個意義上而言，別傳大大突破了傳統敘事──歷史的藩籬，並爲唐傳奇奠定下了事類材料的基石。

　　從外在的形式上，我們已經尋找到傳奇與別傳之間的關聯，並明確唐傳奇受到了漢魏六朝別傳的極大影響，從內容題材的選擇上，我們也發現了二者在人物選擇、事類範圍上上的聯繫，並承認漢魏六朝別傳在內容上對唐傳奇的啓發、先導作用。

　　因此，在別傳與唐傳奇的關聯問題上，我們可以確定：漢魏六朝別傳在中國傳統的敘事文學傳統中，是唐傳奇的重要源頭。漢魏六朝別傳本身的小說化傾向，實質上是敘事文學發展中從眞實走向虛構，從寫實走向情節化、從宏觀走向細節化的過程。漢魏六朝別傳在這一歷史長河中扮演了承上啓下的橋樑角色，向前接續了正統史傳的敘事傳統，向後則開啓了以唐傳奇爲代表的中國古代小說的大門，孕育了唐傳奇的胚胎。

結　語

　　漢魏六朝時期有大量單篇史傳作品傳世，其中雜傳類傳記下，有一部分單篇人物傳記，具有相同的性質特徵。由於在注釋家注文和類書中，很多篇目被變稱爲「某某別傳」，因此，本文借用「別傳」來對這部分單篇人物傳記進行歸類，提出別傳類傳記的概念。別傳類傳記是漢魏六朝時期史學著述中比較特殊的一類，由於單篇獨行，在流傳中極易散亡。本文通過對現存文獻的搜輯整理，恢復了別傳類傳記的基本樣貌，並由此探討其產生發展的脈絡，以及其在漢魏六朝時期所具有的史學和文學價值。

　　別傳類傳記是在漢魏六朝時期史學創作整體繁榮的基礎之上產生的。《史記》開創列傳的史學體裁，爲後世修史立傳提供了典範。別傳類傳記的實質，就是一種以單篇留存的列傳體傳記。別傳的產生往往先於叢集性史傳著作，因此經常被這些著作作爲原始材料加以採錄。不僅如此，由於某些別傳具有後世小說的寫作模式和特點，它還作爲《搜神記》、《世說新語》等書的採錄資料，並對後世文學，特別是唐傳奇產生很大的影響。因此，別傳類傳記的存在，使得史學與文學創作有了重要的參考資料，對二者的發展起到了重要的作用。

　　總之，通過以上三章的分析探討，本文構建了一個新的史傳類別，並以此爲視角，展現了漢魏六朝時期史學中一個不爲前人所重視的發展流脈。希望借此文的討論，可以豐富該時期史學創作的整體風貌，以及廓清史學與文學之間，特別是小說與雜傳的血脈關係。

附　錄

西　漢

東方朔

朔，南陽步廣里人。（《世說新語》規箴1劉孝標注引）

朔與門生俱行，見一鳩，〔註1〕占皆不同。一生曰：『今日當得酒。』〔註2〕一生曰：『其酒必酸。』一生曰：『雖得酒，不得飲也。』三生皆到。須臾，主人出酒樽中，即安於地，贏而覆之，訖不得酒。〔註3〕出門問，見鳩飲水，〔註4〕故知得酒；鳩飛集梅樹上，故知酒酸；鳩飛去，所集枝折，墮地折者，傷覆之象，故知不得飲也。（《太平御覽》卷九百七十「果部七　梅」引）

與弟子偕行，渴，令弟子如道邊家求飲。不知姓名，主人開門不與。須臾，見伯勞飛逐主人門中李樹上，朔謂弟子曰：「此主人姓李，名伯勞。爾但呼李伯勞。」果有李伯〔註5〕應之，即入取飲。（《太平御覽》卷九百二十三「羽族部十　伯勞」引）

〔註1〕「朔與門生俱行，見一鳩」，《藝文類聚》卷八十六「果部上　梅」引作「朔門生三人俱行，乃見一鳩」。

〔註2〕「今日當得酒」，《藝文類聚》卷八十六「果部上　梅」引作「今當有酒」。

〔註3〕「主人出酒樽中，即安於地，贏而覆之，訖不得酒」，《藝文類聚》卷八十六「果部上　梅」引作「主人出酒，即安樽於地而覆之，訖不得酒」。

〔註4〕「出門問，見鳩飲水」，《藝文類聚》卷八十六「果部上　梅」引作「乃問其故，曰：出門見鳩飲水」。

〔註5〕按：「李伯」下疑奪一「勞」字。

　　孝武皇帝時行甘泉，至長平坂上。馳道中央有虫覆，而赤如生肝狀，頭目口齒鼻耳盡具。先驅旄頭馳還以聞，曰：「道不可御。」於是上止車，遣侍中馳往視之。還，盡莫知也。時東方朔從，在後屬車上，召朔，使馳往視之。還對曰：「怪哉。」上曰：「何謂也？」朔對曰：「秦始皇時拘繫無罪，幽殺無辜，眾庶怨恨，無所告訴，仰天而嘆曰：『怪哉！』感動皇天。此憤氣之所生也，故名之曰怪哉。是地必秦之獄處也。」上有詔，使丞相公孫弘案地圖，果秦之獄處也。上曰：「善。當以去之。」朔曰：「夫積憂者，得酒而去之。」以酒注虫，立消靡。上大笑，曰：「東方生眞可謂聖矣！何以異先知聖人哉！」乃賜帛百疋。(《太平御覽》卷六百四十三「刑法部九　獄」引)

　　武帝幸甘泉宮，長安道中有猛獸。朔令壯士百人，皆著髦頭，護駕還宮。(《北堂書鈔》卷一百三十「儀飾部一　髦頭七　髦頭馳還」引)

　　武帝時，上林獻棗。上以所持杖擊未央前殿檻，呼朔曰：「叱叱，先生來來，先生知此筐中何等物也？」朔曰：「上林獻棗四十九枚。」上曰：「何以知之？」朔曰：「呼朔者，上也；以杖擊檻，兩木，兩木，林也；來來者，棗也；叱叱，四十九枚。」〔註6〕上大笑，賜帛十疋。(《太平御覽》卷九百六十五「果部二　棗」引)

　　凡占，長吏下車當視天。有黃雲來如覆車，五穀大熟。青雲致兵，白雲致盜，烏黑雲多水，赤雲有火。〔註7〕(《初學記》卷第一「天部上　雲第五」引)

　　東方朔常與郭舍人於帝前射覆。郭曰：「臣願問朔一事，朔得，臣願榜百；朔窮，臣當賜帛。曰：客來東方，〔註8〕歌謳且行。不從門入，踰我垣牆。遊戲中庭，上入殿堂。擊之拍拍，死者攘攘。〔註9〕格鬭而死，主人被創。是何物也？」朔曰：「長喙細身，晝匿夜行。〔註10〕嗜肉惡烟，常所拍捫。〔註11〕臣朔愚戇，名之曰蟁。舍人辭窮，當復脫禪。」(《太平廣記》卷一百七十四

〔註6〕「叱叱，四十九枚」，《藝文類聚》卷八十六「果部下　棗」引作「叱叱者，四十九也」。

〔註7〕「烏黑雲多水，赤雲有火」，《太平御覽》卷八「天部八　雲」引作「烏雲多水，赤雲多火」。

〔註8〕「客來東方」，《藝文類聚》卷九十七「鱗介部下　蚊」引作「客從東方」。

〔註9〕「擊之拍拍，死者攘攘」，《藝文類聚》卷九十七「鱗介部下　蚊」引作「擊之桓桓，死者穰穰」。

〔註10〕「晝匿夜行」，《藝文類聚》卷九十七「鱗介部下　蚊」引作「晝亡夜存」。

〔註11〕「常所拍捫」，《藝文類聚》卷九十七「鱗介部下　蚊」引作「爲掌所捫」。

「俊辯二　東方朔」引）

郭舍人曰：「珠籥文章，背有組索。兩人相見，朔能知之爲上客？」朔曰：「此玉之榮，石之精，表如日光，裏如眾星，兩人相覿，相知情，此名爲鏡也。」（《淵鑑類函》卷三百八十「服飾部十一　鏡二」引）

朔與上前射覆，中之。郭舍人弤屈被榜。朔曰：「南山有木名爲柘，良工採之可以射，射中人情如掩兔。舍人數窮，何不早謝？」上乃搏髀大笑也。（《太平御覽》卷三百九十一「人事部三十二　笑」引）

上置蜻蛉蓋下，羅諸數家，獨使朔占。對曰：「馮翊馮翊，六足四翼，頭如珠，尾正直，長尾短項，是非勾簍即蜻蜊。」上善，賜帛十疋。（《太平御覽》卷九百五十「蟲豸部七　蜻蛉」引）

武帝問朔曰：「公孫丞相、倪大夫等，先生自規，何與此哉？」朔曰：「臣觀其舌齒牙、樹頰胲、吐唇吻、擢項頤、結股肱、連脽尻，逶虵其迹，行步踽旅，臣朔雖不肖，尚兼此數子。」（《太平御覽》卷三百九十四「人事部三十五　行」引）

朔書與公孫弘借馬，曰：「朔當從甘泉，願借外廄之後乘。木槿夕死而朝生者，士亦不必長貧也。」（《太平御覽》卷四百八十五「人事部一百二十六　貧下」引）

驃騎難諸博士，朔對曰：「騏驥、綠耳、蜚鴻、驊騮，天下良馬也。〔註12〕將以捕鼠於深宮之中，曾不如跛貓。」〔註13〕（《太平御覽》卷八百九十七「獸部九　馬五」引）

孝武皇帝時，人有殺上林鹿者。武帝大怒，下有司殺之。羣臣皆相阿：「殺人主鹿，大不敬，當死。」東方朔時在旁，曰：「是人罪當死者三：使陛下以鹿之故殺人，一當死；使天下聞之，皆以陛下重鹿賤人，二當死也；匈奴即有急，推鹿觸之，〔註14〕三當死也。」武帝默然，遂釋殺鹿者之罪。（《太平御覽》卷四百五十七「人事部九十八　諫諍七」引）

孝武皇帝好方士，敬鬼神，使人求神仙不死之藥甚至，初無所得。天下

〔註12〕「騏驥、綠耳、蜚鴻、驊騮，天下良馬也」，《初學記》卷二十九「獸部　馬第四」引作「騏驥、騄耳、飛兔、驕騊，天下之良馬者也」。

〔註13〕「曾不如跛貓」，《太平御覽》卷九百四「獸部十六　狗上」引作「曾不如跛犬也」。

〔註14〕「匈奴即有急，推鹿觸之」，《太平御覽》卷九百六「獸部十八　鹿」引作「匈奴有急，須鹿觸之」。

方士四面蜂至，不可勝言。東方朔諳方士虛語以求尊顯，即云上天，欲以喻之。其辭曰：「陛下所使取神藥者，皆天地之間藥也，不能使人不死。獨天上藥，能使人不死耳。」上曰：「然天何可上也？」朔對曰：「臣能上天。」上知謾訑，極其語，即使朔上天取其不死之藥。朔既辭去，出殿門復還，曰：「今臣上天，若謾詫者。願得一人爲信驗。」上即遣方士與朔俱往，期三十日而反。朔等既辭而行，日日過諸侯傳飲，往往留十餘日，期又且盡，無上天意。方士謂之曰：「期且盡，日日飲酒，爲奈何？」朔曰：「鬼神之事難預言，當有神來迎我者。」於是方士晝臥良久，朔遽覺之，曰：「呼君，極久不應我，今者屬從天上來。」方士大驚，還具以聞。上以爲面欺，詔下朔獄。朔啼曰：「朔頃幾死者再。」上曰：「何也？」朔對曰：「天公問臣下方人何衣，臣朔曰：『衣出蠿。』『蠿若何？』朔曰：『蠿喙呻呻類馬，邠邠類虎。』〔註15〕天公大怒，以臣爲謾言，繫臣，使人下問，還報曰：『有之，名蠿。』天公乃出臣。今陛下苟以臣爲詐，願使人上問之。」上大驚曰：「善。齊人多詐，欲以喻我止方士也。」罷諸方士，弗復用也。由是朔日以親近。（《太平御覽》卷九百八十四「藥部一　藥」引）

　　孝武皇帝時閒居無事，燕坐未央前殿。天新雨止。當此時，方朔執戟在殿墀旁，屈指獨語。上從殿上見朔，呼問之：「生獨所語者，何也？」朔對曰：「殿後栢樹上有鵲，立枯枝上，東向而鳴也。」帝使視之，果然。問朔：「何以知之？」對曰：「以人事言之。風從東方來，鵲尾長，傍風則傾，背風則蹶，必當順風而立，是以知之。」（《太平御覽》卷九百二十一「羽族部八　鵲」引）

　　漢武帝時，未央宮殿前鐘無故自鳴，三夜三日不止。大怪之，召待詔王朔問之。朔對：「有兵氣。」上更問東方朔，朔對曰：「王朔知其一，不知其二。臣聞銅者，土之子，以陰陽氣類言之，子母相感，山恐有崩弛者，故鐘先鳴。《易》曰：『鳴鶴在陰，其子和之。』」上曰：「應在幾日？」朔曰：「在五日內。」居三日，南郡太守上言山崩，延袤二十餘里。上大笑，賜帛三十匹。（《初學記》卷十六「樂部下　鐘第五」引）

　　武帝飲酎，以八月、九月中，禾稼方盛熟，夜微行，漏下水，十刻乃出。（《太平御覽》卷二「天部二　刻漏」引）

〔註15〕「邠邠類虎」，《太平御覽》卷八百二十五「資產部五　蠿」引作「色班班類虎」。

漢武帝在柏梁臺上，使羣臣作七言詩。（《世說新語》排調 45 劉孝標注引）

武帝時，雲氣青色，而圓如冠珥。（《北堂書鈔》卷一百五十「天部二　雲七　冠珥」引）

朔又善嘯，每曼聲長嘯，輒塵落漫飛。朔未死時，謂同舍郎曰：「天下人無能知朔，知朔者，太王公耳。」朔卒，後武帝得此語，即召太王公問之曰：「爾知東方朔乎？」公對曰：「不知。」「公何所能？」曰：「頗善星曆。」帝問：「諸星皆具在否？」曰：「諸星具，獨不見歲星十八年，今復見耳。」帝仰天歎曰：「東方朔生在朕旁十八年，而不知是歲星哉！」慘然不樂。（《太平廣記》卷六「神仙六　東方朔」引）

李陵

陵與蘇武書曰：「男兒生不成名，死必葬蠻夷中耳，誰復能屈伸稽顙，〔註16〕還向北闕，使刀筆吏弄其文墨邪？〔註17〕願足下勿復望陵。嗟乎！子卿知復何言！〔註18〕相去萬里，人絕路殊，生爲別離之人，〔註19〕死爲異域之鬼。」（《太平御覽》卷四百八十九「人事部一百三十　別離」引）

東漢至曹魏

張純

純字伯仁，郊廟、冠、婚、喪、祭，禮儀多所正定，上甚重之。以純兼虎賁中郎將，一日數見。（《太平御覽》卷二百四十一「職官部三十九　虎賁中郎將」引）

桓任

任後母酷惡，常憎任，爲作二幅箕踵之被。（《北堂書鈔》卷一百三十四「儀飾部五　被二十七　箕踵」引）

〔註16〕「男兒生不成名，死必葬蠻夷中耳，誰復能屈伸稽顙」，《文選》作「男兒生以不成名，死則葬蠻夷中，誰復能屈身稽顙」。

〔註17〕「使刀筆吏弄其文墨邪」，《文選》作「使刀筆之吏弄其文墨耶」。

〔註18〕「子卿知復何言」，《文選》作「子卿夫復何言」。

〔註19〕「生爲別離之人」，《文選》作「生爲別世之人」。

任子亡，愍念之，爲作像，著屏風，置座邊。（《太平御覽》卷七百一「服用部三　屏風」引）

鍾離意

意字子阿，會稽山陰人也。（《太平御覽》卷二百六十四「職官部六十二　功曹參軍」引）意舉孝廉，有詔試歌，爲天下第一。（《淵鑑類函》卷一百十五「設官部五十五　孝廉」引）西都尉南陽任延以優文召縣曰：「都尉德薄，思賢汲汲。處士鍾離意正色鄉黨，百行優備，應令補吏，撤到史掾，以禮發遣者。」（《北堂書鈔》卷六十三「設官部十五　都尉一百一　優文召處士」引）太守竇翔召意署功曹，意乃爲府立條式，威儀嚴肅，莫不靖恭。後日竇君與意相見，曰：「功曹頃立嚴科，太守觀察朝晡，吏無大小，莫不畏威。」（《太平御覽》卷二百六十四「職官部六十二　功曹參軍」引）意爲功曹，常非周樹白事誕欺，朝中皆知。意心恨列署，首曹議者，必以爲報樹也。〔註 20〕中部平永缺，意牒曰：「賊曹吏周樹，結髮佐吏，服勤不怠，果於從政，行如玉石，折而不撓，請宜部職。」（《北堂書鈔》卷三十七「政術部　公正二十七　鍾離意白周樹」引）

黃讜爲會稽太守。（《太平御覽》卷七百二十二「方術部三　醫二」引）意爲會稽督郵，對太守曰：「夫千里立政，但當舉大綱。大綱若舉，百目自張矣。」（《北堂書鈔》卷七十七「設官部二十九　督郵一百七十　政舉大綱」引）建武十四年，署意中部尉都郵。〔註 21〕（《太平御覽》卷七百二十二「方術部三　醫二」引）亭長受民酒禮，府下記案考之。意封記還府，不考。太守黃君大怒，驛馬召意。到，對曰：「督郵受任中部，當奉繩千里爲視聽。」（《北堂書鈔》卷七十七「設官部二十九　督郵一百七十　爲視聽」引）吳大疾疫，意乃露車不冠，身循行病者門入家。〔註 22〕至，賜與醫藥，諸神廟，〔註 23〕爲民禱祭。召錄醫師百人，合和草藥，〔註 24〕恐醫小子或不良，毒藥

〔註20〕　「列署，首曹議者，必以爲報樹也」，原文無，據《淵鑑類函》卷一百四十「政術部十九　薦舉四　周樹服勤請宜部職」所引補。

〔註21〕　「建武十四年，吳大疾疫，署意中部尉都郵」，【明】王鏊撰《姑蘇志》卷三十七《宦蹟一》「鍾離意」條作「建武十四年，太守汝南黃讜召意署北部督郵。吳中大疫，黃君轉署意爲中部督郵」。

〔註22〕　「身循行病者門入家」，【明】王鏊撰《姑蘇志》卷三十七《宦蹟一》「鍾離意」條作「身不修整，行病者門，入其家」。

〔註23〕　「賜與醫藥，諸神廟」，【明】王鏊撰《姑蘇志》卷三十七《宦蹟一》「鍾離意」

齊賊害民，〔註25〕命先自吞嘗，然後施行。其所臨護四千餘人，並得差愈。後日府君出行災害，〔註26〕百姓攀車涕泣曰：「明郵，府君不須出也。〔註27〕但得鍾督郵，〔註28〕民皆活也。」（《太平御覽》卷七百二十二「方術部三　醫二」引）

司徒侯霸辟意，署議曹掾，以詔書送徒三百餘人到河內。連陰多盛寒，徒皆貫連，械不復走。及到弘農縣，使令出錢，爲徒作襦袴，各有升數。令對曰：「被詔書，不敢妄出錢。」意曰：「使者奉詔命，寧私行耶？出錢！」便令上尚書，使者亦當上之。光武皇帝得上狀，見司徒侯霸曰：「所使吏何乃仁恕用心乎，誠良吏也！」襦袴成，且悉到前縣，給賜糜粥。後謂徒曰：「使者不忍善人妄刑飢寒，感惻於心。今以得衣矣，欲悉解善人械桎，得無逃去耶？」皆曰：「明使君哀徒，恩過慈父，身成灰土，不敢逃亡。」意復曰：「徒中無欲歸候親者耶？」其有節義名者大半，意爲解械桎，先遣之，與期日會作所，徒皆先期至也。（《太平御覽》卷六百四十二「刑法部八　徒」引）

意遷東平瑕丘令。男子兒直，勇悍有力，三日一飯十斤肉，飯米五升。〔註29〕使〔註30〕弓弩飛射走獸，百不脫一，桀悖好犯長吏。意到官，召署捕盜。掾勅謂之云：「令昔嘗破三軍之眾，不用尺兵；嘗縛暴虎，不用尺繩。但以良謀爲之耳。掾之氣勢安若，宜愼之。」因復召直子涉，署門下，將遊徼私出入寺門，無所關白，收涉，鞭之。直走之寺門，吹氣大言，言無上下。意勅直能爲子屈者，自縛誠令，不則鞭殺其子。直果自縛。意告曰：「令前告汝『嘗縛暴虎，不用尺繩』，汝自視何如虎自縛耶？」勅獄械直父子，結連其

條作「與醫藥，詣神廟」。

〔註24〕「召錄醫師百人，合和草藥」，【明】王鏊撰《姑蘇志》卷三十七《宦蹟一》「鍾離意」條作「召醫數百人，令和草藥」。

〔註25〕「恐醫小子或不良，毒藥齊賊害民」，【明】王鏊撰《姑蘇志》卷三十七《宦蹟一》「鍾離意」條作「恐醫或以毒藥過劑賊害民」。

〔註26〕「後日府君出行災害」，【明】王鏊撰《姑蘇志》卷三十七《宦蹟一》「鍾離意」條作「後日府君出省災」。

〔註27〕「明郵，府君不須出也」，【明】王鏊撰《姑蘇志》卷三十七《宦蹟一》「鍾離意」條作「明府不須出」。

〔註28〕按「鍾督郵」當奪一「離」字。

〔註29〕「三日一飯十斤肉，飯米五升」，據《北堂書鈔》卷一百四十三「酒食部　總篇二」所引補。

〔註30〕「使」，原文作「便」，據【宋】孫逢吉《職官分紀》卷四十二「縣令」所引改。

頭，對榜欲死。掾吏陳諫，乃貸之。〔註31〕由是相率爲善。所謂上德之政，鷹化爲鳩，暴虎成狸，此之謂也。(《太平御覽》卷二百六十八「職官部六十六　良令長下」引)

意爲瑕丘長。立春，遣戶曹史檀建賫青幘幡白督郵，督郵不受。建留於家，還白意，言受。他日意見督郵，而督郵謝意，言所以不受青幘幡者，已自有也。意還召建問狀，建惶怖叩頭。意曰：「勿叩頭，使外聞也。」出，因轉署主記史，假遣無期。建歸，家父問之曰：「朝大士眾，賢能者多，子何功才，既獲顯榮，假乃無期，寵厚將何謂也，得無有不信於賢主耶？」建長跪，以青幘幡意語父，父嘿然。有頃，令妻設酒殺雞，與建相樂，謂建曰：「吾聞有道之君，以義理殺人；無道之君，以血刃加人。長假無期，唯死不還，將何以自裁乎？」酒畢進藥，建遂物故。(《太平御覽》卷三百四十一「兵部七十二　幡」引)

揚州刺史夏君三辟意爲九江從事，〔註32〕三府側席。夏君見意曰〔註33〕：「刺史得京師書，聞從事有令聞，刺史何惜王家之爵，不貢賢者？」乃表上尚書。(《太平御覽》卷二百六十五「職官部六十三　從事」引)

棠邑令〔註34〕鍾離意至德，仁和明皇帝詔徵詣闕，拜尚書。(《北堂書鈔》卷六十「設官部十二　諸曹尚書　鍾離大德」引)

顯宗以意爲尚書。時交趾太守坐贓千金，徵還伏法，以資物簿入大司農，詔班賜羣臣。意得珠璣，悉以委地，不拜賜。帝怪而問其故。對曰：「臣聞孔子忍渴於盜泉之水，曾參迴車於勝母之閭，惡其名也。此贓穢之寶，誠不敢拜受。」帝嗟歎曰：「清乎尚書之言。」乃更以庫錢三十萬賜意。(《太平御覽》卷六百四十一「刑法部七　贓貨」引)〔註35〕

〔註31〕「乃貸之」，【宋】孫逢吉《職官分紀》卷四十二「縣令」引作「乃貰之」。

〔註32〕「爲」，原文無，據【宋】孫逢吉《職官分紀》卷四十「刺史」所引補。

〔註33〕「夏君見意曰」，【宋】孫逢吉《職官分紀》卷四十「刺史」引作「夏君謂意曰」。

〔註34〕「棠邑令」，《後漢書》本傳作「堂邑令」。

〔註35〕《太平御覽》卷四百二十六「人事部六十七　清廉下」引作「意爲尚書。交趾太守張恒(《後漢書》本傳作張恢)居官貪亂，贓踰千金，珠璣玩寶，乃有石數。收贓簿入司農，詔悉以珠賜諸尚書。尚書皆拜受，意獨委珠璣於地，不拜受。明帝問：『委珠何也？』對曰：『愚聞孔子忍渴，不飲盜泉之水；曾子還車，不入勝母之閭。惡其名也。今陛下以贓珠賜忠臣，以故，臣不敢受耳。』」

明帝作北宮，意諫曰：「昔湯遭旱，以六事自責曰：『政不節耶？使民疾耶？宮室崇耶？女謁盛耶？讒說昌耶？苞苴盈耶？』夫宮室廣大，所以驚耳極觀，非所以崇德治平，宣化海內。(《太平御覽》卷四百五十七「人事部九十八　諫諍七」引)頃天旱不雨，陛下躬自剋責，避正殿之榮。今日雨而不濡，豈政有改耶？是天威未消也。愚以爲可命大匠止工作諸室減省不急以助時氣。」奏聞，有詔曰：「朕之不德，敢不如教。」即日沛然大雨。(《太平御覽》卷四百五十五「人事部九十六　諫諍五」引)

意爲尙書僕射。〔註36〕其年匈奴羌胡歸義來降，詔賜縑三百疋。尙書郎暨酆受詔，〔註37〕誤以爲三千疋。詔大怒，鞭之殿下，欲死。諸尙書莫不惜怖失色。意獨排閤入諫曰：「陛下德被四海，恩及夷狄，是以左衽之徒，皆頓首服義。酆小子，受詔誤賞。臣聞刑疑從輕，今陛下以酆誤賞，發雷霆之威，殺酆，海內遐邇謂陛下貴微財而賤人命，愚臣不安。」明帝以合大義，恚損怒消。〔註38〕帝謂意曰：「非鍾離尙書，朕幾降威於此郎。」(《職官分紀》卷八「左右僕射　排閤入諫」引)

意爲魯相。到官，出私錢萬三千文，付戶曹孔訢修夫子車。身入廟，拭几席劍履。男子張伯除堂下草，土中得玉璧七枚。伯懷其一，以六枚白意。意令主簿安置几前。孔子教授堂下牀首有懸甕，意召孔訢問：「此何甕也？」對曰：「夫子甕也。背有丹書，人莫敢發也。」意曰：「夫子聖人，所以遺甕，欲以懸示後賢。」因發之，中得素書，文曰：「後世修吾書，董仲舒；護吾車、拭吾履、發吾笥，會稽鍾離意。璧有七，張伯藏其一。」意即召問，伯果服焉。(《後漢書·鍾離意傳》「帝雖不能用，然知其至誠，亦以此故，不得久留，出爲魯相。」章怀太子李賢注引)〔註39〕

〔註36〕「尙書」，原文無，據《初學記》卷十一「職官部上　僕射第四」、《藝文類聚》卷四十八「職官部四　僕射」、《太平御覽》卷二百二十一「職官部九　左右僕射」所引補。

〔註37〕「尙書郎暨酆受詔」，《藝文類聚》卷四十八「職官部四　僕射」引作「尙書侍郎廣陵暨酆」。

〔註38〕「明帝以合大義，恚損怒消」，《藝文類聚》卷四十八「職官部四　僕射」引作「明帝以意諫，且酆錯合大義，賞酆，勅大官賜酒藥。」

〔註39〕《太平御覽》卷八百六「珍寶部五　璧」引作「意爲魯相，省視孔子教授堂。男子張伯劉草堦下，土中得璧七枚。懷藏其一，以六白意。意開瓮中素書，文曰：『後世修吾書，董仲舒：模吾車、拭吾履、發吾笥，會稽鍾離意。璧有七，張（按：當奪一「伯」字）取一。』意召問白（按：當作伯）：『璧有七，何藏一耶？』伯叩頭出之」。又《後漢書·郡國志》「有鐵有闕里孔子所居」

《周書》言秦吏趙凱以私恨，告園民吳且生盜食宗廟御桃。且生對曰：「民不敢食也。」王曰：「剖其腹，出其桃。」史記惡而書之曰：「桃食之，當有遺核，王不知此，而割人腹以求桃，非理（禮）也。」（《太平御覽》卷九百六十七「果部四　桃」引）

嚴遵昔與光武俱爲諸生，暮夜宿息，二人勤學，不得寢，〔註40〕更相謂曰：「後日豪貴，憶此，勿相忘。」別後數年，光武有天下，徵遵不至。（《北堂書鈔》卷一百五十六「歲時部四　寒二十五　嚴遵學夜寒不得寢」引）

劉根

根棄世學道，入中嶽嵩山石室中崢嶸上，東南下五十丈。北人多夏不衣，身毛皆長一二尺，顏狀如年十五時。（《藝文類聚》卷七「山部上　嵩高山」引）

有道之士不可識。往者有陳孜如癡人，江夏袁仲陽敬事之。孜謂仲陽曰：「今年春，當有疾，可服棗核中仁二十七枚。能常服之，百邪不復干也。」〔註41〕後果大病，仲陽服之有效。〔註42〕（《太平御覽》卷九百六十五「果部二　棗」引）

孝武皇帝登少室，見一女子，以九節杖仰指日，閉左目，開右目，氣且絕，久乃蘇息。武帝使問之所行何事，女子不答。東方朔曰：「婦人食日精者。」（《太平御覽》卷七百十「服用部十二　杖」引）

思形狀可以長生。以九寸明鏡照面，熟視之，令自識己身形，長令不忘，久則身神不散，疾惡不入。〔註43〕（《太平御覽》卷七百十七「服用部十九　鏡」引）

取七歲男齒女髮，與己頭垢合燒，復之一歲，則不知老。常爲之，始老

下注：《（鍾離）意別傳》曰：「意省堂，有孔子小車，革皆朽敗。意自韜襪，雇漆膠之直，請魯民治之，及護几席劍履。後得竇中素書曰：『護吾履，鍾離意。』」

〔註40〕「二人勤學，不得寢」，《藝文類聚》卷五「歲時下　寒」引作「二人寒，不得寢臥」。

〔註41〕「能常服之，百邪不復干也」，原文無，據《藝文類聚》卷八十七「果部下　棗」所引補。

〔註42〕「仲陽服之有效」，原文無，據【明】李時珍《本草綱目》卷二十九所引補。

〔註43〕此段文字，《初學記》卷二十五「器用部　鏡第九」引作「以九寸明鏡照面，視之曰：『今日識己形，當令不忘。』如此其神不散，疾患不入。」

有以容也。(《太平御覽》卷七百二十「方術部一　養生」引)

　　潁川太守到官，民大疫，掾吏死者過半。夫人郎君悉病，府君從根求消除疫氣之術。根曰：「寅戌歲泄在亥。今年太歲在寅，於廳事之亥地，穿地深三尺，方與深同，取沙三斛著中，以淳酒三升沃在地。」府君即從之，病者即愈，疫疾遂絕。〔註44〕(《太平御覽》卷七百四十二「」引)

李郃

　　郃字孟節，漢中人。和帝即位，分遣使者循州郡、觀風俗，皆微服單行。使者二人當到益州，投公舍宿。時夏月露坐，為出酒與談。公仰視問二人曰：「君發京師時，寧知二使者何日發耶？」二人驚相視而曰：「不聞。」問公何以知之，公指星，有二使星向益部，二人知其深明，遂共談，甚嘉異焉。(《太平御覽》卷七百七十九「奉使部三　奉使下」引)公長七尺八寸，多鬚髯，八眉，左耳有奇表，項枕如鼎足，手握三公之字。(《太平御覽》卷三百六十三「人事部四　字」引)公居貧，而不好治產。有稻田三十畎，第宅一區。至京學問，常以賃書自給。〔註45〕為人沉深弘雅，有大度。(《太平御覽》卷四百八十五「人事部一百二十六　貧下」引)太常豐欲遣吏通厚竇憲，郃苦諫之。及竇氏敗時，盡收交通者。豐於是奇郃能絕榮，舉孝廉。(《北堂書鈔》卷七十九「設官部三十一　孝廉一百七十七　李郃絕榮」引)郃以郎謁者為上林苑令。(《太平御覽》卷二百三十二「職官部三十　上林苑令」引)郃上書太后，數陳忠言，其辭雖不盡施行，輒有策詔褒贊焉。博士著兩梁冠，朝會宜隨士大夫例。時賤經學博士，乃在市長下公奏，以為非所以敬儒德、明國體也。上善公言。正月大朝，引博士公府長史前。(《太平御覽》卷二百三十六「職官部三十四　博士」引)

　　鄧隲弟豹，為將作大匠。河南尹缺，豹欲得之。上及隲兄弟亦欲用難，便召拜下詔，令公卿舉隲，以旨遣。人諷公卿悉舉豹，李郃曰：「司隸河南尹，當整頓京師，檢御貴戚。今反使親家為之，必不可為後法。公舉司隸羊

〔註44〕此段文字，《太平御覽》卷七十四「地部三十九　沙」引作「潁川太守高府君到官，民人疫，郡中吏民死者過半。夫人郎君悉得病，從根求消除病氣之術。根曰：『於廳事之亥上穿地取沙三斛著室中，醇酒三升沃其上。』府君從之，病者悉得愈，疫氣絕。」

〔註45〕「至京學問，常以賃書自給」，《北堂書鈔》卷一百一「藝文部　寫書十七　李郃賃書自給」引作「郃遊學京師，嘗賃書自給」。

褅，〔註46〕不舉豹，豹竟不得尹。恨公卿不舉，對士大夫曰：「李公能不舉我，故我不得尹耳。」〔註47〕（《太平御覽》卷二百五十二「職官部五十　尹」引）

郃侍祠南郊，不見六宗祠，奏曰：「按《尚書》：『肆類於上帝，禋於六宗。』漢興，於甘泉、汾陽祭天地，亦禋六宗。至孝成時，匡衡奏立北郊，復祠六宗。至建武都洛陽，制郊祀，不道祭六宗，由是廢不血食。今宜復舊。」上從公議。由是遂祭六宗。（《太平御覽》卷五百二十八「禮儀部七　六宗」引）

李固

益州及司隸辟，皆不就。門徒或稱從事掾，固曰：「未曾受其位，不宜獲其號。」（《太平御覽》卷二百六十五「職官部六十三　從事」引）

質帝暴得疾，云食煮餅，腹中悶，遂崩。（《太平御覽》卷八百六十「飲食部十八　餅」引）

固隱狼澤山，以三經教授。漢中太守遣五官丞，就舉孝廉，不就。（《淵鑑類函》卷一百十五「設官部五十五　孝廉　李固不就」引）

梁冀欲立清河王蒜，常侍曹騰聞議定，見冀曰：「清河為人嚴明，若遂即位，將軍受禍不久矣。」冀更會，議立蠡吾侯子，唯固與杜喬深據本議。桓帝立，固與杜喬以欲立蒜下獄。太后詔出固，冀乃復令黃門常侍作飛章劾奏，復收固等，繫獄皆死。京師諺曰：「直如弦，死道邊。曲如鉤，反封侯。」〔註48〕（《太平御覽》卷四百二十八「人事部六十九　正直下」引）

固被誅，弟子汝南郭亮始成童，遊學洛下，乃詣闕上書，乞收固屍。不許，因往臨哭喪不去，太后聞而誅之。（《太平御覽》卷三百八十五「人事部二十六　幼智下」引）

李燮

燮字德公，京兆人，〔註49〕拜京兆尹，領蕩寇將軍，加幢盖鼓吹。詔發

〔註46〕「羊褅」，原文作「羊浸」，據《職官分紀》卷三十八「京兆尹　河南尹　整頓京師檢御貴戚」所引改。

〔註47〕「李公能不舉我，故我不得尹耳」，《職官分紀》卷三十八「京兆尹　河南尹　整頓京師檢御貴戚」引作「李公寧能不舉我，故使我不得尹耶」。

〔註48〕按：此段文字，《太平御覽》引作《李固外傳》，查無其他文字與之相同，姑繫於別傳下。

〔註49〕「京兆人」，原文無，據《太平御覽》卷二百五十二「職官部五十　尹」所

西園錢三億，尹上封事，拒此橫調，并陳禍敗，辭義深切，遂止不發。尹履潔白之節，秉執忠良，吏民愛敬，作歌曰：「我府君，道教舉，恩如春，威如虎，愛如母，訓如父。」（《職官分紀》卷三十八「京兆尹　吏民愛敬作歌」引）

變常逃亡匿臨淄界，爲酒家傭。靈帝即位時，月經陰道，暈五車。史官曰：「有流星昇漢而北，陽芒迫卯，熒惑入大角，犯帝座，其占當有大臣被誅者。故太尉李固，西土人，占在固。今月經陰道，圍五車，宜有赦令，以除此異。」上感此變，大赦天下，求公子孫酒家，具車乘厚送之。（《太平御覽》卷六百五十二「刑法部十八　赦」引）

李劭

公居貧而不好修產業，有稻田三十畝，茅宅一區。（《初學記》卷十八「人部中　貧第六」引）

馬融

馬融爲儒，[註 50]教養諸生常有千數。善鼓琴，好吹笛，達生任性，不拘儒者之節。居宇器服，多存侈飾。常坐高堂，施絳紗，帳前授生徒，後列女樂。弟子以次相傳，[註 51]鮮有入其室者。（《藝文類聚》卷六十九「服飾部　帳」引）

徐穉

穉亡，海內群英論其清風高致，乃比夷、齊，或參許由。夏侯豫章追美名德，立亭於穉墓首，號曰思賢亭。（《淵鑑類函》卷二百六十九「人部二十八　慕賢知賢三　立亭置榻」引）

樊英

英隱於壺山，嘗有黑風從西方起。英謂學者曰：「成都市火甚盛。」因含水西向噀之，[註 52]乃令記其日。後有從蜀來者，云是日大火，黑雲平旦從

引補。

〔註 50〕「馬融爲儒」，《太平御覽》卷六百九十九「服用部一　帳」引作「融爲通儒」。

〔註 51〕「弟子以次相傳」，《太平御覽》卷六百九十九「服用部一　帳」引作「弟子次相傳授」。

〔註 52〕「噀之」，《太平御覽》卷八百六十八「火部一　火上」引作「漱之」。

東起，〔註53〕須臾大雨，火遂得滅。（《藝文類聚》卷八十「火部　火」引）

　　英嘗病臥便室中，英妻遣婢拜問疾，英下床答拜。陳寔問英何答婢拜，英曰：「妻，齊也。共奉祭祀，禮無往而不答。」（《太平御覽》卷五百四十二「禮儀部二十一　拜」引）

　　英被髮，忽拔刀斫舍中。妻問故，曰：「郗生道遇鈔。」郗生還，云道遇賊，被髮老人相救得全。郗生名巡，字仲信，陳郡夏陽人，能傳英業。（《太平御覽》卷三百七十三「人事部一十四　髮」引）

　　順帝策書，備禮玄纁，徵英詔切。郡縣駕載上道，英不得已，到京師，稱疾不肯赴，乃強輿入殿，猶不以禮屈。帝怒曰：「朕能生君，能殺君，能貴君，能賤君，能富君，能貧君，君何慢朕？」英曰：「臣受命於天，生盡其命天也。死得其命，亦天也。陛下焉能殺臣？臣見暴君，如見仇讎，立朝猶不肯，可得貴乎？雖在布衣，列環堵之中，晏然自得，不易萬乘之尊，又可得而賤乎？陛下焉能賤臣？臣非禮之祿，萬鍾不受也，申其志，雖簞食不厭也，陛下焉能富臣，焉能貧臣？」帝不能屈，而敬其名，使出就太醫養疾，日置羊酒。（《太平御覽》卷四百二十八「人事部六十九　正直下」引）

　　樊英既見陳畢，西南向唾。天子問其故，對曰：「成都今日失火。」後蜀太守上火災，言時雲雨從東北來，故火不為害。（《太平御覽》卷三百八十七「人事部二十八　唾洟」引）

　　漢順帝時殿下鐘鳴，問英，對曰：「蜀嶓山崩。山於銅為母，母崩子鳴，非聖朝災。」後蜀果上言山崩，日月相應。（《世說新語》文學61劉孝標注引）

　　詔書告南陽太守，五官中郎將樊英委榮辭祿，不降其節，志不可奪。今以英為光祿，〔註54〕賜還家。在所縣給穀千斛，常以八月存問高年，〔註55〕給羊一頭，〔註56〕酒三斛。（《太平御覽》卷二百四十三「職官部四十一　光

〔註53〕「黑雲平旦從東起」，《太平御覽》卷八百六十八「火部一　火上」引作「有黑雲平旦從東起」。

〔註54〕「光祿」，《北堂書鈔》卷五十六「設官部八　左右光祿大夫　樊英委榮為光祿大夫」、《藝文類聚》卷四十九「職官部五　光祿大夫」均引作「光祿大夫」。

〔註55〕「存問高年」，原文作「存高年」，據《職官分紀》卷四十八「光祿大夫　委榮辭祿不降其節」所引補。

〔註56〕「給羊一頭」，《北堂書鈔》卷五十六「設官部八　左右光祿大夫　樊英委榮為光祿大夫」、《藝文類聚》卷四十九「職官部五　光祿大夫」均引作「致牛一頭」。

祿大夫」引）

陳寔

《陳寔別傳》

寔字仲弓，潁川許人也。（《太平御覽》卷二百六十四「職官部六十二　功曹參軍」引）自爲兒童，不爲戲弄，等類所歸。（《太平御覽》卷四百三「人事部四十四　道德」引）

爲郡功曹。時中常侍侯覽託太守高倫用吏，倫教署文學掾。寔知非其人，乃懷檄請見，乞從外署，倫從之。於是鄉論怪其非舉。倫後被徵爲尚書，郡中士大夫送至傳舍，倫語衆人曰：「吾前爲侯常侍用吏，此各由故人，畏憚強禦，陳君可謂善則稱君，惡則稱己者也。」聞者方歎息。（《太平御覽》卷二百六十四「職官部六十二　功曹參軍」引）

寔在鄉閭，平心率物，其爭訟，輒求判正，曉譬曲直，返無怨者，至乃歎曰：「寧爲刑罰所加，不爲陳君所短。」時歲荒，民儉有盜，夜入其室，止於梁上。寔陰見之，乃起自整拂，呼命子孫，正色訓之曰：「夫人不可不自勉。不善之人，未必本惡，習與性成，遂至於此，如梁上君是矣。」盜大驚，自投於地，稽首歸罪。寔徐譬之曰：「似君子狀貌，不似惡人，宜深尅己反善。然此當由困貧。」令遺絹二疋。自是縣無復盜竊。（《太平御覽》卷四百三「人事部四十四　道德」引）

寔卒，蔡邕爲立碑刻銘。（《文選》卷三十八任彥昇《爲范始興作求立太宰碑表》「君長一城亦盡刊刻之美」下李善注引）

《陳寔傳》

寔字仲弓，潁川許昌人。爲聞喜令、太丘長，風化宣流。（《世說新語》德行 6 劉孝標注引）

梁冀

冀鳶肩。（《太平御覽》卷三百六十九「人事部十　肩」引）

冀好格五六博、（《太平御覽》卷七百五十四「工藝部十一　博」引）好鞠。（《太平御覽》卷七百五十四「工藝部十一　蹴鞠」引）冀好彈棊，暑夏之月，露首袒體，惟在摴蒱、彈棊，不離綺襦紈袴之側。（《太平御覽》卷七百五十五「工藝部十二　彈棊」引）冀好意錢。（《太平御覽》卷七百五十五

「工藝部十二　射數」引）

冀爲河南尹，居職恣暴，多爲非法。遼東太守侯猛惡之，不往謁。冀託以他事，乃腰斬之。郎中汝南袁著，年十九，見冀凶縱，不勝其憤，乃詣闕上書。冀聞而密遣掩捕，得笞殺之。（《太平御覽》卷四百九十二「人事部一百三十二　虐」引）

梁冀愛監奴秦宮，官至太倉令，得出入妻所，每見輒屏御者，託以言事，因通焉。〔註57〕內外兼寵，刺史二千石皆謁拜之。扶風人士孫奮居富，冀從貸錢五千萬，奮以三千萬與之。冀大怒，乃告郡縣，認奮母爲守藏婢，云盜白珠十斛，紫磨金千斤，以叛送收考。奮兄弟死於獄中，悉沒貨財。（《太平御覽》卷五百「人事部一百四十一　奴婢」引）壽姊夫宗忻，不知書，因壽氣力，起家拜太倉令。（《太平御覽》卷二百三十二「職官部三十　太倉令」引）冀妻孫壽從弟安，以童幼拜黃門侍郎、羽林監。（《太平御覽》卷二百四十二「職官部四十　羽林監」引）子嗣爲河南尹。嗣一名胡狗，時年十六，容貌甚陋，不勝冠帶，道路見者，莫不嗤笑焉。（《太平御覽》卷三百八十二「人事部二十三　醜丈夫」引）

常侍徐璜曰：「言臣切見道術家常言『漢死在戌亥』。今太歲在丙戌，五月甲戌，日蝕柳宿。朱雀，漢家之貴國，宿分周地，今京師是也。」史官上占，去重見輕。璜召太史陳援詰問，乃以實對。冀怨援不爲隱諱，使人陰求其短，發摘上聞，上以亡失候儀，不肅有司，奏收殺獄中。（《後漢書·五行志》「延熹元年五月甲戌晦日有蝕之在柳七度京都宿也」劉昭注引）

梁冀奢僭四方調發，歲時貢獻，皆先輸上等於冀，乘輿乃其次焉。又廣開園囿，採土築山，千里九坡，以象二崤，深林邃澗，有若自然，奇禽怪獸，飛走其間。妻共冀乘輦，張羽蓋飾，以金銀遊第內。（《太平御覽》卷四百九十「人事部一百三十一　僭」引）

元嘉二年，又加冀禮儀大將軍。朝到端門，若龍門。謁者將引增掾屬舍人，令史官騎，鼓吹各十人。（《後漢書·百官志》「順帝即位又以皇后父兄弟相繼爲大將軍如三公焉」下劉昭注引）

冀之專政，天爲見異，眾災並湊。蝗蟲滋生，河水逆流，五星失次，太白經天，人民疾疫。出入六年，羌戎叛戾，盜賊羣平，皆冀所致。（《後漢書·

〔註57〕此段文字，《太平御覽》卷二百三十二「職官部三十　太倉令」引作「太倉令秦宮出入冀妻壽所，語言飲食，獨往獨來，屏去御者。」

五行志》「二年六月彭城泗水增長逆流」劉昭注引）

　　冀作狐尾單衣，上短下長。（《太平御覽》卷六百九十一「」引）

　　子產治鄭，蒺藜不生，鰭鵝不至。〔註58〕（《北堂書鈔》卷三十五「政術
部　德感二十二　子產治鄭蒺藜不生」引）

　　冀未誅時，婦人作不聊生髻。〔註59〕（《太平御覽》卷三百七十三「人事
部一十四　髻」引）

郭泰

《郭泰別傳》

　　泰字林宗。（《太平御覽》卷四百四十六「人事部八十七　品藻中」引）
泰早孤，就學屈伯顏三年，業畢，博通墳素。（《北堂書鈔》卷九十七「藝文
部三　博學十二　博通墳素」引）少遊汝南，先過袁閬，不宿而退。往從黃
憲，累日方還。或問林宗，〔註60〕林宗曰：「奉高之器，譬諸汎濫，雖清而易
挹；叔度汪汪君子，若千頃波，澄之不清，撓之不濁，不可量也。」（《太平
御覽》卷四百四十六「人事部八十七　品藻中」引）

　　賈淑字子厚，林宗鄉人。雖世有冠冕，而性險害，邑里患之。林宗遭母
憂，淑來弔之，而鉅鹿孫咸直亦至。咸直以林宗賢而受惡人弔，心怪之，不
進而去。林宗遽迎而謝曰：「賈子厚誠凶德，然洗心同善，仲尼不逆互鄉，故
許其進也。」淑聞之，改過自厲，終成善士。又林宗有母喪，徐穉往弔，置
生芻一束於廬前而去。林宗曰：「此必南州徐孺子也。《詩》不云乎：『生芻一
束，其人如玉。』吾無德以堪之。」（《太平御覽》卷五百六十一「禮儀部四
十　弔」引）

　　林宗有人倫鑒識，題品海內之士，或在幼童，或在里肆，後皆成英彥六
十餘人，自著書一卷，論取士之本，未行，遭亂亡失。（《世說新語》政事 17
劉孝標注引）

〔註58〕「鰭鵝不至」，《淵鑑類函》卷一百二十七「政術部六　德感二」引作「鴟梟
不至」。

〔註59〕此段文字，《後漢書・五行志》「墮馬髻者作一邊」劉昭注引作「冀婦女又有
不聊生髻」。

〔註60〕「或問林宗」，《後漢書・黃憲傳》「或以問林宗」李賢注引《郭泰別傳》作「時
林宗過薛恭祖，恭祖問曰：『聞足下見袁奉高，車不停軌，鑾不輟軛；從叔度，
乃彌信宿也。」

王叔優問才之所宜，泰曰：「當以武官顯。」叔優後至北中郎將。(《太平御覽》卷二百四十一「職官部三十九　北中郎將」引)

鄉人見泰，皆拜於床下。(《太平御覽》卷五百四十二「禮儀部二十一　拜」引)

泰名顯，士爭歸之，載剌常盈車。(《後漢書・郭泰傳》「時人乃故折巾一角以爲林宗巾其見慕皆如此」李賢注引)

家有書五千餘卷。(《北堂書鈔》卷一百一藝文部「藏書十八　林宗有書五千卷」引)

《郭林宗別傳》

郭泰字林宗。(《太平御覽》卷四百四十四「人事部八十五知人下」引)林宗家貧，初欲遊學，無資，就姊夫貸五千錢。乃遠至成皋，從師受業，並日而食，衣不蔽形，常以蓋幅自障出入，入則護前，出則掩後。(《太平御覽》卷四百八十五「人事部一百二十六　貧下」引)林宗儀貌魁岸，身長八尺，音聲如鐘，當時以爲準的。(《太平御覽》卷三百八十八「人事部二十九　聲」引)入潁川，則友李元禮；至陳留，則結符偉明；之外黃，則親韓子助；過蒲亭，則師仇季智。止學舍，則收魏德功；觀耕者，則拔茅季偉。皆爲名士。至汝南，見袁閎，不宿而去。從黃憲，三日乃去。過新蔡，薛勤問之曰：「足下見袁奉高，不宿而去；從黃叔度，乃彌日，何也？」泰曰：「奉高之流，雖清而易挹；叔度汪汪，若千頃之波，澄之不清，撓之不濁，難測量也。」(《太平御覽》卷四百四十四「人事部八十五　知人下」引)

林宗遊洛陽，始見河南尹李膺。膺大奇之，遂相友善，於是名震京師。後歸鄉曲，衣冠諸儒送至河上，車數千兩。〔註61〕林宗惟與李膺同舟而濟，眾賓望之，以爲神仙焉。(《藝文類聚》卷七十一「舟車部　舟」引)

林宗名益顯，士爭歸之，載剌常盈車。(《太平御覽》卷六百六「文部二十二　剌」引)

林宗每行宿逆旅，輒躬灑掃。及明去後，人至，見之曰：「此必郭有道昨宿處也。」(《太平御覽》卷一百九十五「居處部二十三　逆旅」引)

林宗嘗行陳、梁間，遇雨，故其巾一角霑而折。二國學士著巾，莫不折其角，云作『林宗巾』，其見儀則如此。(《太平御覽》卷六百八十七「服章部

〔註61〕按「車數千兩」，當作「車數千輛」。

四　巾」引）

鉅鹿孟敏字叔達，敦樸質直，客居太原，雜處凡俗，未有所名。嘗至市賈甑，荷擔墮地，壞之，徑去不顧。適遇林宗，見而異之，因問曰：「壞甑可惜，何以不顧？」客曰：「甑既已破，視之何益？」林宗賞其介決，因以知其德性，謂必爲美士。勸令讀書，遊學十年，遂知名，三府並辟不就，東夏以爲美賢。（《世說新語》黜免6劉孝標注引）

茅容字季偉，陳留人。年四十餘，耕於野。時與等輩避雨樹下，眾皆夷踞，獨容危坐愈恭。林宗見而奇異，與共言，因請寓宿。且日，容殺雞爲饌，林宗謂爲己設。既而以供其母，自以菜蔬與客同飯。林宗起拜之曰：「卿賢乎哉！」因勸令學，卒以成德。（《太平御覽》卷四百一十四「人事部五十五　孝下」引）

郭泰嘗止陳國文學，見童子魏昭，號德公，知其有異，求近其房，供給灑掃。林宗嘗不佳，夜中命昭作粥。粥成進泰，一啜，怒而呵之曰：「爲長者作粥，而不加敬意，使沙，不可食耶！」以杯擲地。昭更爲粥，重進泰，復呵之。如是者三，昭姿容無變，顏色殊悅。林宗曰：「始見子之面，今乃見子之心。」遂友善之，卒爲妙士。（【明】陳耀文《天中記》卷二十「師第　進粥」引）

泰以有道君子徵同邑，宋子俊勸使往，泰遂辭以疾，闔門教授。（《太平御覽》卷六百十三「學部七　教學」引）

昔仲琰爲從事，嘗柴車駕牛，編荊爲當。（《太平御覽》卷七百七十六「車部五　當」引）

林宗有友人，夜冒雨至，剪韭作炊餅。（【清】陳元龍《格致鏡原》卷六十二「蔬類一　韭」引）

《郭林宗傳》

茲弱冠與同郡圈文生俱稱盛德。林宗與二人共至市，子許買物，隨價讎直，文生訾呵，減價乃取。林宗曰：「子許少欲，文生多情，此二人非徒兄弟，乃父子也。」後文生以穢貨見損，茲以烈節垂名。（《三國志·魏書·衛臻傳》「太祖每涉郡境輒遣使祠焉」裴松之注引）

叔優、季道幼少之時，聞林宗有知人之鑒，共往候之，請問才行所宜，以自處業。林宗笑曰：「卿二人皆二千石才也，雖然，叔優當以仕宦顯，季道宜以經術進，若違才易務，亦不至也。」叔優等從其言。叔優至北中郎將，

季道代郡太守。(《三國志・魏書・王昶傳》「王昶字文舒太原晉陽人也」裴松之注引)

《郭子別傳》

林宗秀立高峙，澹然淵停。蔡伯喈告盧子幹、馬日磾曰：「爲天下作碑銘多矣，未嘗不有慚色。唯郭先生碑頌，無愧色耳。」(《太平御覽》卷三百八十八「人事部二十九　色」引)

鄭玄

玄秀眉明目。(《藝文類聚》卷十七「人部一　目」引) 玄年十二，隨母還家。正臘宴會，同列十數人，皆美服盛飾，語言閒通，玄獨漠然如不及。父母私督數，乃曰：「此非我志，不在所願。」(《藝文類聚》卷五「歲時下　臘」引)

玄少好學書數，十三誦五經，好天文、占候、風角、隱術。(《世說新語》文學 1 劉孝標注引)

玄年十六，號曰『神童』。(《太平御覽》卷八百三十九「百穀部三　禾」引) 民有獻嘉瓜者，〔註62〕異本同實，縣欲表府，〔註63〕文辭鄙譬，玄〔註64〕爲改作，又著《頌》一篇。〔註65〕侯相高其才，爲修冠禮。〔註66〕(《太平御覽》卷九百七十八「菜茹部三　瓜」引)

玄年十七，在家，見大風起，詣縣曰：「某時當有火災，宜祭禳禳，廣設禁備。」時火果起，而不爲害。〔註67〕(《太平御覽》卷八百六十八「火部一　火上」引)

年二十一，博極羣書，精曆數圖緯之言，兼精算術。遂去吏，師故兗州刺史第五元。又就東郡張恭祖受《周禮》、《禮記》、《春秋傳》。周流博觀，每經歷山川，及接顏一見，皆終身不忘。扶風馬季長以英儒著名，玄往從之，

〔註62〕「嘉瓜」，《太平御覽》卷八百三十九「百穀部三　禾」引作「嘉禾」。
〔註63〕「縣欲表府」，《太平御覽》卷五百八十八「文部四　頌」引作「縣侯欲表附」。按「附」爲「府」之誤。
〔註64〕「玄爲改作」，《太平御覽》卷五百八十八「文部四　頌」引作「君爲改作」。
〔註65〕「一篇」，《太平御覽》卷五百八十八「文部四　頌」引作「二篇」。
〔註66〕「爲修冠禮」，原文無，據《太平御覽》卷八百三十九「百穀部三　禾」所引補。
〔註67〕此段《世說新語》文學 1 劉孝標注引作「年十七，見大風起，詣縣曰：『某時當有火災。』至時果然，智者異之。」

參考同異。季長后戚，嫚於待士，玄不得見，住左右，自起精廬。既因紹介得通。時涿郡盧子幹爲門人冠首，季長又不解剖裂七事，玄思得五，子幹得三。季長謂子幹曰：「吾與汝皆弗如也。」季長臨別執玄手曰：「大道東矣，子勉之！」（《世說新語》文學 1 劉孝標注引）

故尚書左丞同縣張逸，年十三，爲縣小吏。君謂之曰：「爾有贊道之德，玉雖美，須雕琢而成器，能爲書生，以成其志不？」對曰：「願之。」乃遂拔於其輩，妻以弟女。（《太平御覽》卷五百四十一「禮儀部二十　婚姻下」引）

後遇黨錮，隱居著述，凡百餘萬言。大將軍何進辟玄，乃縫掖相見。玄長八尺餘，鬚眉美秀，姿容甚偉，進待以賓禮，授以几杖。玄多所匡正，不用而退。〔註68〕（《世說新語》文學 1 劉孝標注引）

何休作《公羊墨守》、《左氏膏肓》、《穀梁廢疾》，康成乃爲《發墨守》，《鍼膏肓》，《起廢疾》。〔註69〕休見而歎曰：「康成入吾室，操吾戈，以伐我乎？」（《淵鑑類函》卷一百九十三「文學部二　春秋二」引）

袁紹辟玄。及去，餞之城東，欲玄必醉。會者三百餘人，皆離席奉觴，自旦及暮，度玄飲三百餘桮，而溫克之容，終日無怠。（《世說新語》文學 1 劉孝標注引）

玄薦乾於州。乾被辟命，玄所舉也。（《三國志・蜀書・孫乾傳》「孫乾字公祐北海人也先主領徐州辟爲從事」裴松之注引）

建安元年，自徐州還。高密道遇黃巾賊數萬人，見玄皆拜。（《太平御覽》卷五百四十二「禮儀部二十一　拜」引）

獻帝在許都，徵爲大司農，行至元城而卒。（《世說新語》文學 1 劉孝標注引）

玄病篤，與益恩書曰：「吾預黨錮十四年也。」（《太平御覽》卷六百五十一「刑法部十七　禁錮」引）

玄病困，戒子益恩曰：「吾家舊貧，爲父母郡所容，去廝役之吏，遊周秦之都，往來幽、并、兗、豫之役，候觀通人大儒，得意者，咸從奉手，有所

〔註68〕此段文字《北堂書鈔》卷一百二十七「衣冠部一　巾八　鄭玄幅巾」引作「大將軍何進禮待甚優，玄不受朝服，惟服幅巾，一宿而去。」
〔註69〕此段文字《藝文類聚》卷五十五「雜文部一　經典」引作「任城何休好公羊學，遂著《公羊墨守》、《左氏膏肓》、《穀梁廢疾》，玄乃發墨守、針膏肓、起廢疾。」

受焉。遂博稽六韜，究覽傳記。今我告爾以事，將閒居以安性，覃思以終業，自非國君之命問，親族之憂慶，展孝墳墓，觀省野物，曷常扶杖出門乎？家事大小，汝一承之。吾煢煢一夫，曾無同生相依，其亟求君子之道，研鑽勿替，恭慎威儀，以近有德。顯譽成於僚友，德行立於己志，若致聲稱，亦有榮於所生耳。」（《太平御覽》卷四百五十九「人事部一百　鑒戒下」引）

　　玄卒，遺令薄葬。自郡守以下嘗受業者，衰絰赴者千餘。（《太平御覽》卷五百五十五「禮儀部三十四　葬送三」引）

　　國相孔文舉教高密縣，曰：「公者，人德之正號，不必三事大夫也。今鄭君鄉宜曰『鄭公鄉』。」（《太平御覽》卷一百五十七「州郡部三　敘縣」引）

　　玄一子名益，字益恩。年二十三，相國孔府君舉孝廉。府君以多寇，屯都昌，爲賊管亥所圍。乃令從家將兵奔救，遇賊見害，時年二十七也。妻有遺體，生男。玄以太歲在丁卯生，此男以丁卯日生，生又手理與玄相似，故名曰小同。（《太平御覽》卷三百六十二「人事部三　名」引）

盧植

　　植初平三年卒。臨困，勑其子儉葬於山足，不用棺槨，附體單帛而已。（《北堂書鈔》卷九十二「禮儀部　葬三十二　不用棺槨」引）

蔡邕

　　邕與李則遊學，時在弱冠，始共讀《左氏傳》。性通敏兼人，舉一反三。（《北堂書鈔》卷九十八「藝文部四　讀書十四　李則讀左氏舉一反三」引）

　　邕昔作《漢記》、《十意》，未及奏上，遭事流離，因上書自陳曰：「臣既到徙所，乘塞守烽，職在堠望，憂怖焦灼，無心能復操筆。成草致章，闕廷誠知，聖朝不責，臣謝但懷愚心，有所不竟。臣自在布衣，常以爲《漢書》十《志》下盡王莽而止，光武以來，唯記《紀》、《傳》，無續《志》者。臣所事師故太傅胡廣知臣頗識其門戶，略以所有舊事與臣，雖未備悉，粗見首尾，積累思惟二十餘年，不在其位，非外史庶人所得擅述。天誘其衷，得備著作郎，建言十《志》，皆當撰錄。會臣被罪，逐放邊野，恐所懷隨軀朽腐，抱恨黃泉，遂不設施。謹先顛踣科條諸志，臣欲刪定者一，所當接續者四，前志所無，臣欲著者五，及經典羣書所宜捃摭本奏、詔書，所當依據，分別首目，並書章左，惟陛下留神省察。臣謹因臨戎，長霍圍封，上有律曆意第一，禮意第二，樂意第三，郊祀意第四，天文意第五，車服意第六。」（《後漢書·

蔡邕傳》「因上書自陳奏其所著《十意》」下李賢注）

　　邕常遊高橋亭，見屋椽竹可以爲篴，因取用之，果有異聲。(《北堂書鈔》卷一百十一「樂部　篴二十二　有異聲」引)

　　張衡死日，蔡邕母始懷孕。二人才貌甚類，人云邕是衡後身。(《佩文韻府》卷七十八「去聲十九　效韻　才貌」引)

　　東國宗敬蔡中郎，不言名，咸稱蔡君。兗州、陳留並圖畫形像，爲之目曰：「文同三閭，孝齊參騫。」(【明】董斯張撰《廣博物志》卷三十「藝苑五」引)

蔡琰

　　琰字文姬，陳留人，漢左中郎將蔡邕之女。其少聰慧秀異。年六歲，邕夜鼓琴，〔註70〕絃絕，琰曰：「第一絃。」邕故斷一絃而問之，琰曰：「第四絃。」邕曰：「偶得之耳。」〔註71〕琰曰：「吳札觀風，知興亡之國；〔註72〕師曠吹律，識南風之不競。由此言之，何不足知也？」〔註73〕邕奇之。〔註74〕(《太平御覽》卷五百七十七「樂部十五　琴上」引)

　　先適河東衛仲道，夫亡無子，歸寧于家。漢末大亂，爲胡騎所獲，在左賢王部伍中。春月登胡殿，感笳之音，懷《凱風》之思，〔註75〕作詩言志曰：「胡笳動兮邊馬鳴，孤鴈歸兮聲嚶嚶。」(《藝文類聚》卷四十四「樂部四　笳」引)

　　琰在胡中十三年，有二男，捨之而歸，作詩云：「家既迎兮當歸寧，兒呼母兮啼失聲，我掩耳兮不忍聽。(《太平御覽》卷四百八十八「人事部一百二十九　啼」引)

　　琰對曹操曰：「乞給紙筆，眞草唯命也。」(《太平御覽》卷七百四十七「工

〔註70〕「邕夜鼓琴」，《太平御覽》卷五百一十九「宗親部九　女」引作「邕中夜鼓琴」。

〔註71〕「偶得之耳」，《太平御覽》卷五百一十九「宗親部九　女」引作「汝安得中之」。

〔註72〕「吳札觀風，知興亡之國」，《太平御覽》卷五百一十九「宗親部九　女」引作「昔吳季札觀樂，知國之興亡」。

〔註73〕「何不足知也」，《太平御覽》卷五百一十九「宗親部九　女」引作「何得不知」。

〔註74〕「邕奇之」，原文無，據《太平御覽》卷五百一十九「宗親部九　女」所引補。

〔註75〕「懷《凱風》之思」，原文無，據《北堂書鈔》卷一百十一「樂部　笳二十三懷凱風之思」所引補。

藝部四　書上」引）

華佗

有人病兩腳，躄不能行，舉詣佗。佗望見云：「已飽針灸服藥矣，不復須看脈。」便使解衣，點背數十處，相去或一寸，或五寸，縱邪不相當。言灸此各十壯，灸創愈即行。後灸處夾脊一寸，上下行端直均調，如引繩也。（《三國志・華佗傳》「佗針鬲隨手而差」裴松之注引）

人有在青龍中見山陽太守廣陵劉景宗，景宗說中平日數見華佗，其治病手脈之候，其驗若神。琅邪劉勳為河內太守，有女年幾二十，左腳膝裏上有瘡，癢而不痛。瘡愈數十日復發，如此七八年，迎佗使視，佗曰：「是易治之。當得稻糠黃色犬一頭，好馬二疋。」以繩繫犬頸，使走馬牽犬，馬極輒易，計馬走三十餘里，犬不能行，復令步人拖曳，計向五十里。乃以藥飲女，女即安臥不知人。因取大刀斷犬腹近後腳之前，以所斷之處向瘡口，令去二三寸。停之須臾，有若蚰者從瘡中而出，便以鐵錐橫貫蚰頭。蚰在皮中動搖良久，須臾不動，乃牽出，長三尺所，純是蚰，但有眼處而無童子，又逆鱗耳。以膏散著瘡中，七日愈。又有人苦頭眩，頭不得舉，目不得視，積年。〔註76〕佗使悉解衣倒懸，令頭去地一二寸，濡布拭身體，令周匝，候視諸脈，盡出五色。佗令弟子數人以鈹刀決脈，五色血盡，視赤血，乃下，以膏摩被覆，汗自出周匝，飲以亭歷犬血散，立愈。又有婦人長病經年，世謂寒熱注病者。冬十一月中，佗令坐石槽中，平旦用寒水汲灌，云當滿百。始七八灌，會戰欲死，灌者懼，欲止。佗令滿數。將至八十灌，熱氣乃蒸出，囂囂高二三尺。滿百灌，佗乃使然火溫牀，厚覆，良久汗洽出，著粉，汗燥便愈。又有人病腹中半切痛，十餘日中，鬢眉墮落。佗曰：「是脾半腐，可刳腹養治也。」使飲藥令臥，破腹就視，脾果半腐壞。以刀斷之，刮去惡肉，以膏傅瘡，飲之以藥，百日平復。（《三國志・華佗傳》「後十八歲成病竟發無藥可服以至於死」裴松之注引）

甘陵相夫人有胎六月，腹痛十餘日，大極，請佗視脈，佗曰：「有兩胎，一已死。」便手摹其胎，在左男也，在右女也。右死，即為湯下之，便愈。（《太平御覽》卷三百六十「人事部一　孕」引）

〔註76〕「又有人苦頭眩，頭不得舉，目不得視，積年」，《太平御覽》卷七百四十一「疾病部四　眩」引作「佗見嚴昕，語之曰：『君有急風見於面，勿多飲酒。坐罷歸，昕於道中卒得頭眩，墜車輿。著車上歸家，一宿死。』」

佗嘗語吳普：「人體欲得勞動，但不當自使極爾。體常動搖，穀氣得清，血脈流通，疾則不生。卿見戶樞雖用易腐之木，朝暮開閉動搖，遂最晚朽。是以古之仙者赤松、彭祖之為導引，蓋取於此也。」（《藝文類聚》卷七十五「養生部　養生」引）

吳普從佗學，微得其方，魏明帝呼之使為禽戲。普以年老，手足不能相及，粗以其法語諸醫。普今年將九十，耳不聾，目不冥，牙齒完堅，飲食無損。（《後漢書・華佗傳》「吾有一術名五禽之戲一曰虎二曰鹿三曰熊四曰猨五曰鳥」李賢注引）

青黏者，一名地節，一名黃芝，主理五藏，益精氣。本出於迷入山者，見仙人服之，以告佗。佗以為佳，輒語阿，阿又秘之。近者人見阿之壽而氣力彊盛，怪之，遂責阿所服，〔註77〕因醉亂誤道之。法一施，人多服者，皆有大驗。（《三國志・華佗傳》「生於豐沛彭城及朝歌云」裴松之注引）

佗以線為書囊，裹中有秘要之方。（《北堂書鈔》卷一百四「藝文部　裹四十九　線裹有要方」引）

何顒

顒字伯求，有人倫鑒。同郡張仲景總角造顒，顒謂曰：「君用思精而韻不高，將為良醫。」卒如其言。〔註78〕（《太平御覽》卷四百四十四「人事部八十五　知人下」引）顒先識獨覺，言無虛發。王仲宣年十七，嘗遇仲景。仲景曰：「君有病，宜服五石湯，不治且成，後年三十當眉落。」仲宣以其貫遠，不治也。後至三十，病果成，竟眉落。其精如此。仲景在京師為名醫，於當時為上手，時以為扁鵲、倉公，無以加之。〔註79〕（《太平御覽》卷七百二十二「方術部三　醫二」引）

許劭

劭幼時，子微便云：「此賢當持汝南管鑰。」〔註80〕（《天中記》卷二十

〔註77〕「遂責阿所服」，《後漢書・華佗傳》「佗授以漆葉青黏散」李賢注引作「遂責所服食」。

〔註78〕此段文字《太平御覽》卷七百二十二「方術部三　醫二」引作「周郡張仲景總角造顒，謂曰：『君用思精而韻不高，後將為名醫。』卒如其言。」

〔註79〕「仲景在京師為名醫，於當時為上手，時以為扁鵲、倉公，無以加之」句，據《天中記》卷四十「醫」所引補。

〔註80〕「劭幼時」，《淵鑒類函》卷二百六十九「人部二十八　慕賢知賢三　汝南管

五「德譽」引）

董卓

卓父君雅，爲潁川輪氏尉，生卓及弟旻，故卓字仲潁，旻字叔潁。〔註81〕（《後漢書・董卓傳》「董卓字仲潁」李賢注引）

太常張奐將師北征，表卓爲軍司馬，從軍行。卓手斬購募羌酋，拜五官中郎，賜縑九千疋。卓歎曰：「爲者則已，有者則士。」悉以縑分與兵吏。（《太平御覽》卷四百七十七「人事部一百十八　施惠下」引）

發成帝陵，解金縷，探含璣焉。（《後漢書・禮儀志第六禮儀下》「備三爵如禮」劉昭注引）

悉埋青城門外，東都門內，而加書焉。又恐有盜取者，復以屍送郿藏之。（《後漢書・袁紹傳》「董卓聞紹起山東乃誅紹叔父隗及宗族在京師者盡滅之」李賢注引）

卓知所爲不得遠近，意欲以力服之，遣兵於雒陽城。時遇二月，社民在社下飲食，悉就斷頭，駕其車馬，載其婦女財物，以斷頭繫車轅軸還雒，云攻敗大獲，稱萬歲，入關雒陽城門，焚燒其頭。（《太平御覽》卷三百六十四「人事部五　頭下」引）

卓會公卿，召諸降賊。敗行，責降者曰：「何不鑿眼！」應聲眼皆落地。（《太平御覽》卷三百六十六「人事部七　目」引）

卓諷朝廷，使光祿宣璠持節，拜卓爲太師，位諸侯上。引還長安，百官迎路拜揖，卓遂僭擬車服，乘金華青蓋，畫兩轓，時人號爲竿摩車。（《太平御覽》卷七百七十六「車部五　蓋」引）

卓治鑄候望施機儀。（《太平御覽》卷二「天部二　渾儀」引）

卓孫年十七，卓爲作小鎧冑，以玉爲甲，驍騎出入，殺人如蚤虱。（【隋】杜公瞻《編珠》卷二「玉甲犀鎧」引）

呂布殺卓，百姓相對欣喜抃舞，皆賣家中珠璣、衣服、床榻以買酒食，自相慶賀，長安酒肉爲之踊貴。〔註82〕（《太平御覽》卷八百二十八「資產部

　　　鑰天下楷模」引作「劭小時」。

〔註81〕原文作「潁川」、「仲潁」、「叔潁」，按《三國志・董卓傳》，董卓字仲潁，今據改。

〔註82〕此段文字《太平御覽》卷八百六十三「飲食部二十一　肉」引作「呂布殺卓，百姓欣慶相賀，長安酒肉爲暴貴。」

八　賣買」引）

孔融

融四歲，與兄食梨，輒引小者。人問其故，答曰：「小兒，法當取小者。」年十歲，隨父詣京師。河南尹李膺有重名，融欲觀其爲人，遂造之。膺問：「高明父祖，嘗與僕周旋乎？」融曰：「然。先君孔子與君先人李老君同德比義，而相師友，則融與君累世通家也。」眾坐莫不歎息，僉曰：「異童子也！」太中大夫陳煒後至，同坐以告，煒曰：「人小時了了者，長大未必能奇。」融應聲曰：「即如所言，君之幼時，豈實慧乎？」膺大笑，顧謂融曰：「長大必爲偉器！」〔註83〕（《世說新語》言語3劉孝標注引）

漢末，天下荒亂，融每旦以饘一盛、魚一首以祭。（《北堂書鈔》卷一百四十四「酒食部　粥篇十　奉饘以祭」引）

袁術僭亂，曹操以楊彪與術婚姻，誣以欲圖廢置，奏彪下獄，劾以大逆。融聞之，不及朝服，往見操曰：「楊公四世清德，海內所瞻。《周書》：『父子兄弟，罪不相及。』況以袁氏歸罪。《易》稱『積善餘慶』，徒欺人耳。」操曰：「此國家意。」融曰：「假使成王殺召公，周公可得言不知耶？纓緌搢紳，所以瞻仰明公者，以公聰明仁智，輔相漢朝，舉直措枉，致之雍熙。今橫殺無辜，則海內觀聽，莫不解體，孔融魯國男子，便當拂衣而去。」操不得已，遂理出彪。（《太平御覽》卷四百二十八「人事部六十九　正直下」引）

融常歎曰：「坐上客恒滿，樽中酒不空，吾無憂矣。」（《藝文類聚》卷七十三「雜器物部　樽」引）

融爲太中大夫，虎賁士貌似蔡邕，每酒酣，輒引與同坐，曰：「雖無老成人，尚有典刑。」（《太平御覽》卷三百九十六「人事部三十七　相似」引）

〔註83〕此段文字《太平御覽》卷二百八十七「兵部十八　機畧六」引作「孔文舉年四歲時，每與諸兄共食梨，引小者。人問其故，答曰：『我小兒，法當取小。』自此宗族奇之。融十歲，隨父詣京師，聞漢中李公清節直諒，慕之，欲往觀其爲人，遂造公門，謂門者曰：『我是公通家子孫也。』門者白之，公曰：『高明父祖，常與孤遊乎？』跪而應曰：『先君孔子與明公先李老君同德比義，而相師友，則融與公累世通家。』坐中數十人，莫不歎息，咸曰：『異童子也。』太中大夫陳煒後至，曰：『人小了了，或未能佳。』少府尋聲答曰：『君子之幼時，豈當惠乎？』李公撫扞大笑，顧少府曰：『高明長大，必爲偉器。』」

曹操

《曹操別傳》

拜操典軍都尉，還譙沛，士卒共叛，襲擊之，操得脫身亡走，竄平河亭長舍，稱『曹濟南處士』。臥養足創八九日，謂亭長曰：「曹濟南雖敗，存亡未可知。公幸能以車牛相送，往還四五日，吾厚報公。」亭長乃以車牛送操。未至譙，數十里，騎求操者多。操開帷叱之，皆大喜。始悟是操。（《太平御覽》卷四百六十七「人事部　喜」引）

操引兵入峴，〔註84〕發梁孝王塚，破棺收金寶數萬斤，天子聞之立泣。〔註85〕（《太平御覽》卷八百十一「珍寶部十　金下」引）

武皇帝爲兗州，以畢諶爲別駕。兗州亂，張孟卓劫諶母弟，帝見諶曰：「孤綏撫失和，聞卿母弟爲張邈所執，人情不相遠，卿可去孤自遣，不爲相棄。」諶涕泣曰：「當以死自效。」帝亦垂涕答之。諶明日便亡走，及破下邳，得諶，還以爲掾。（《太平御覽》卷二百六十三「職官部六十一　別駕」引）

始袁忠爲沛相，薄待操，沛公桓邵亦輕之。及在兗州、陳留，邊讓頗笑操，操殺讓，族其家。忠、邵俱避難交州。操遠遣使，就太守士燮盡族劭，劭得出首，拜謝於中庭。操謂曰：「跪可解死耶？」遂殺之。（《太平御覽》卷六百四十七「刑法部十三　殺」引）

呂布梟勇，且有駿馬，時人爲之語曰：「人中有呂布，馬中有赤兔。」（《太平御覽》卷四百九十六「人事部一百三十七　諺下」引）

《曹瞞傳》

操一名吉利，小字阿瞞。〔註86〕（《三國志・魏書・武帝紀》「太祖武皇帝，沛國譙人也，姓曹，諱操，字孟德，漢相國參之後」裴松之注引）

嵩，夏侯氏之子，夏侯惇之叔父。操於惇爲從父兄弟。（《三國志・魏書・武帝紀》「養子嵩，嗣官至太尉，莫能審其生出本末」裴松之注引）

操少好飛鷹走狗，游蕩無度，其叔父數言之於嵩。操患之，後逢叔父於路，乃陽敗面喎口；叔父怪而問其故，操曰：「卒中惡風。」叔父以告嵩。嵩驚愕，呼操，操口貌如故。嵩問曰：「叔父言汝中風，已差乎？」操曰：「初

〔註84〕「操引兵入峴」，《藝文類聚》卷八十三「寶玉部上　金」引作「操別入碭」。
〔註85〕「立泣」，《藝文類聚》卷八十三「寶玉部上　金」引作「哀泣」。
〔註86〕「操」，原文作「太祖」，各書所引，有「太祖」、「公」、「王」等稱謂，今均
　　　改作「操」。

不中風，但失愛於叔父，故見罔耳。」嵩乃疑焉。自後叔父有以告，嵩終不復信，操於是益得肆意矣。(《三國志・魏書・武帝紀》「太祖少機警，有權數，而任俠放蕩，不治行業，故世人未之奇也」裴松之注引)

操初入尉廨，繕治四門。造五色棒，縣門左右各十餘枚，有犯禁者，不避豪彊，皆棒殺之。後數月，靈帝愛幸小黃門蹇碩叔父夜行，即殺之。京師歛迹，莫敢犯者。近習寵臣咸疾之，然不能傷，於是共稱薦之，故遷爲頓丘令。(《三國志・魏書・武帝紀》「年二十，舉孝廉爲郎，除洛陽北部尉，遷頓丘令」裴松之注引)

曹操破梁孝王棺，收金寶，天子聞之哀泣。(《文選》卷四十四陳孔璋《爲袁紹檄豫州》「而操帥將吏士，親臨發掘，破棺裸尸，掠取金寶，至令聖朝流涕，士民傷懷」李善注引)

時人語曰：「人中有呂布，馬中有赤兔。」(《三國志・魏書・呂布傳》「布有良馬曰赤兔」裴松之注引)

自京師遭董卓之亂，人民流移東出，多依彭城間。遇操至，坑殺男女數萬口於泗水，水爲不流。陶謙帥其眾軍武原，操不得進。引軍從泗南攻取慮、睢陵、夏丘諸縣，皆屠之；雞犬亦盡，墟邑無復行人。(《三國志・魏書・荀彧傳》「前討徐州，威罰實行」裴松之注引)

操聞攸來，跣出迎之，撫掌笑曰：「子遠，卿來，吾事濟矣！」既入坐，謂操曰：「袁氏軍盛，何以待之？今有幾糧乎？」操曰：「尚可支一歲。」攸曰：「無是，更言之！」又曰：「可支半歲。」攸曰：「足下不欲破袁氏邪，何言之不實也！」操曰：「向言戲之耳。其實可一月，爲之奈何？」攸曰：「公孤軍獨守，外無救援而糧穀已盡，此危急之日也。今袁氏輜重有萬餘乘，在故市、烏巢，屯軍無嚴備，今以輕兵襲之，不意而至，燔其積聚，不過三日，袁氏自敗也。」操大喜，乃舉精銳步騎，皆用袁軍旗幟，銜枚縛馬口，夜從間道出，人抱束薪，所歷道有問者，語之曰：「袁公恐曹操鈔略後軍，遣兵以益備。」聞者信以爲然，皆自若。既至，圍屯，大放火，營中驚亂。大破之，盡燔其糧穀寶貨，斬督將眭元進、騎督韓莒子、呂威璜、趙叡等首，割得將軍淳于仲簡鼻，未死，殺士卒千餘人，皆取鼻，牛馬割脣舌，以示紹軍。將士皆恒懼。時有夜得仲簡，將以詣麾下，操謂曰：「何爲如是？」仲簡曰：「勝負自天，何用爲問乎！」操意欲不殺。許攸曰：「明旦鑒於鏡，此益不忘人。」乃殺之。(《三國志・魏書・武帝紀》「士卒皆殊死戰，大破瓊等，皆斬之」裴

松之注引）

遣候者數部前後參之，皆曰：「定從西道，已在邯鄲。」操大喜，會諸將曰：「孤已得冀州，諸君知之乎？」皆曰：「不知。」操曰：「諸君方見不久也。」（《三國志‧魏書‧武帝紀》「尚果循西山來，臨滏水爲營」裴松之注引）

買，尚兄子。（《三國志‧魏書‧袁紹傳》「尚、熙與烏丸逆軍戰，敗走奔遼東，公孫康誘斬之，送其首」裴松之注引）

時寒且旱，二百里無復水，軍又乏食，殺馬數千匹以爲糧，鑿地入三十餘丈乃得水。既還，科問前諫者，眾莫知其故，人人皆懼。操皆厚賞之，曰：「孤前行，乘危以徼倖，雖得之，天所佐也。故不可以爲常。諸君之諫，萬安之計，是以相賞，後勿難言之。」（《三國志‧魏書‧武帝紀》「九月，公引兵自柳城還」裴松之注引）

操將過河，前隊適渡，超等奄至。操猶坐胡牀不起。張郃等見事急，共引操入船。河水急，比渡，流四五里，超等騎追射之，矢下如雨。諸將見軍敗，不知操所在，皆惶懼，至見，乃悲喜，或流涕。操大笑曰：「今日幾爲小賊所困乎！」（《三國志‧魏書‧武帝紀》「校尉丁斐因放牛馬以餌賊，賊亂取牛馬，公乃得渡」裴松之注引）

時操軍每渡渭，輒爲超騎所衝突，營不得立，地又多沙，不可築壘。婁子伯說操曰：「今天寒，可起沙爲城，以水灌之，可一夜而成。」操從之，乃多作縑囊以運水，夜渡兵作城，比明，城立，由是操軍盡得渡渭。（《三國志‧魏書‧武帝紀》「九月，進軍渡渭」裴松之注引）超、遂數挑戰不利，操縱虎騎夾擊，大破之，超、遂走涼州。（《後漢書‧獻帝紀》「十六年秋九月庚戌，曹操與韓遂、馬超戰於渭南，遂等大敗，關西平」李賢注引）

操遣華歆勒兵入宮收后，后閉戶匿壁中。歆壞戶發壁，牽后出。帝時與御史大夫郗慮坐，后被髮徒跣過，執帝手曰：「不能復相活邪？」帝曰：「我亦不自知命在何時也。」帝謂慮曰：「郗公，天下寧有是邪！」遂將后殺之，完及宗族死者數百人。（《三國志‧魏書‧武帝紀》「后廢黜死，兄弟皆伏法」裴松之注引）

曹操征張魯，至陽平，張魯使弟衛據陽平關，橫山築城十餘里。攻之不拔，乃引軍還。賊見大軍退，其守備懈，操乃密遣騎將等乘險夜襲，大破之。（《太平御覽》卷三百一十五「兵部四十六　掩襲上」引）

爲尚書右丞司馬建公所舉。及操爲王，召建公到鄴，與歡飲，謂建公曰：

「孤今日可復作尉否？」建公曰：「昔舉大王時，適可作尉耳。」操大笑。（《三國志・魏書・武帝紀》「夏五月，天子進公爵爲魏王」裴松之注引）

是時南陽閒苦繇役，音於是執太守東里袞，與吏民共反，與關羽連和。南陽功曹宗子卿往說音曰：「足下順民心，舉大事，遠近莫不望風；然執郡將，逆而無益，何不遣之。吾與子共勠力，比曹操軍來，關羽兵亦至矣。」音從之，即釋遣太守。子卿因夜踰城亡出，遂與太守收餘民圍音，會曹仁軍至，共滅之。（《三國志・魏書・武帝紀》「二十四年春正月，仁屠宛，斬音」裴松之注引）

操更脩治北部尉廨，令過於舊。（《三國志・魏書・武帝紀》「冬十月，軍還洛陽」裴松之注引）

桓階勸操正位，夏侯惇以爲宜先滅蜀，蜀亡則吳服，二方既定，然後遵舜、禹之軌，操從之。及至操薨，惇追恨前言，發病卒。（《三國志・魏書・武帝紀》「王自洛陽南征羽，未至，晃攻羽，破之，羽走，仁圍解。王軍摩陂」裴松之注引）

操自漢中至洛陽，起建始殿。（《太平御覽》卷九百六十九「果部六　梨」引）操使工蘇越徙美梨，掘之，根傷盡出血。越白狀，操躬自視而惡之，以爲不祥，還遂寢疾。（《三國志・魏書・武帝紀》「庚子，王崩於洛陽，年六十六」裴松之注引）

操爲人佻易無威重，好音樂，倡優在側，常以日達夕。被服輕綃，身自佩小鞶囊，以盛手巾細物，時或冠帢帽以見賓客。每與人談論，戲弄言誦，盡無所隱，及歡悅大笑，至以頭沒杯案中，肴膳皆沾汙巾幘，其輕易如此。然持法峻刻，諸將有計畫勝出己者，隨以法誅之，及故人舊怨，亦皆無餘。其所刑殺，輒對之垂涕嗟痛之，終無所活。初，袁忠爲沛相，嘗欲以法治操，沛國桓邵亦輕之，及在兗州，陳留邊讓言議頗侵操，操殺讓，族其家，忠、邵俱避難交州，操遣使就太守士燮盡族之。桓邵得出首，拜謝於庭中，操謂曰：「跪可解死邪！」遂殺之。常出軍，行經麥中，令「士卒無敗麥，犯者死。」騎士皆下馬，付麥以相持，於是操馬騰入麥中，勅主簿議罪；主簿對以《春秋》之義，罰不加於尊。操曰：「制法而自犯之，何以帥下？然孤爲軍帥，不可自殺，請自刑。」因援劍割髮以置地。又有幸姬常從晝寢，枕之臥，告之曰：「須臾覺我。」姬見操臥安，未即寤，及自覺，棒殺之。常討賊，廩穀不足，私謂主者曰：「如何？」主者曰：「可以小斛以足之。」操曰：「善。」

後軍中言操欺眾，操謂主者曰：「特當借君死以厭眾，不然事不解。」乃斬之，取首題徇曰：「行小斛，盜官穀，斬之軍門。」其酷虐變詐，皆此類也。(《三國志·魏書·武帝紀》「二月丁卯，葬高陵」裴松之注引)

《魏武別傳》

武皇帝子中山恭王衮尙儉約，教勅妃妾紡績織絍，習爲家人之事。(《太平御覽》卷四百三十一「人事部七十二　儉約」引)

曹丕

吳選曹令史長沙劉卓字德然，病荒，夢見一人以白越單衫與之，言曰：「汝著衫汗，火燒便潔也。」卓覺，果有衫在側，汗，輒火浣之。(《太平御覽》卷六百九十三「服章部十　衫」引)

曹植

植博學有高才，年十餘歲，誦詩論及賦十萬言。性簡易，不事華麗。太祖征孫權，使植留守鄴，戒之曰：「吾昔爲頓令，年二十三，思此時所行，無悔於今。今汝年二十三矣，可不勉與？」(《太平御覽》卷四百五十九「人事部一百　鑒戒下」引)

曹志

志字允恭，好學有才行。晉武帝爲中撫軍，迎常道鄉公於鄴。志夜與帝相見，帝與語，從暮至旦，甚器之。及受禪，改封鄄城公，發詔以志爲樂平太守，歷章武、趙郡，遷散騎常侍、國子博士，後轉博士祭酒。及齊王攸當之藩，下禮官議崇錫之典，志歎曰：「安有如此之才，如此之親，而不得樹本助化，而遠出海隅者乎？」乃建議以諫，辭旨甚切。帝大怒，免志官。後復爲散騎常侍。志遭母憂，居喪盡哀，因得疾病，喜怒失常，太康九年卒，諡曰定公。(《三國志·魏書·曹植傳》「志累增邑并前九百九十戶」裴松之注引)

曹肇

肇之弟纂，字德思，力舉千鈞。明帝寵之，寢止恒同。嘗與戲賭衣物，有所獲，輒入御帳取而出之。(《太平御覽》卷三百八十六「人事部二十七　健」引)

管寧

寧字幼安，（《太平御覽》卷六百九十四「服章部十一　裘」引）身長八尺，龍顏秀目。（《太平御覽》卷三百八十七「人事部四　形體」引）性至孝，（《太平御覽》卷八百一十九「布帛部六　絮」引）每祭祀，未嘗不伏地流涕。恒著布裳貂裘，（《太平御覽》卷六百九十四「服章部十一　裘」引）惟祠，著單衣絮巾也。（《太平御覽》卷八百一十九「布帛部六　絮」引）

荀彧

太祖表曰：「臣聞慮為功首，謀為賞本，野績不越廟堂，戰多不踰國勳。是故曲阜之錫，不後營丘，蕭何之土，先於平陽。珍策重計，古今所尚。侍中守尚書令彧，積德累行，少長無悔，遭世紛擾，懷忠念治。臣自始舉義兵，周遊征伐，與彧戮力同心，左右王略，發言授策，無施不效。彧之功業，臣由以濟，用披浮雲，顯光日月。陛下幸許，彧左右機近，忠恪祗順，如履薄冰，研精極銳，以撫庶事。天下之定，彧之功也。宜享高爵，以彰元勳。」彧固辭無野戰之勞，不通太祖表。太祖與彧書曰：「與君共事以來，立朝廷，君之相為匡弼，君之相為舉人，君之相為建計，君之相為密謀，亦以多矣。夫功未必皆野戰也，願君勿讓。」彧乃受。（《三國志・魏書・荀彧傳》「封彧為萬歲亭侯」裴松之注引）

太祖又表曰：「昔袁紹侵入郊甸，戰於官渡。時兵少糧盡，圖欲還許，書與彧議，彧不聽臣。建宜住之便，恢進討之規，更起臣心，易其愚慮，遂摧大逆，覆取其眾。此彧覩勝敗之機，略不世出也。及紹破敗，臣糧亦盡，以為河北未易圖也，欲南討劉表。彧復止臣，陳其得失，臣用反旆，遂吞凶族，克平四州。向使臣退於官渡，紹必鼓行而前，有傾覆之形，無克捷之勢。後若南征，委棄兗、豫，利既難要，將失本據。彧之二策，以亡為存，以禍致福，謀殊功異，臣所不及也。是以先帝貴指縱之功，薄搏獲之賞；古人尚帷幄之規，下攻拔之捷。前所賞錄，未副彧巍巍之勳，乞重平議，疇其戶邑。」彧深辭讓。太祖報之曰：「君之策謀，非但所表二事。前後謙沖，欲慕魯連先生乎？此聖人達節者所不貴也。昔介子推有言『竊人之財，猶謂之盜。』況君密謀安眾，光顯於孤者以百數乎！以二事相還而復辭之，何取謙亮之多邪！」太祖欲表彧為三公，彧使荀攸深讓，至於十數，太祖乃止。（《三國志・魏書・荀彧傳》「復增彧邑千戶合二千戶」裴松之注引）

或自爲尙書令，常以書陳事，臨薨，皆焚毀之，故奇策密謀不得盡聞也。是時征役草創，制度多所興復，或嘗言於太祖曰：「昔舜分命禹、稷、契、皋陶以揆庶績，教化征伐，並時而用。及高祖之初，金革方殷，猶舉民能善教訓者，叔孫通習禮儀於戎旅之間，世祖有投戈講藝、息馬論道之事，君子無終食之閒違仁。今公外定武功，內興文學，使干戈戢睦，大道流行，國難方弭，六禮俱洽，此姬旦宰周之所以速平也。既立德立功，而又兼立言，誠仲尼述作之意；顯制度於當時，揚名於後世，豈不盛哉！若須武事畢而後制作，以稽治化，於事未敏。宜集天下大才通儒，考論六經，刊定傳記，存古今之學，除其煩重，以一聖眞，並隆禮學，漸敦教化，則王道兩濟。」或從容與太祖論治道，如此之類甚眾，太祖常嘉納之。或德行周備，非正道不用心，名重天下，莫不以爲儀表，海內英雋咸宗焉。司馬宣王常稱書傳遠事，吾自耳目所從聞見，逮百數十年間，賢才未有及荀令君者也。前後所舉者，命世大才，邦邑則荀攸、鍾繇、陳羣，海內則司馬宣王，及引致當世知名郗慮、華歆、王朗、荀悅、杜襲、辛毗、趙儼之儔，終爲卿相，以十數人。取士不以一揆，戲志才、郭嘉等有負俗之譏，杜畿簡傲少文，皆以智策舉之，終各顯名。荀攸後爲魏尙書令，亦推賢進士。太祖曰：「二荀令之論人，久而益信，吾沒世不忘。」鍾繇以爲顏子既沒，能備九德，不貳其過，唯荀彧然。或問繇曰：「君雅重荀君，比之顏子，自以不及，可得聞乎？」曰：「夫明君師臣，其次友之。以太祖之聰明，每有大事，常先諮之荀君，是則古師友之義也。吾等受命而行，猶或不盡，相去顧不遠邪！」（《三國志・魏書・荀彧傳》「明年，太祖遂爲魏公矣」裴松之注引）

荀粲

《荀粲別傳》

粲字奉倩，潁州潁陰人，太尉彧少子也。粲諸兄儒術論議各知名。粲能言玄遠，常以子貢稱「夫子之言性與天道，不可得而聞也」；然則六籍雖存，固聖人之糠秕。能言者不能屈。（《世說新語》文學9劉孝標注引）

粲太和初到京邑，與傅嘏談，善名理；而粲尙玄遠，宗致雖同，倉卒時或格而不相得意。裴徽通彼我之懷，爲二家釋。頃之，粲與嘏善。（《世說新語》文學9劉孝標注引）

粲常以婦人才智不足論，自宜以色爲主。驃騎將軍曹洪女有色，粲於是

聘焉。容服帷帳甚麗，專房燕婉。歷年後，婦病亡。未殯，傅嘏往唁粲，粲不哭而神傷。嘏問曰：「婦人才色並茂爲難。子之聘也，遺才存色，非難遇也。何哀之甚？」粲曰：「佳人難再得。顧逝者不能有傾城之異，然未可謂之易遇也。」痛悼不能已已，歲餘亦亡。時年二十九。粲簡貴，不與常人交接，所交者一時俊傑。至葬夕，赴期者裁十餘人，悉同年相知名士也，哭之，感慟路人。粲雖褊隘，以燕婉自喪，然有識猶追惜其能言。（《世說新語》惑溺 2 劉孝標注引）

何邵《荀粲傳》

粲字奉倩。粲諸兄並以儒術論議，而粲獨好言道，常以爲子貢稱夫子之言性與天道，不可得聞，然則六籍雖存，固聖人之糠秕。粲兄俁難曰：「《易》亦云聖人立象以盡意，繫辭焉以盡言，則微言胡爲不可得而聞見哉？」粲答曰：「蓋理之微者，非物象之所舉也。今稱立象以盡意，此非通於意外者也，繫辭焉以盡言，此非言乎繫表者也；斯則象外之意，繫表之言，固蘊而不出矣。」及當時能言者不能屈也。又論父或不如從兄俣。或立德高整，軌儀以訓物，而俣不治外形，愼密自居而已。粲以此言善俣，諸兄怒而不能迴也。太和初，到京邑與傅嘏談。嘏善名理而粲尙玄遠，宗致雖同，倉卒時或有格而不相得意。裴徽通彼我之懷，爲二家騎驛，頃之，粲與嘏善。夏侯玄亦親。常謂嘏、玄曰：「子等在世塗間，功名必勝我，但識劣我耳！」嘏難曰：「能盛功名者，識也。天下孰有本不足而末有餘者邪？」粲曰：「功名者，志局之所獎也。然則志局自一物耳，固非識之所獨濟也。我以能使子等爲貴，然未必齊子等所爲也。」粲常以婦人者，才智不足論，自宜以色爲主。驃騎將軍曹洪女有美色，粲於是聘焉，容服帷帳甚麗，專房歡宴。歷年後，婦病亡，未殯，傅嘏往唁粲；粲不哭而神傷。嘏問曰：「婦人才色並茂爲難。子之娶也，遺才而好色。此自易遇，今何哀之甚？」粲曰：「佳人難再得！顧逝者不能有傾國之色，然未可謂之易遇。」痛悼不能已，歲餘亦亡，時年二十九。粲簡貴，不能與常人交接，所交皆一時俊傑。至葬夕，赴者裁十餘人，皆同時知名士也，哭之，感慟路人。（《三國志・魏書・荀彧傳》「詵弟顗咸熙中爲司空」裴松之注引）

禰衡

《禰衡別傳》

衡字正平。(《太平御覽》卷四百三十二「人事部七十三　強記」引)

衡初遊許下,乃懷一刺。既到而無所用之,至於刺字漫滅。(《太平御覽》卷六百六「文部二十二　刺」引)

衡為鼓吏,裸身辱曹操。孔融復見操,說衡狂疾,令求得自謝。(《太平御覽》卷七百三十九「疾病部二　狂」引)

衡著官布單衣,以杖捶地,數罵曹操,及毀其先祖,無所不至。操及勒外取上廄駿馬三疋,并騎二人。須臾,外給馬辦。曹公謂孔文舉曰:「禰衡小人,無狀乃爾,孤今殺之,無異鼠雀耳。顧此子有異才,遠近聞之,將謂孤不能容物。劉景升天性愐急,不能容受此子,必當殺之。」乃以衡置馬上,兩騎挾送至南陽也。〔註87〕(《太平御覽》卷三百「兵部三十一　騎」引)

南陽寇松栢託劉景昇,景昇嘗待遇。景昇當蹔小出屬守長胡政,令給視之。松栢父子宿與政不佳,景昇不在,松柏子在後羅入盜迹。胡政無狀,便爾殺之。景昇還,慼悼無已,即治殺胡政,為作三牲醊焉。正平為作板書弔之。時當行,在馬上,即駐馬授筆,倚柱而作之。(《太平御覽》卷五百九十六「文部十二　弔文」引)

劉表常作上事極,以為快。衡見之,便滅敗投地曰:「作此筆者,為食飯不?」(《太平御覽》卷八百五十「飲食部八　飯」引)

黃祖之子射作章陵太守,與衡有所之,見蔡伯喈所作石碑。正平一過視,而歎其好。後日各歸章陵,自恨不令吏寫之。正平曰:「吾雖一過,皆識。然其中央第四行中石書磨滅,兩字不分明,當是某字,恐不諦耳。」因援筆書之,初無所遺,唯兩字不著耳。章陵雖知其才明敏,猶嫌有所脫失,故遣往寫之,還以校正,平所書尺寸皆得,初無脫誤,所疑兩字,如正平所遺字也。於是章陵敬服。(《太平御覽》卷五百八十九「文部五　碑」引)

黃祖大會,賓客人有獻鸚鵡者。射舉巵酒於衡曰:「願先生賦之,以娛嘉

〔註87〕此段文字《太平御覽》卷四百六十六「人事部　罵詈」引作「禰衡著寬布單衣練巾,坐曹操大營門下,以杖捶地,數罵責操及先祖,無所不至。營令史入啓,言外有狂生禰衡,言語悖逆,請案科治。操聞之,默然良久,乃勒外具上廄馬三匹,并騎二人,挾將送置荊州黃祖,遂令殺之。」

賓。」衡攬筆而作，文不加點，辭采甚麗。(《藝文類聚》卷五十六「雜文部二　賦」引)

十月朝，黃祖在艨衝舟，賓客皆會，作黍臛。既至，先設衡前，衡得便飽食，初不顧左右。既畢，復搏弄以戲。〔註88〕時江夏有張伯雲亦在座，調之曰：「禮教云何而食此？」正平不答，弄黍如故。祖曰：「處士不當答之也。」衡謂祖曰：「君子寧聞車前馬糞？」祖呵之，衡迴視祖，罵曰：「死鍛錫公！」祖大怒，令五伯將出，欲杖之，而罵不止，遂令絞殺。黃射來救，無所復及，愴悽流涕曰：「此有異才，曹操及劉荊州不殺，大人奈何殺之？」祖曰：「人罵汝父作鍛錫公，奈何不殺！」(《太平御覽》卷八百三十三「資產部十三　鍛」引)

《平原禰衡傳》

衡字正平，建安初，自荊州北遊許都，恃才傲逸，臧否過差，見不如己者不與語，人皆以是憎之。惟少府孔融高貴其才，上書薦之曰：「淑質貞亮，英才卓犖。初涉藝文，升堂覩奧；目所一見，輒誦於口，耳所暫聞，不忘於心。性與道合，思若有神。弘羊心計，安世默識，以衡準之，誠不足怪。」衡時年二十四。是時許都雖新建，尙饒人士。衡嘗書一刺懷之，字漫滅而無所適。或問之曰：「何不從陳長文、司馬伯達乎？」衡曰：「卿欲使我從屠沽兒輩也！」又問曰：「當今許中，誰最可者？」衡曰：「大兒有孔文舉，小兒有楊德祖。」又問：「曹公、荀令君、趙盪寇皆足蓋世乎？」衡稱曹公不甚多；又見荀有儀容，趙有腹尺，因答曰：「文若可借面弔喪，稚長可使監厨請客。」其意以爲荀但有貌，趙健啖肉也。於是眾人皆切齒。衡知眾不悅，將南還荊州。裝束臨發，眾人爲祖道，先設供帳於城南，自共相誡曰：「衡數不遜，今因其後到，以不起報之。」及衡至，眾人皆坐不起，衡乃號咷大哭。眾人問其故，衡曰：「行屍柩之間，能不悲乎？」衡南見劉表，表甚禮之。將軍黃祖屯夏口，祖子射與衡善，隨到夏口。祖嘉其才，每在坐，席有異賓，介使與衡談。後衡驕蹇，答祖言俳優饒言，祖以爲罵己也，大怒，顧伍伯捉頭出。左右遂扶以去，拉而殺之。(《三國志‧魏書‧荀彧傳》「韋康爲涼州，後拜亡」裴松之注引)

〔註88〕此段文字《太平御覽》卷二十六「時序部十一　冬上」引作「十月朝，黃祖於艨衝舟上會，設黍臛。衡年少在坐，黍臛至，先自飽食畢，搏弄戲擲，其輕慢如此。」

賈逵

逵廟一柏樹，有人竊來斫伐，投斧數下，斧刃乃折於樹中。（《太平御覽》卷七百六十三「器物部八　斧」引）

程曉

曉大著文章多亡失，今之存者不能十分之一。（《三國志・魏書・程曉傳》「年四十餘薨」裴松之注引）

邴原

原字根矩，（《太平御覽》卷二百八十七「兵部十八　機畧六」引）北海朱虛人。〔註 89〕（《世說新語》賞譽 4 劉孝標注引）

原十一而喪父，家貧，早孤。鄰有書舍，原過其旁而泣。師問曰：「童子何悲？」原曰：「孤者易傷，貧者易感。夫書者，必皆具有父兄者，一則羨其不孤，二則羨其得學，心中惻然而爲涕零也。」師亦哀原之言而爲之泣曰：「欲書可耳！」答曰：「無錢資。」師曰：「童子苟有志，我徒相教，不求資也。」於是遂就書。一冬之間，誦《孝經》、《論語》。自在童亂之中，嶷然有異。及長，金玉其行。欲遠游學，詣安丘孫崧。崧辭曰：「君鄉里鄭君，君知之乎？」原答曰：「然。」崧曰：「鄭君學覽古今，博聞彊識，鉤深致遠，誠學者之師模也。君乃捨之，躡屣千里，所謂以鄭爲東家丘者也。君似不知而曰然者，何？」原曰：「先生之說，誠可謂苦藥良鍼矣；然猶未達僕之微趣也。人各有志，所規不同，故乃有登山而採玉者，有入海而採珠者，豈可謂登山者不知海之深，入海者不知山之高哉！君謂僕以鄭爲東家丘，君以僕爲西家愚夫邪？」崧辭謝焉。又曰：「兗、豫之士，吾多所識，未有若君者；當以書相分。」原重其意，難辭之，持書而別。原心以爲求師啓學，志高者通，非若交遊待分而成也。書何爲哉？乃藏書於家而行。原舊能飲酒，自行之後，八九年間，酒不向口。單步負笈，苦身持力，至陳留則師韓子助，潁川則宗陳仲弓，汝南則交范孟博，涿郡則親盧子幹。臨別，師友以原不飲酒，會米肉送原。原曰：「本能飲酒，但以荒思廢業，故斷之耳。今當遠別，因見貺餞，可一飲讌。」於是共坐飲酒，終日不醉。歸以書還孫崧，解不致書之意。後爲郡所召，署功曹主簿。時魯國孔融在郡，教選計當任公卿之才，乃

〔註 89〕「北海朱虛人」，原作「東莞朱虛人」，據《三國志・魏書・邴原傳》改。

以鄭玄爲計掾，彭璆爲計吏，原爲計佐。融有所愛一人，常盛嗟嘆之。後恚望，欲殺之，朝吏皆請。時其人亦在坐，叩頭流血，而融意不解。原獨不爲請。融謂原曰：「眾皆請而君何獨不？」原對曰：「明府於某，本不薄也，常言歲終當舉之，此所謂『吾一子』也。如是，朝吏愛恩未有在某前者矣，而今乃欲殺之。明府愛之，則引而方之於子，憎之，則推之欲危其身。原愚，不知明府以何愛之？以何惡之？」融曰：「某生於微門，吾成就其兄弟，拔擢而用之；某今孤負恩施。夫善則進之，惡則誅之，固君道也。往者應仲遠爲泰山太守，舉一孝廉，旬月之間而殺之。夫君人者，厚薄何常之有！」原對曰：「仲遠舉孝廉，殺之，其義焉在？夫孝廉，國之俊選也。舉之若是，則殺之非也；若殺之是，則舉之非也。《詩》云：『彼己之子，不遂其媾。』蓋譏之也。語云：『愛之欲其生，惡之欲其死。既欲其生，又欲其死，是惑也。』仲遠之惑甚矣。明府奚取焉？」融乃大笑曰：「吾直戲耳！」原又曰：「君子於其言，出乎身，加乎民；言行，君子之樞機也。安有欲殺人而可以爲戲者哉？」融無以答。是時漢朝陵遲，政以賄成，原乃將家人入鬱洲山中。郡舉有道，融書喻原曰：「脩性保貞，清虛守高，危邦不入，久潛樂土。王室多難，西遷鎬京。聖朝勞謙，疇咨儁乂。我徂求定，策命懇惻。國之將隕，嫠不恤緯，家之將亡，緹縈跋涉，彼匹婦也，猶執此義。實望根矩，仁爲己任，授手援溺，振民於難。乃或晏晏居息，莫我肯顧，謂之君子，固如此乎！根矩，根矩，可以來矣！」原遂到遼東。〔註90〕（《三國志・魏書・邴原傳》「太祖征吳，原從行卒」裴松之注引）時同郡劉攀亦俱在焉。遼東人圖奪太守公孫度，度覺之，捕其家，而攀得免。度曰：「有藏劉攀，同誅。」攀窘逼歸原，曰：「窮鳥入懷。」原曰：「焉知此懷之可入？」遂匿之月餘。東萊太守太史子義素有義節，原欲以攀付之。攀臨去，以其手所杖劒金三餅與原，原受金辭劒，還謂度曰：「將軍平日與攀無郤，而欲殺之者，但恐其爲蜂蠆耳。今攀已去，而尚拘閑其家，以情推之，其念爲毒螫，必滋甚矣。」度從之，即出攀家，原以金還之。（《藝文類聚》卷八十三「寶玉部上　金」引）

　　遼東多虎，原之邑落獨無虎患。原嘗行而得遺錢，拾以繫樹枝，此錢既不見取，而繫錢者愈多。問其故，答者謂之神樹。原惡其由己而成淫祀，乃辨之，於是里中遂歛其錢以爲社供。後原欲歸鄉里，止於三山。孔融書曰：「隨

〔註90〕「原遂到遼東」，《藝文類聚》卷八十三「寶玉部上　金」引作「原以喪亂方熾，遂到遼東」。

會在秦，賈季在翟，諮仰靡所，歎息增懷。頃知來至，近在三山。《詩》不云乎，『來歸自鎬，我行永久』。今遣五官掾，奉問榜人舟楫之勞，禍福動靜告慰。亂階未已，阻兵之雄，若棊奕爭梟。」原於是遂復反還。積十餘年，後乃遁還。南行已數日，而度甫覺。度知原之不可復追也，因曰：「邴君所謂雲中白鶴，非鶉鷃之網所能羅矣。又吾自遣之，勿復求也。」遂免危難。自反國土，原於是講述禮樂，吟咏詩書，門徒數百，服道數十。時鄭玄博學洽聞，註解典籍，故儒雅之士集焉。原亦以高遠清白，頤志澹泊，口無擇言，身無擇行，故英偉之士向焉。是時海內清議，云青州有邴、鄭之學。魏太祖爲司空，辟原署東閣祭酒。太祖北伐三郡單于，還住昌國，燕士大夫。酒酣，太祖曰：「孤反，鄴守諸君必將來迎，今日明旦，度皆至矣。其不來者，獨有邴祭酒耳！」言訖未久，而原先至。門下通謁，太祖大驚喜，摯履而起，遠出迎原曰：「賢者誠難測度！孤謂君將不能來，而遠自屈，誠副饑虛之心。」謁訖而出，軍中士大夫詣原者數百人。太祖怪而問之，時荀文若在坐，對曰：「獨可省問邴原耳！」太祖曰：「此君名重，乃亦傾士大夫心？」文若曰：「此一世異人，士之精藻，公宜盡禮以待之。」太祖曰：「固孤之宿心也。」自是之後，見敬益重。原雖在軍歷署，常以病疾，高枕里巷，終不當事。又希會見。河內張範，名公之子也，其志行有與原符，甚相親敬。令曰：「邴原名高德大，清規邈世，魁然而峙，不爲孤用。聞張子頗欲學之，吾恐造之者富，隨之者貧也。」魏太子爲五官中郎將，天下向慕，賓客如雲，而原獨守道持常，自非公事不妄舉動。太祖微使人從容問之，原曰：「吾聞國危不事冢宰，君老不奉世子，此典制也。」於是乃轉五官長史，令曰：「子弱不才，懼其難正，貪欲相屈，以匡勵之。雖云利賢，能不惡惡！」太子燕會，眾賓百數十人，太子建議曰：「君父各有篤疾，有藥一丸，可救一人，當救君邪，父邪？」眾人紛紜，或父或君。時原在坐，不與此論。太子諮之於原，原悖然對曰：「父也。」太子亦不復難之。（《三國志・魏書・邴原傳》「太祖征吳，原從行卒」裴松之注引）

司馬徽

　　徽字德操，潁川陽翟人。有人倫鑒識。居荊州，知劉表性暗，必害善人，乃括囊不談議。時人有以人物問徽者，初不辨其高下，每輒言「佳」。其婦諫曰：「人質所疑，君宜辨論，而一皆言『佳』，豈人所以咨君之意乎！」徽曰：

「如君所言，亦復佳。」其婉約遜遁如此。嘗有妄認徽豬者，便推與之；後得其豬，叩頭來還，徽又厚辭謝之。劉表子琮往候徽，遣問在不。會徽自鋤園。琮左右問：「司馬君在耶？」徽曰：「我是也。」琮左右見其醜陋，罵曰：「死傭！將軍諸郎欲求見司馬君，汝何等田奴，而自稱是邪！」徽歸，刈頭著幘出見。琮左右見徽，故是向老翁，恐，向琮道之。琮起，叩頭辭謝。徽乃謂曰：「卿眞不可。然吾甚羞之，此自鋤園，唯卿知之耳。」有人臨蠶求簇箔者，徽自棄其蠶而與之。〔註91〕或曰：「凡人損己以贍人者，謂彼急我緩也；今彼此正等，何爲與人？」徽曰：「人未嘗求己，求之不與，將慚。何有以財物令人慚者？」人謂劉表曰：「司馬德操，奇士也，但未遇耳。」表後見之，曰：「世間人爲妄語，此直小書生耳！」其智而能愚皆此類。荊州破，爲曹操所得，操欲大用，會其病死。（《世說新語》言語9劉孝標注引）

邊讓

讓字元禮，才辯俊逸，孔融薦於魏武曰：「邊讓爲九州之被則不足，爲單衣襜褕則有餘。」（《太平御覽》卷七百七「服用部九　被」引）

潘勗

勗寬賢容眾，與天下人等休戚、同有無，不以家財爲己有。（《太平御覽》卷四百三「人事部四十四　道德」引）

孫資

資字彥龍，幼而岐嶷，三歲喪二親，長於兄嫂。講業太學，博覽傳記，同郡王允一見而奇之。太祖爲司空，又辟資。會兄爲鄉人所害，資手刃報讎，乃將家屬避地河東，故遂不應命。尋復爲本郡所命，以疾辭。友人河東賈逵謂資曰：「足下抱逸羣之才，值舊邦傾覆，主將殷勤，千里延頸，宜崇古賢桑梓之義。而久盤桓，拒違君命，斯猶曜和璧於秦王之庭，而塞以連城之價耳，竊爲足下不取也！」資感其言，遂往應之。到署功曹，舉計吏。〔註92〕（《三國志・魏書・孫資傳》「先是，資亦歷縣令，參丞相軍事」裴松之注引）

〔註91〕「有人臨蠶求簇箔者，徽自棄其蠶而與之」，《太平御覽》卷八百二十五「資產部五　蠶」引作「人有臨蠶求徽簇者，徽便以與之，自棄其蠶。」
〔註92〕「舉計吏」，《三國志・魏書・賈逵傳》「郡從逵言，故得無敗」裴松之注引作「資舉河東計吏」。

到許，薦於相府曰：「遠在絳邑，帥屬吏民，與賊郭援交戰，力盡而敗，爲賊所俘，挺然直志，顏辭不屈；忠言聞於大眾，烈節顯於當時，雖古之直髮據鼎，罔以加也。其才兼文武，誠時之利用。」（《三國志・魏書・賈逵傳》「郡從逵言，故得無敗」裴松之注引）尚書令荀彧見資，歎曰：「北州承喪亂已久，謂其賢智零落，今日乃復見孫計君乎！」表留以爲尚書郎。辭以家難，得還河東。（《三國志・魏書・孫資傳》「先是，資亦歷縣令，參丞相軍事」裴松之注引）

諸葛亮出在南鄭，時議者以爲可因大發兵，就討之，帝意亦然，以問資。資曰：「昔武皇帝征南鄭，取張魯，陽平之役，危而後濟。又自往拔出夏侯淵軍，數言『南鄭直爲天獄中，斜谷道爲五百里石穴耳』，言其深險，喜出淵軍之辭也。又武皇帝聖於用兵，察蜀賊栖於山巖，視吳虜竄於江湖，皆撓而避之，不責將士之力，不爭一朝之忿，誠所謂見勝而戰，知難而退也。今若進軍就南鄭討亮，道既險阻，計用精兵又轉運鎮守南方四州遏禦水賊，凡用十五六萬人，必當復更有所發興。天下騷動，費力廣大，此誠陛下所宜深慮。夫守戰之力，力役參倍，但以今日見兵，分命大將據諸要險，威足以震懾彊寇，鎮靜疆場，將士虎睡，百姓無事。數年之間，中國日盛，吳蜀二虜必自罷弊。」帝由是止。時吳人彭綺又舉義江南，議者以爲因此伐之，必有所克。帝問資，資曰：「鄱陽宗人前後數有舉義者，眾弱謀淺，旋輒乖散。昔文皇帝嘗密論賊形勢，言洞浦殺萬人，得船千萬，數日間船人復會；江陵被圍歷月，權裁以千數百兵住東門，而其土地無崩解者，是有法禁，上下相奉持之明驗也。以此推綺，懼未能爲權腹心大疾也。」綺果尋敗亡。（《三國志・魏書・孫資傳》「同加散騎常侍進放爵西鄉侯資樂陽亭侯」裴松之注引）

是時，孫權、諸葛亮號稱劇賊，無歲不有軍征。而帝總攝羣下，內圖禦寇之計，外規廟勝之畫，資皆管之。然自以受腹心，常讓事於帝曰：「動大眾，舉大事，宜與羣下共之；既以示明，且於探求爲廣。」既朝臣會議，資奏當其是非，擇其善者推成之，終不顯己之德也。若眾人有譴過及愛憎之說，輒復爲請解，以塞譖潤之端。如征東將軍滿寵、涼州刺史徐邈，並有譖毀之者，資皆盛陳其素行，使卒無纖介。寵、邈得保其功名者，資之力也。初，資在邦邑，名出同類之右。鄉人司空掾田豫、梁相宗艷皆妒害之，而楊豐黨附豫等，專爲資構造謗端，怨隙甚重。資既不以爲言，而終無恨意。豫等慚服，求釋宿憾，結爲婚姻。資謂之曰：「吾無憾心，不知所釋。此爲卿自薄之，卿

自厚之耳！」乃爲長子宏取其女。及當顯位，而田豫老疾在家，資遇之甚厚，又致其子於本郡，以爲孝廉。而楊豐子後爲尙方吏，帝以職事譴怒，欲致之法，資請活之。其不念舊惡如此。（《三國志・魏書・孫資傳》「是歲俱加侍中光祿大夫」裴松之注引）

帝詔資曰：「吾年稍長，又歷觀書傳中，皆歎息無所不念。圖萬年後計，莫過使親人廣據職勢，兵任又重。今射聲校尉缺，久欲得親人，誰可用者？」資曰：「陛下思深慮遠，誠非愚臣所及。書傳所載，皆聖聽所究，向使漢高不知平、勃，能安劉氏，孝武不識金、霍付屬以事，殆不可言！文皇帝始召曹眞還時，親詔臣以重慮，及至晏駕，陛下即阼，猶有曹休外內之望，賴遭日月，御勒不傾，使各守分職，纖介不間。以此推之，親臣貴戚，雖當據勢握兵，宜使輕重素定。若諸侯典兵，力均衡平，寵齊愛等，則不相爲服；不相爲服，則意有異同。今五營所領見兵，常不過數百，選授校尉，如其輩類，爲有疇匹。至於重大之任，能有所維綱者，宜以聖恩簡擇，如平、勃、金、霍、劉章等一二人，漸殊其威重，使相鎭固，於事爲善。」帝曰：「然。如卿言，當爲吾遠慮所圖。今日可參平、勃，侔金、霍，雙劉章者，其誰哉？」資曰：「臣聞知人則哲，惟帝難之。唐虞之聖，凡所進用，明試以功。陳平初事漢祖，絳、灌等謗平有受金盜嫂之罪。周勃以吹簫引彊，始事高祖，亦未知名也；高祖察其行跡，然後知可付以大事。霍光給事中二十餘年，小心謹愼，乃見親信。日磾夷狄，以至孝質直，特見擢用，左右尙曰『妄得一胡兒而重貴之』。平、勃雖安漢嗣，其終，勃被反名，平劣自免於呂須之讒。上官桀、桑弘羊與霍光爭權，幾成禍亂。此誠知人之不易，爲臣之難也。又所簡擇，當得陛下所親，當得陛下所信，誠非愚臣之所能識別。」（《三國志・魏書・孫資傳》「登牀受詔，然後帝崩」裴松之注引）

大將軍爽專事，多變易舊章。資歎曰：「吾累世蒙寵，加以豫聞屬託，今縱不能匡弼時事，可以坐受素餐之祿邪？」遂固稱疾。九年二月，乃賜詔曰：「君掌機密三十餘年，經營庶事，勳著前朝，暨朕統位，動賴良謀。是以曩者增崇寵章，同之三事，外帥羣官，內望讜言。屬以年耆疾篤，上還印綬，前後鄭重，辭旨懇切。天地以大順成德，君子以善恕成仁，重以職事，違奪君志；今聽所執，賜錢百萬，使兼光祿勳少府親策詔君養疾於第。君其勉進醫藥，頤神和氣，以永無疆之祚。置舍人官騎，加以日秩肴酒之膳焉。」（《三國志・魏書・孫資傳》「以列侯朝朔望位特進」裴松之注引）

桓階

上已平荊州，引爲主簿，內經百度之規，外諮千里之策，〔註93〕每有深謀疑事，嘗與君籌之。或日暮忘食，或夜坐徹旦。擢爲趙郡太守，會郡寮送之，上曰：「北邊未清，以卿威能震敵，德懷遠人，故用相煩，是亦寇恂河內之舉。」階爲趙郡太守，朞月之間，增戶萬餘。路有遺粟一囊，耕者見之，〔註94〕舉以繫樹。數日，其主還取。〔註95〕階在郡時，俸盡，食醬酢，上聞之，數戲之曰：「卿家醬頗得成不耶？」詔曰：「昔子文清儉，朝不謀夕，而有脯糧之秩；宣子守約，簞食魚殽，而有加粱之賜。況煌煌大魏，〔註96〕富有四海，棟宇大臣而有蔬食，非吾所以禮賢之意也。其賜射鹿師二人，并給媒弩。」〔註97〕（《太平御覽》卷二百六十二「職官部六十　良太守下」引）

階爲尚書令，〔註98〕貧儉。文帝嘗幸其第，見諸子無褌，文帝拊手笑曰：「長者子無褌。」乃抱與同乘。是日，拜三子爲黃門郎。〔註99〕使黃門齎衣三十囊賜，曰：「卿兒能趨，可以褌矣。」（《太平御覽》卷四百八十五「人事部一百二十六　貧下」引）

管輅

輅年八九歲，便喜仰視星辰，得人輒問其名，夜不肯寐。父母常禁之，猶不可止。自言「我年雖小，然眼中喜視天文。」常云：「家雞野鵠，猶尚知

〔註93〕 「內經百度之規，外諮千里之策」，原文無，據《北堂書鈔》卷六十九「設官部二十一　主簿一百四十」所引補。

〔註94〕 「路有遺粟一囊」，「粟」，原文無，據《太平御覽》卷八百四十「百穀部四　粟」所引補。「耕者見之」，《太平御覽》卷八百四十「百穀部四　粟」引作「耕者得之」。

〔註95〕 「階爲趙郡太守，朞月之間，增戶萬餘。路有遺粟一囊，耕者見之，舉以繫樹。數日，其主還取」，原文無，據《太平御覽》卷八百二十二「產資部二　耕」所引補。

〔註96〕 「煌煌」，原文作「光光」，據《太平御覽》卷四百三十一「人事部七十二　儉約」所引改。

〔註97〕 「媒弩」，原文作「媒」，據《太平御覽》卷四百三十一「人事部七十二　儉約」所引補。

〔註98〕 「爲尚書令」，原文無，據《太平御覽》卷二百二十一「職官部十九　黃門侍郎」所引補。

〔註99〕 「三」，原文作「二」，據《太平御覽》卷二百二十一「職官部十九　黃門侍郎」所引改。「黃門」，原文無，據《太平御覽》卷二百二十一「職官部十九　黃門侍郎」所引補。

時，況於人乎？」與鄰比兒共戲土壤中，輒畫地作天文及日月星辰。每答言說事，語皆不常，宿學耆人不能折之，皆知其當有大異之才。及成人，果明《周易》，仰觀、風角、占、相之道，無不精微。體性寬大，多所含受；憎己不讎，愛己不褒，每欲以德報怨。常謂：「忠孝信義，人之根本，不可不厚；廉介細直，士之浮飾，不足爲務也。」自言：「知我者稀，則我貴矣，安能斷江、漢之流，爲激石之清？樂與季主論道，不欲與漁父同舟，此吾志也。」其事父母孝，篤兄弟，順愛士友，皆仁和發中，終無所闕。臧否之士，晚亦服焉。父爲琅邪即丘長，時年十五，來至官舍讀書。始讀《詩》、《論語》及《易》本，便開淵布筆，辭義斐然。於時黌上有遠方及國內諸生四百餘人，皆服其才也。琅邪太守單子春雅有材度，聞輅一黌之儁，欲得見，輅父即遣輅造之。大會賓客百餘人，坐上有能言之士，輅問子春：「府君名士，加有雄貴之姿，輅既年少，膽未堅剛，若欲相觀，懼失精神，請先飲三升清酒，然後言之。」子春大喜，便酌三升清酒，獨使飲之。酒盡之後，問子春：「今欲與輅爲對者，若府君四坐之士邪？」子春曰：「吾欲自與卿旗鼓相當。」輅言：「始讀《詩》、《論》、《易》本，學問微淺，未能上引聖人之道，陳秦、漢之事，但欲論金木水火土鬼神之情耳。」子春言：「此最難者，而卿以爲易邪？」於是唱大論之端，遂經於陰陽，文采葩流，枝葉橫生，少引聖籍，多發天然。子春及眾士互共攻劫，論難鋒起，而輅人人答對，言皆有餘。至日向暮，酒食不行。子春語眾人曰：「此年少，盛有才器，聽其言論，正似司馬犬子游獵之賦，何其磊落雄壯，英神以茂，必能明天文地理變化之數，不徒有言也。」於是發聲徐州，號之神童。（《三國志・魏書・管輅傳》「管輅字公明，平原人也。容貌粗醜，無威儀而嗜酒，飲食言戲，不擇非類，故人多愛之而不敬也。」裴松之注引）

利漕民郭恩，字義博，有才學，善《周易》、《春秋》，又能仰觀。輅就義博讀《易》，數十日中，意便開發，言難踰師。於此分蓍下卦，用思精妙，占黌上諸生疾病死亡貧富喪衰，初無差錯，莫不驚怪，謂之神人也。又從義博學仰觀，三十日中通夜不臥，語義博：「君但相語墟落處所耳，至於推運會，論災異，自當出吾天分。」學未一年，義博反從輅問《易》及天文事要。義博每聽輅語，未嘗不推几慷慨，自言「登聞君至論之時，忘我篤疾，明闇之不相逮，何其遠也！」義博設主人，獨請輅，具告辛苦，自說：「兄弟三人俱得蹩疾，不知何故？試相爲作卦，知其所由。若有咎殃者，天道赦人，當爲

吾祈福於神明，勿有所愛。兄弟俱行，此爲更生。」輅便作卦，思之未詳。會日夕，因留宿，至中夜，語義博曰：「吾以此得之。」既言其事，義博悲涕沾衣，曰：「皇漢之末，實有斯事。君不名主，諱也。我不得言，禮也。兄弟覺來三十餘載，腳如棘子，不可復治，但願不及子孫耳。」輅言火形不絕，水形無餘，不及後也。（《三國志·魏書·管輅傳》「父爲利漕，利漕民郭恩兄弟三人，皆得躄疾，使輅筮其所由。輅曰：『卦中有君本墓，墓中有女鬼，非君伯母，當叔母也。昔饑荒之世，當有利其數升米者，排著井中，噴噴有聲，推一大石，下破其頭，孤魂冤痛，自訴於天。』於是恩涕泣服罪。」裴松之注引）

　　鮑子春爲列人令，有明思才理，與輅相見，曰：「聞君爲劉奉林卜婦死亡日，何其詳妙！試爲論其意義。」輅論爻象之旨，說變化之義，若規圓矩方，無不合也。子春自言：「吾少好譚《易》，又喜分蓍，可謂盲者欲視白黑，聾者欲聽清濁，苦而無功也。聽君語後，自視體中，眞爲憒憒者也。」（《三國志·魏書·管輅傳》「廣平劉奉林婦病困，已買棺器。時正月也，使輅占，曰：『命在八月辛卯日日中之時。』林謂必不然，而婦漸差，至秋發動，一如輅言。」裴松之注引）

　　基與輅共論《易》，數日中，大以爲喜樂，語輅言：「俱相聞善卜，定共清論。君一時異才，當上竹帛也。」輅爲基出卦，知其無咎，因謂基曰：「昔高宗之鼎，非雉所雊，殷之階庭，非木所生，而野鳥一雊，武丁爲高宗，桑穀暫生，太戊以興焉。焉知三事不爲吉祥，願府君安身養德，從容光大，勿以知神奸汙累天眞。」（《三國志·魏書·管輅傳》「輅往見安平太守王基，基令作卦，輅曰：『當有賤婦人，生一男兒，墮地便走入竈中死。又牀上當有一大蛇銜筆，小大共視，須臾去之也。又烏來入室中，與燕共鬪，燕死，烏去。有此三怪。』基大驚，問其吉凶。輅曰：『直客舍久遠，魑魅魍魎爲怪耳。兒生便走，非能自走，直宋無忌之妖將其入竈也。大蛇銜筆，直老書佐耳。烏與燕鬪，直老鈴下耳。今卦中見象而不見其凶，知非妖咎之徵，自無所憂也。』後卒無患。」裴松之注引）

　　王基即遣信都令遷掘其室中，入地八尺，果得二棺，一棺中有矛，一棺中有角弓及箭，箭久遠，木皆消爛，但有鐵及角完耳。及徙骸骨，去城一十里埋之，無復疾病。基曰：「吾少好讀《易》，玩之以久，不謂神明之數，其妙如此。」便從輅學《易》，推論天文。輅每開變化之象，演吉凶之兆，未嘗

不纖微委曲，盡其精神。基曰：「始聞君言，如何可得，終以皆亂，此自天授，非人力也。」於是藏《周易》，絕思慮，不復學卜筮之事。輅鄉里乃太原問輅：「君往者爲王府君論怪，云老書佐爲虵，老鈴下爲烏，此本皆人，何化之微賤乎？爲見於爻象，出君意乎？」輅言：「苟非性與天道，何由背爻象而任胸心者乎？夫萬物之化，無有常形，人之變異，無有常體，或大爲小，或小爲大，固無優劣。夫萬物之化，一例之道也。是以夏鯀，天子之父，趙王如意，漢祖之子，而鯀爲黃熊，如意爲蒼狗，斯亦至尊之位而爲黔喙之類也。況虵者協辰巳之位，烏者棲太陽之精，此乃騰黑之明象，白日之流景，如書佐、鈴下，各以微軀化爲虵、烏，不亦過乎！」（《三國志・魏書・管輅傳》「時信都令家婦女驚恐，更互疾病，使輅筮之。輅曰：『君北堂西頭，有兩死男子，一男持矛，一男持弓箭，頭在壁內，腳在壁外。持矛者主刺頭，故頭重痛不得舉也。持弓箭者主射胸腹，故心中縣痛不得飲食也。晝則浮游，夜來病人，故使驚恐也。』於是掘徙骸骨，家中皆愈。」裴松之注引）

經欲使輅卜，而有疑難之言。輅笑而答之曰：「君侯州里達人，何言之鄙！昔司馬季主有言，夫卜者必法天地，象四時，順仁義。伏羲作八卦，周文王三百八十四爻，而天下治。病者或以愈，且死或以生，患或以免，事或以成，嫁女娶妻或以生長，豈直數千錢哉？以此推之，急務也。苟道之明，聖賢不讓，況吾小人，敢以爲難！」彥緯歛手謝輅：「前言戲之耳。」於是輅爲作卦，其言皆驗。經每論輅，以爲得龍雲之精，能養和通幽者，非徒合會之才也。（《三國志・魏書・管輅傳》「清河王經去官還家，輅與相見。經曰：『近有一怪，大不喜之，欲煩作卦。』卦成，輅曰：『爻吉，不爲怪也。君夜在堂戶前，有一流光如燕爵者，入君懷中，殷殷有聲，內神不安，解衣彷佯，招呼婦人，覓索餘光。』經大笑曰：『實如君言。』輅曰：『吉，遷官之徵也，其應行至。』頃之，經爲江夏太守。」裴松之注引）

義博從輅學鳥鳴之候，輅言君雖好道，天才既少，又不解音律，恐難爲師也。輅爲說八風之變，五音之數，以律呂爲眾鳥之商，六甲爲時日之端，反覆譴曲，出入無窮。義博靜然沉思，馳精數日，卒無所得。義博言：「才不出位，難以追徵於此。」遂止。（《三國志・魏書・管輅傳》「輅又至郭恩家，有飛鳩來在梁頭，鳴甚悲。輅曰：『當有老公從東方來，攜豚一頭，酒一壺。主人雖喜，當有小故。』明日果有客，如所占。恩使客節酒、戒肉、慎火，而射雞作食，箭從樹間激中數歲女子手，流血驚怖。」裴松之注引）

　　勃海劉長仁有辯才，初雖聞輅能曉鳥鳴，後每見難輅曰：「夫生民之音曰言，鳥獸之聲曰鳴，故言者則有知之貴靈，鳴者則無知之賤名，何由以鳥鳴爲語，亂神明之所異也？孔子曰『吾不與鳥獸同羣』，明其賤也。」輅答曰：「夫天雖有大象而不能言，故運星精於上，流神明於下，驗風雲以表異，役鳥獸以通靈。表異者必有浮沉之候，通靈者必有宮商之應，是以宋襄失德，六鶃並退，伯姬將焚，鳥唱其災，四國未火，融風已發，赤烏夾日，殃在荊楚。此乃上天之所使，自然之明符。考之律呂則音聲有本，求之人事則吉凶不失。昔在秦祖，以功受封，葛盧聽音，著在《春秋》，斯皆典謨之實，非聖賢之虛名也。商之將興，由一燕卵也。文王受命，丹鳥銜書，此乃聖人之靈祥，周室之休祚，何賤之有乎？夫鳴鳥之聽，精在鶉火，妙在八神，自非斯倫，猶子路之於死生也。」長仁言：「君辭雖茂，華而不實，未敢之信。」須臾有鳴鵲之驗，長仁乃服。（《三國志・魏書・管輅傳》「輅至安德令劉長仁家，有鳴鵲來在閣屋上，其聲甚急。輅曰：『鵲言東北有婦昨殺夫，牽引西家人夫離妻，候不過日在虞淵之際，告者至矣。』到時，果有東北同伍民來告，鄰婦手殺其夫，詐言西家人與夫有嫌，來殺我婿。」裴松之注引）

　　輅又曰：「夫風以時動，爻以象應，時者神之驅使，象者時之形表，一時其道，不足爲難。」王弘直亦大學問，有道術，皆不能精。問輅：「風之推變，乃可爾乎？」輅言：「此但風之毛髮，何足爲異？若夫列宿不守，眾神亂行，八風橫起，怒氣電飛，山崩石飛，樹木摧傾，揚塵萬里，仰不見天，鳥獸藏竄，兆民駭驚，於是使梓慎之徒，登高臺，望風氣，分災異，刻期日，然後知神思遐幽，靈風可懼。」（《三國志・魏書・管輅傳》「輅至列人典農王弘直許，有飄風高三尺餘，從申上來，在庭中幢幢回轉，息以復起，良久乃止。直以問輅，輅曰：『東方當有馬吏至，恐父哭子，如何！』明日膠東吏到，直子果亡。直問其故，輅曰：『其日乙卯，則長子之候也。木落於申，斗建申，申破寅，死喪之候也。日加午而風發，則馬之候也。離爲文章，則吏之候也。申未爲虎，虎爲大人，則父之候也。』有雄雉飛來，登直內鈴柱頭，直大以不安，令輅作卦，輅曰：『到五月必遷。』時三月也，至期，直果爲渤海太守。」裴松之注引）

　　諸葛原字景春，亦學士。好卜筮，數與輅共射覆，不能窮之。景春與輅有榮辱之分，因輅餞之，大有高譚之客。諸人多聞其善卜、仰觀，不知其有大異之才，於是先與輅共論聖人著作之源，又敘五帝、三王受命之符。輅解

景春微旨，遂開張戰地，示以不固，藏匿孤虛，以待來攻。景春奔北，軍師摧衂，自言吾覘卿旌旗，城池已壞也。其欲戰之士，於此鳴鼓角，舉雲梯，弓弩大起，牙旗雨集。然後登城曜威，開門受敵，上論五帝，如江如漢，下論三王，如翩如翰；其英者若春華之俱發，其攻者若秋風之落葉。聽者眩惑，不達其義，言者收聲，莫不心服，雖白起之坑趙卒，項羽之塞灉水，無以尚之。於時客皆欲面縛銜璧，求束手於軍鼓之下。輅猶總干山立，未便許之。至明日，離別之際，然後有腹心始終。一時海內俊士，八九人矣。蔡元才在朋友中最有清才，在眾人中言：「本聞卿作狗，何意為龍？」輅言：「潛陽未變，非卿所知，焉有狗耳得聞龍聲乎！」景春言：「今當遠別，會後何期？且復共一射覆。」輅占既皆中。景春大笑，「卿為我論此卦意，紓我心懷。」輅為開爻散理，分賦形象，言徵辭合，妙不可述。景春及眾客莫不言聽後論之美，勝於射覆之樂。景春與輅別，戒以二事，言：「卿性樂酒，量雖溫克，然不可保，寧當節之。卿有水鏡之才，所見者妙，仰觀雖神，禍如膏火，不可不慎。持卿叡才，遊於雲漢之閒，不憂不富貴也。」輅言：「酒不可極，才不可盡，吾欲持酒以禮，持才以愚，何患之有也？」（《三國志・魏書・管輅傳》「館陶令諸葛原遷新興太守，輅往祖餞之，賓客並會。原自起取燕卵、蠭窠、蜘蛛著器中，使射覆。卦成，輅曰：『第一物，含氣須變，依乎宇堂，雄雌以形，翅翼舒張，此燕卵也。第二物，家室倒縣，門戶眾多，藏精育毒，得秋乃化，此蠭窠也。第三物，觳觫長足，吐絲成羅，尋網求食，利在昏夜，此蜘蛛也。』舉坐驚喜。」裴松之注引）

輅又曰：「厚味腊毒，天精幽夕，坎為棺槨，兌為喪車。」

輅為華清河所召，為北黌文學，一時士友無不歎慕。安平趙孔曜，明敏有思識，與輅有管、鮑之分，故從發干來，就郡黌上與輅相見，言：「卿腹中汪汪，故時死人半，今生人無雙，當去俗騰飛，翱翔昊蒼，云何在此？聞卿消息，使吾食不甘味也。冀州裴使君才理清明，能釋玄虛，每論《易》及老、莊之道，未嘗不注精於嚴、瞿之徒也。又眷吾意重，能相明信者。今當故往，為卿陳感虎開石之誠。」輅言：「吾非四淵之龍，安能使白日晝陰？卿若能動東風，興朝雲，吾志所不讓也。」於是遂至冀州見裴使君。使君言：「君顏色何以消減於故邪？」孔曜言：「體中無藥石之疾，然見清河郡內有一騏驥，拘繫後廄歷年，去王良、伯樂百八十里，不得騁天骨，起風塵，以此憔悴耳。」使君言：「騏驥今何在也？」孔曜言：「平原管輅字公明，年三十六，雅性寬

大，與世無忌，可謂士雄。仰觀天文則能同妙甘公、石申，俯覽《周易》則能思齊季主，游步道術，開神無窮，可謂士英。抱荊山之璞，懷夜光之寶，而爲清河郡所錄北觺文學，可謂痛心疾首也。使君方欲流精九皋，垂神幽藪，欲令明主不獨治，逸才不久滯，高風遐被，莫不草靡，宜使輅特蒙陰和之應，得及羽儀之時，必能翼宣隆化，揚聲九圍也。」裴使君聞言，則慷慨曰：「何乃爾邪！雖在大州，未見異才可用釋人鬱悶者，思還京師，得共論道耳，況草間自有清妙之才乎？如此便相爲取之，莫使騏驥更爲凡馬，荊山反成凡石。」即檄召輅爲文學從事。一相見，清論終日，不覺罷倦。天時大熱，移牀在庭前樹下，乃至雞向晨，然後出。再相見，便轉爲鉅鹿從事。三見，轉治中。四見，轉爲別駕。至十月，舉爲秀才。輅辭裴使君，使君言：「何、鄧二尚書，有經國才略，於物理無不精也。何尚書神明精微，言皆巧妙，巧妙之志，殆破秋毫，君當慎之！自言不解《易》九事，必當以相問。比至洛，宜善精其理也。」輅言：「何若巧妙，以攻難之才，游形之表，未入於神。夫入神者，當步天元，推陰陽，探玄虛，極幽明，然後覽道無窮，未暇細言。若欲差次老、莊而參爻、象，愛微辯而興浮藻，可謂射侯之巧，非能破秋毫之妙也。若九事皆至義者，不足勞思也。若陰陽者，精之已久。輅去之後，歲朝當有時刑大風，風必摧破樹木。若發於乾者，必有天威，不足共清譚者。」（以上兩條，出《三國志·魏書·管輅傳》「輅族兄孝國，居在斥丘，輅往從之，與二客會。客去後，輅謂孝國曰：『此二人天庭及口耳之間同有凶氣，異變俱起，雙魂無宅，流魂於海，骨歸於家，少許時當並死也。』復數十日，二人飲酒醉，夜共載車，牛驚下道入漳河中，皆即溺死也。當此之時，輅之鄰里，外戶不閉，無相偷竊者。清河太守華表，召輅爲文學掾。安平趙孔曜薦輅於冀州刺史裴徽曰：『輅雅性寬大，與世無忌，仰觀天文則同妙甘公、石申，俯覽《周易》則齊思季主。今明使君方垂神幽藪，留神九皋，輅宜蒙陰和之應，得及羽儀之時。』徽於是辟爲文學從事，引與相見，大善友之。徙部鉅鹿，遷治中別駕。初應州召，與弟季儒共載，至武城西，自卦吉凶，語儒云：『當在故城中見三狸，爾者乃顯。』前到河西故城角，正見三狸共踞城側，兄弟並喜。正始九年舉秀才。」裴松之注引）

輅爲何晏所請，果共論《易》九事，九事皆明。晏曰：「君論陰陽，此世無雙。」時鄧颺與晏共坐，颺言：「君見謂善《易》，而語初不及《易》中辭義，何故也？」輅尋聲答之曰：「夫善《易》者不論《易》也。」晏含笑而讚

之「可謂要言不煩也。」因請輅爲卦。輅既稱引鑒戒，晏謝之曰：「知幾其神乎，古人以爲難；交疏而吐其誠，今人以爲難。君今一面而盡二難之道，可謂明德惟馨。《詩》不云乎，『中心藏之，何日忘之！』」（《三國志‧魏書‧管輅傳》「十二月二十八日，吏部尙書何晏請之，鄧颺在晏許。晏謂輅曰：『聞君著爻神妙，試爲作一卦，知位當至三公不？』又問：『連夢見青蠅數十頭，來在鼻上，驅之不肯去，有何意故？』輅曰：『夫飛鴞，天下賤鳥，及其在林食椹，則懷我好音，況輅心非草木，敢不盡忠？昔元、凱之弼重華，宣慈惠和，周公之翼成王，坐而待旦，故能流光六合，萬國咸寧。此乃履道休應，非卜筮之所明也。今君侯位重山嶽，勢若雷電，而懷德者鮮，畏威者眾，殆非小心翼翼多福之仁。又鼻者艮，此天中之山，高而不危，所以長守貴也。今青蠅臭惡，而集之焉。位峻者顚，輕豪者亡，不可不思害盈之數，盛衰之期。是故山在地中曰謙，雷在天上曰壯；謙則裒多益寡，壯則非禮不履。未有損己而不光大，行非而不傷敗。願君侯上追文王六爻之旨，下思尼父象象之義，然後三公可決，青蠅可驅也。』颺曰：『此老生之常譚。』輅答曰：『夫老生者見不生，常譚者見不譚。』晏曰：『過歲更當相見。』」裴松之注引）

　　舅夏大夫問輅：「前見何、鄧之日，爲己有凶氣未也？」輅言：「與禍人共會，然後知神明交錯；與吉人相近，又知聖賢求精之妙。夫鄧之行步，則筋不束骨，脈不制肉，起立傾倚，若無手足，謂之鬼躁。何之視候，則魂不守宅，血不華色，精爽烟浮，容若槁木，謂之鬼幽。故鬼躁者爲風所收，鬼幽者爲火所燒，自然之符，不可以蔽也。」輅後因得休，裴使君問：「何平叔一代才名，其實何如？」輅曰：「其才若盆盎之水，所見者清，所不見者濁。神在廣博，志不務學，弗能成才。欲以盆盎之水，求一山之形，形不可得，則智由此惑。故說老、莊則巧而多華，說《易》生義則美而多僞；華則道浮，僞則神虛；得上才則淺而流絕，得中才則游精而獨出，輅以爲少功之才也。」裴使君曰：「誠如來論。吾數與平叔共說老、莊及《易》，常覺其辭妙於理，不能折之。又時人吸習，皆歸服之焉，益令不了。相見得清言，然後灼灼耳。」（《三國志‧魏書‧管輅傳》「輅還邑舍，具以此言語舅氏，舅氏責輅言太切至。輅曰：『與死人語，何所畏邪？』舅大怒，謂輅狂悖。歲朝，西北大風，塵埃蔽天，十餘日，聞晏、颺皆誅，然後舅氏乃服。」裴松之注引）

　　魏郡太守鍾毓，清逸有才，難輅《易》二十餘事，自以爲難之至精也。輅尋聲投響，言無留滯，分張爻象，義皆殊妙。毓即謝輅。輅卜知毓生日月，毓愕然曰：「聖人運神通化，連屬事物，何聰明乃爾！」輅言：「幽明同化，死生一道，悠悠太極，終而復始。文王損命，不以爲憂，仲尼曳杖，不以爲懼，緒煩著筮，宜盡其意。」毓曰：「生者好事，死者惡事，哀樂之分，吾所不能齊，且以付天，不以付君也。」石苞爲鄴典農，與輅相見，問曰：「聞君鄉里翟文耀能隱形，其事可信乎？」輅言：「此但陰陽蔽匿之數，苟得其數，則四嶽可藏，河海可逃。況以七尺之形，游變化之內，散雲霧以幽身，布金水以滅迹，術足數成，不足爲難。」苞曰：「欲聞其妙，君且善論其數也。」輅言：「夫物不精不爲神，數不妙不爲術，故精者神之所合，妙者智之所遇，合之幾微，可以性通，難以言論。是故魯班不能說其手，离朱不能說其目。非言之難，孔子曰『書不盡言』，言之細也，『言不盡意』，意之微也，斯皆神妙之謂也。請舉其大體以驗之。夫白日登天，運景萬里，無物不照，及其入地，一炭之光，不可得見。三五盈月，清耀燭夜，可以遠望，及其在晝，明不如鏡。今逃日月者必陰陽之數，陰陽之數通於萬類，鳥獸猶化，況於人乎！夫得數者妙，得神者靈，非徒生者有驗，死亦有徵。是以杜伯乘火氣以流精，彭生託水變以立形。是故生者能出亦能入，死者能顯亦能幽，此物之精氣，化之游魂，人鬼相感，數使之然也。」苞曰：「目見陰陽之理，不過於君，君何以不隱？」輅曰：「夫陵虛之鳥，愛其清高，不願江、漢之魚；淵沼之魚，樂其濡溼，不易騰風之鳥：由性異而分不同也。僕自欲正身以明道，直己以親義，見數不以爲異，知術不以爲奇，夙夜研幾，孳孳溫故，而索隱行怪，未暇斯務也。」（《三國志・魏書・管輅傳》「始輅過魏郡太守鍾毓，共論《易》義，輅因言『卜可知君生死之日』。毓使筮其生日月，如言無蹉跌。毓大愕然，曰：『君可畏也。死以付天，不以付君。』遂不復筮。毓問輅：『天下當太平否？』輅曰：『方今四九天飛，利見大人，神武升建，王道文明，何憂不平？』毓未解輅言，無幾，曹爽等誅，乃覺寤云。」裴松之注引）

　　故郡將劉邠字令元，清和有思理，好《易》而不能精。與輅相見，意甚喜歡，自說注《易》向訖也。輅言：「今明府欲勞不世之神，經緯大道，誠富美之秋。然輅以爲注《易》之急，急於水火；水火之難，登時之驗，《易》之清濁，延於萬代，不可不先定其神而後垂明思也。自旦至今，聽採聖論，未

有《易》之一分，《易》安可注也！輅不解古之聖人，何以處乾位於西北，坤位於西南。夫乾坤者天地之象，然天地至大，爲神明君父，覆載萬物，生長無首，何以安處二位與六卦同列？乾之象象曰：『大哉乾元，萬物資始，乃統天。』夫統者，屬也，尊莫大焉，何由有別位也？」邠依《易繫詞》，諸爲之理以爲注，不得其要。輅尋聲下難，事皆窮析。曰：「夫乾坤者，易之祖宗，變化之根源，今明府論清濁者有疑，疑則無神，恐非注《易》之符也。」輅於此爲論八卦之道及爻象之精，大論開廓，眾化相連。邠所解者，皆以爲妙，所不解者，皆以爲神。自說：「欲注《易》八年，用思勤苦，歷載靡寧，定相得至論，此才不及《易》，不愛久勞，喜承雅言，如此相爲高枕偃息矣。」欲從輅學射覆，輅言：「今明府以虛神於注《易》，亦宜絕思於靈蓍。靈蓍者，二儀之明數，陰陽之幽契，施之於道則定天下吉凶，用之於術則收天下毫纖。纖微，未可以爲《易》也。」邠曰：「以爲術者《易》之近數，欲求其端耳。若如來論，何事於斯？」留輅五日，不違恤官，但共清譚。邠自言：「數與何平叔論《易》及老、莊之道，至於精神邅流，與化周旋，清若金水，鬱若山林，非君侶也。」邠又曰：「此郡官舍，連有變怪，變怪多形，使人怖恐，君似當達此數者，其理何由也？」輅言：「此郡所以名平原者，本有原，山無木石，與地自然；含陰不能吐雲，含陽不能激風，陰陽雖弱，猶有微神；微神不眞，多聚凶奸，以類相求，魍魎成羣。或因漢末兵馬擾攘，軍屍流血，汙染丘嶽，彊魂相感，變化無常，故因昏夕之時，多有怪形也。昔夏禹文明，不怪於黃龍，周武信時，不惑於暴風，今明府道德高妙，神不懼妖，自天祐之，吉無不利，願安百祿以光休寵也。」邠曰：「聽雅論爲近其理，每有變怪，輒聞鼓角聲音，或見弓劍形象。夫以土山之精，伯有之魂，實能合會，干犯明靈也。」邠問輅：「《易》言剛健篤實，輝光日新，斯爲同不也？」輅曰：「不同之名，朝旦爲輝，日中爲光。」（《三國志‧魏書‧管輅傳》「平原太守劉邠取印囊及山雞毛著器中，使筮。輅曰：『內外方圓，五色成文，含寶守信，出則有章，此印囊也。高嶽巖巖，有鳥朱身，羽翼玄黃，鳴不失晨，此山雞毛也。』邠曰：『此郡官舍，連有變怪，使人恐怖，其理何由？』輅曰：『或因漢末之亂，兵馬擾攘，軍屍流血，汙染丘山，故因昏夕，多有怪形也。明府道德高妙，自天祐之，願安百祿，以光休寵。」裴松之注引）

　　清河令徐季龍，字開明，有才機。與輅相見，共論龍動則景雲起，虎嘯則谷風至，以爲火星者龍，參星者虎，火出則雲應，參出則風到，此乃陰陽

之感化，非龍虎之所致也。輅言：「夫論難當先審其本，然後求其理，理失則機謬，機謬則榮辱之主。若以參星爲虎，則谷風更爲寒霜之風，寒霜之風非東風之名。是以龍者陽精，以潛爲陰，幽靈上通，和氣感神，二物相扶，故能興雲。夫虎者，陰精而居於陽，依木長嘯，動於巽林，二氣相感，故能運風。若磁石之取鐵，不見其神而金自來，有徵應以相感也。況龍有潛飛之化，虎有文明之變，招雲召風，何足爲疑？」季龍言：「夫龍之在淵，不過一井之底，虎之悲嘯，不過百步之中，形氣淺弱，所通者近，何能景雲而馳東風？」輅言：「君不見陰陽燧在掌握之中，形不出手，乃上引太陽之火，下引太陰之水，噓吸之間，煙景以集。苟精氣相感，縣象應乎二燧；苟不相感，則二女同居，志不相得。自然之道，無有遠近。」季龍言：「世有軍事，則感雞雉先鳴，其道何由？復有他占，惟在雞雉而已？」輅言：「貴人有事，其應在天，在天則日月星辰也。兵動民憂，其應在物，在物則山林鳥獸也。夫雞者兌之畜，金者兵之精，雉者離之鳥，獸者武之神，故太白揚輝則雞鳴，熒惑流行則雉驚，各感數而動。又兵之神道，布在六甲，六甲推移，其占無常。是以晉樞牛呴，果有西軍，鴻嘉石鼓，鳴則有兵，不專近在於雞雉也。」季龍言：「魯昭公八年，有石言於晉，師曠以爲作事不時，怨讟動於民，則有非言之物而言，於理爲合不？」輅言：「晉平奢泰，崇飾宮室，斬伐林木，殘破金石，民力既盡，怨及山澤，神痛人感，二精並作，金石同氣，則兌爲口舌，口舌之妖，動於靈石。傳曰輕百姓，飾城郭，則金不從革，此之謂也。」季龍欽嘉，留輅經數日。輅占獵既驗，季龍曰：「君雖神妙，但不多藏物耳，何能皆得之？」輅言：「吾與天地參神，蓍龜通靈，抱日月而游杳冥，極變化而覽未然，況茲近物，能蔽聰明？」季龍大笑，「君既不謙，又念窮在近矣。」輅言：「君尚未識謙言，爲能論道？夫天地者則乾坤之卦，蓍龜者則卜筮之數，日月者離坎之象，變化者陰陽之爻，杳冥者神化之源，未然者幽冥之先，此皆《周易》之紀綱，何僕之不謙？」季龍於是取十三種物，欲以窮之，輅射之皆中。季龍乃歎曰：「作者之謂聖，述者之謂明，豈此之謂乎！」（《三國志·魏書·管輅傳》「清河令徐季龍使人行獵，令輅筮其所得。輅曰：『當獲小獸，復非食禽，雖有爪牙，微而不彊，雖有文章，蔚而不明，非虎非雉，其名曰狸。』獵人暮歸，果如輅言。季龍取十三種物，著大篋中，使輅射。云：『器中藉藉有十三種物。』先說雞子，後道蠶蛹，遂一一名之，惟以梳爲枇耳。」裴松之注引）

　　輅與倪清河相見，既刻雨期，倪猶未信。輅曰：「夫造化之所以爲神，不疾而速，不行而至。十六日壬子，直滿，畢星中已有水氣，水氣之發，動於卯辰，此必至之應也。又天昨檄召五星，宣布星符，刺下東井，告命南箕，使召雷公、電母、風伯、雨師，羣嶽呼陰，眾川激精，雲漢垂澤，蛟龍含靈，爗爗朱電，吐咀杳冥，殷殷雷聲，噓吸雨靈，習習谷風，六合皆同，欬唾之間，品物流形。天有常期，道有自然，不足爲難也。」倪曰：「譚高信寡，相爲憂之。」於是便留輅，往請府丞及清河令。若夜雨者當爲噉二百斤犢肉，若不雨當住十日。輅曰：「言念費損！」至日向暮，了無雲氣，眾人並嗤輅。輅言：「樹上已有少女微風，樹間又有陰鳥和鳴。又少男風起，眾鳥和翔，其應至矣。」須臾，果有艮風鳴鳥。日未入，東南有山雲樓起。黃昏之後，雷聲動天。到鼓一中，星月皆沒，風雲並興，玄氣四合，大雨河傾。倪調輅言：「誤中耳，不爲神也。」輅曰：「誤中與天期，不亦工乎！」（《三國志・魏書・管輅傳》「輅隨軍西行，過毋丘儉墓下，倚樹哀吟，精神不樂。人問其故，輅曰：『林木雖茂，無形可久；碑誄雖美，無後可守。玄武藏頭，蒼龍無足，白虎銜尸，朱雀悲哭，四危以備，法當滅族。不過二載，其應至矣。』卒如其言。後得休，過清河倪太守。時天旱，倪問輅雨期，輅曰：『今夕當雨。』是日晹燥，晝無形似，府丞及令在坐，咸謂不然。到鼓一中，星月皆沒，風雲並起，竟成快雨。於是倪盛脩主人禮，共爲歡樂。」裴松之注引）

　　既有明才，遭朱陽之運，於時名勢赫奕，若火猛風疾，當塗之士，莫不枝附葉連。賓客如雲，無多少皆爲設食。賓無貴賤，候之以禮。京城紛紛，非徒歸其名勢而已，然亦懷其德焉。向不夭命，輅之榮華，非世所測也。弟辰嘗欲從輅學卜及仰觀事，輅言：「卿不可教耳。夫卜非至精不能見其數，非至妙不能覩其道，《孝經》、《詩》、《論》，足爲三公，無用知之也。」於是遂止。子弟無能傳其術者。辰敘曰：「夫晉、魏之士，見輅道術神妙，占候無錯，以爲有隱書及象甲之數。辰每觀輅書傳，惟有《易林》、《風角》及《鳥鳴》、《仰觀星書》三十餘卷，世所共有。然輅獨在少府官舍，無家人子弟隨之，其亡沒之際，好奇不哀喪者，盜輅書，惟餘《易林》、《風角》及《鳥鳴書》還耳。夫術數有百數十家，其書有數千卷，書不少也。然而世鮮名人，皆由無才，不由無書也。裴冀州、何、鄧二尚書及鄉里劉太常、潁川兄弟，以輅稟受天才，明陰陽之道，吉凶之情，一得其源，遂涉其流，亦不爲難，

常歸服之。輅自言與此五君共語使人精神清發，昏不暇寐。自此以下，殆白日欲寢矣。又自言當世無所願，欲得與魯梓愼、鄭神竈、晉卜偃、宋子韋、楚甘公、魏石申共登靈臺，披神圖，步三光，明災異，運蓍龜，決狐疑，無所復恨也。辰不以闇淺，得因孔懷之親，數與輅有所諮論。至於辯人物，析臧否，說近義，彈曲直，拙而不工也。若敷皇、羲之典，揚文、孔之辭，周流五曜，經緯三度，口滿聲溢，微言風集，若仰眺飛鴻，漂漂兮景沒，若俯臨深溪，杳杳兮精絕；偪以攻難，而失其端，欲受學求道，尋以迷昏，無不扼腕椎指，追響長歎也。昔京房雖善卜及風律之占，卒不免禍，而輅自知四十八當亡，可謂明哲相殊。又京房目見邁讒之黨，耳聽青蠅之聲，面諫不從，而猶道路紛紜。輅處魏、晉之際，藏智以樸，卷舒有時，妙不見求，愚不見遺，可謂知幾相邈也。京房上不量萬乘之主，下不避佞諂之徒，欲以天文、洪範，利國利身，困不能用，卒陷大刑，可謂枯龜之餘智，膏燭之末景，豈不哀哉！世人多以輅疇之京房，辰不敢許也。至於仰察星辰，俯定吉凶，遠期不失年歲，近期不失日月，辰以甘、石之妙不先也。射覆名物，見術流速，東方朔不過也。觀骨形而審貴賤，覽形色而知生死，許負、唐舉不超也。若夫疏風氣而探微候，聽鳥鳴而識神機，亦一代之奇也。向使輅官達，爲宰相大臣，膏腴流於明世，華曜列乎竹帛，使幽驗皆舉，祕言不遺，千載之後，有道者必信而貴之，無道者必疑而怪之；信者以妙過眞，夫妙與神合者，得神則無所惑也。恨輅才長命短，道貴時賤，親賢邈潛，不宣於良史，而爲鄙弟所見追述，既自闇濁，又從來久遠，所載卜占事，雖不識本卦，捃拾殘餘，十得二焉。至於仰觀靈曜，說魏、晉興衰，及五運浮沉，兵甲災異，十不收一。無源何以成河，無根何以垂榮？雖秋菊可採，不及春英，臨文慷慨，伏用哀慚。將來君子，幸以高明求其義焉。往孟荊州爲列人典農，常問亡兄，昔東方朔射覆得何卦，正知守宮、蜥蜴二物者。亡兄於此爲安卦生象，辭喻交錯，微義豪起，變化相推，會於辰巳，分別龍蛇，各使有理。言絕之後，孟荊州長歎息曰：『吾聞君論，精神騰曜，殆欲飛散，何其汪汪乃至於斯邪！』」(《三國志・魏書・管輅傳》「正元二年，弟辰謂輅曰：『大將軍待君意厚，冀當富貴乎？』輅長歎曰：『吾自知有分直耳，然天與我才明，不與我年壽，恐四十七八間，不見女嫁兒娶婦也。若得免此，欲作洛陽令，可使路不拾遺，枹鼓不鳴。但恐至太山治鬼，不得治生人，如何！』辰問其故，輅曰：『吾額上無生骨，眼中無守精，鼻無梁柱，腳無天根，背無三甲，腹無三壬，

此皆不壽之驗。又吾本命在寅，加月食夜生。天有常數，不可得諱，但人不知耳。吾前後相當死者過百人，略無錯也。』是歲八月，爲少府丞。明年二月卒，年四十八。」裴松之注引）

江蕤

蕤年十一，〔註100〕始學樗蒱。祖母爲說往事，有以博奕破業廢身者，於是即棄五木，終身不以爲戲。〔註101〕（《太平御覽》卷七百五十四「工藝部十一　樗蒱」引）

江祚

祚爲安南太守，民思其德。生子，多以江名子。〔註102〕（《太平御覽》卷二百六十二「職官部六十　良太守下」引）

吳質

質有才學，善爲書記。（《北堂書鈔》卷一百三「藝文部　書記三十六」引）

質爲北中郎將，朝京師，上喜其到。比至家，問訊相續。詔將軍列鹵簿，作鼓吹以迎之，望闕而止。（《北堂書鈔》卷一百三十「儀飾部一　鼓吹六」引）

魏文帝與吳質書曰：「斬泗濱之梓以爲箏」。（《太平御覽》卷五百七十六「樂部十四　箏」引）

帝嘗召質及曹休歡會，命郭后出見質等。帝曰：「卿仰諦視之。」其至親如此。質黃初五年朝京師，詔上將軍及特進以下皆會質所，大官給供具。酒酣，質欲盡歡。時上將軍曹眞性肥，中領軍朱鑠性瘦，質召優，使說肥瘦。眞負貴，恥見戲，怒謂質曰：「卿欲以部曲將遇我邪？」驃騎將軍曹洪、輕車將軍王忠言：「將軍必欲使上將軍服肥，即自宜爲瘦。」眞愈恚，拔刀瞋目，言：「俳敢輕脫，吾斬爾。」遂罵坐。質案劍曰：「曹子丹，汝非屠几上肉，

〔註100〕「十一」，原文作「一十」，據《太平御覽》卷五百一十一「宗親部一　祖父母」所引改。
〔註101〕「不以爲戲」，原文作「不爲戲」，據《太平御覽》卷五百一十一「宗親部一　祖父母」所引補「以」字。
〔註102〕「多以江名子」，《太平御覽》卷三百六十二「人事部三　名」引作「多以爲名字」。

吳質吞爾不搖喉，咀爾不搖牙，何敢恃勢驕邪？」鑠因起曰：「陛下使吾等來樂卿耳，乃至此邪！」質顧叱之曰：「朱鑠，敢壞坐！」諸將軍皆還坐。鑠性急，愈恚，還拔劍斬地。遂便罷也。及文帝崩，質思慕作詩曰：「愴愴懷殷憂，殷憂不可居。徒倚不能坐，出入步踟躕。念蒙聖主恩，榮爵與眾殊。自謂永終身，志氣甫當舒。何意中見棄，棄我歸黃壚。煢煢靡所恃，淚下如連珠。隨沒無所益，身死名不書。慷慨自僶俛，庶幾烈丈夫。」太和四年，入為侍中。時司空陳羣錄尚書事，帝初親萬機，質以輔弼大臣，安危之本，對帝盛稱「驃騎將軍司馬懿，忠智至公，社稷之臣也。陳羣從容之士，非國相之才，處重任而不親事。」帝甚納之。明日，有切詔以督責羣，而天下以司空不如長文，即羣，言無實也。質其年夏卒。質先以怙威肆行，諡曰醜侯。質子應仍上書論枉，至正元中乃改諡威侯。應字溫舒，晉尚書。應子康，字子仲，知名於時，亦至大位。（《三國志‧魏書‧吳質傳》「官至振威將軍假節都督河北諸軍事封列侯」裴松之注引）

任嘏

嘏字昭先，〔註103〕（《太平御覽》卷三百八十五「人事部二十六　幼智下」引）樂安博昌人。世為著姓，夙智性成，故鄉人為之語曰：「蔣氏翁，任氏童。」父旐，字子旟，以至行稱。漢末，黃巾賊起，天下饑荒，人民相食，寇到博昌，聞旐姓字，乃相謂曰：「宿聞任子旟，天下賢人也。今雖作賊，那可入其鄉邪？」遂相帥而去。由是聲聞遠近，州郡並招舉孝廉，歷酸棗、祝阿令。嘏八歲喪母，號泣不絕聲，自然之哀，同於成人，故幼以至性見稱。年十四始學，疑不再問，三年中誦五經，皆究其義，兼包羣言，無不綜覽，於時學者號之神童。遂遇荒亂，家貧賣魚，會官稅魚，魚貴數倍，嘏取直如常。又與人共買生口，各雇八匹。後生口家來贖，時價直六十匹。共買者欲隨時價取贖，嘏自取本價八匹。共買者慚，亦還取本價。比居者擅耕嘏地數十畝種之，人以語嘏，嘏曰：「我自以借之耳。」耕者聞之，慚謝還地。及邑中爭訟，皆詣嘏質之，然後意厭。其子弟有不順者，父兄竊數之曰：「汝所行，豈可令任君知邪！」其禮教所化，率皆如此。會太祖創業，召海內至德，嘏應其舉，為臨菑侯庶子、相國東曹屬、尚書郎。文帝時，為黃門侍郎。每納忠言，輒手書懷本，自在禁省，歸書不封。帝嘉其淑慎，累遷東郡、趙郡、

〔註103〕「昭先」，原文作「照先」，誤。據《三國志‧王昶傳》等所引改。

河東太守，所在化行，有遺風餘教。嘏爲人淳粹愷悌，虛己若不足，恭敬如有畏，其脩身履義，皆沉默潛行，不顯其美，故時人少得稱之。著書三十八篇，凡四萬餘言。嘏卒後，故吏東郡程威、趙國劉固、河東上官崇等錄其事行及所著書奏之。詔下秘書，以貫羣言。（《三國志・魏書・王昶傳》「吾友之善之，願兒子遵之」裴松之注引）

楊彪

　　魏文帝令彪著布單衣，待以賓客之禮。（《太平御覽》卷六百九十一「服章部八　單衣」引）

傅選

　　衛臻領舉傅選爲驥州刺史，文帝曰：「選，吾腹心臣也，不妨與其籌算帷幄之中，決勝千里之外，不可授以遠任。」（《太平御覽》卷三百二十二「兵部五十三　勝」引）

毋丘儉

　　時以儉爲宣王副也。（《三國志・魏書・明帝紀》「二年春正月詔太尉司馬宣王帥眾討遼東」裴松之注引）

何晏

　　何晏南陽人，大將軍進孫。進遇害，魏武納晏。晏時小，〔註104〕養於魏宮，至七八歲，慧心天悟，形貌絕美。（《太平御覽》卷三百八十「人事部二十一　美丈夫下」引）眾無智愚，莫不貴異之。（《太平御覽》卷三百八十五「人事部二十六　幼智下」引）出遊，行觀者盈路，咸謂神仙之類。（《初學記》卷十九「人部下　美丈夫第一　何晏絕美」引）魏武帝讀兵書，有所未解，試以問晏，一一分散，所疑無不冰釋。（《太平御覽》卷三百八十五「人事部二十六　幼智下」引）武帝雅奇之，〔註105〕欲以爲子，每扶將遊觀，令與諸子長幼相次。晏微覺之，坐則專席，止則獨立。或問其故，答曰：「禮：

〔註104〕「晏時小」，原文作「小」，據《太平御覽》卷二百八十七「兵部十八　機畧六」所引改。

〔註105〕「雅奇之」，原文無，據《太平御覽》卷三百九十三「人事部三十四　坐」所引補。

異姓不相大，異族不相貫坐。」〔註106〕（《太平御覽》卷三百八十「人事部二十一　美丈夫下」引）

曹爽常大集名儒，長幼莫不預會。晏清談雅論，紛紛不竭，曹羲歎曰：「妙哉何平叔之論道，盡其理矣。」（《北堂書鈔》卷九十八「藝文部四　談講十三　清談雅論」引）

王乂

乂字叔元，琅邪臨沂人。時蜀新平，二將作亂，文帝西之長安，乃徵爲相國司馬，遷大尚書，出督幽州諸軍事，平北將軍。（《世說新語》德行 26 劉孝標注引）

王威

威少爲郡吏，刺史劉表題門上，有能陳便宜，益於時，不限廝役賤長以聞。威因陳事，得署州吏，大蜡分休。（《初學記》卷二十「政理部　假第六　賜告分休」引）

時有白燕來翔，被令爲賦。（《藝文類聚》卷九十九「祥瑞部下　燕」引）

孫登

孫登字公和，汲郡共縣人。清靜無爲，其情志悄如也。好讀《易》，彈琴頹然自得，觀其風神，若遊六合之外。當魏末，共處北山中，以石室爲宇，編草自覆。阮嗣宗聞登而往焉。適見公和苫蓋，被髮端坐岩下鼓琴。嗣宗自下趨進，既坐，莫得與言。嗣宗乃嘹嘈長嘯，與琴音諧會，雍雍然。登乃逌爾而笑，因嘯和之，妙響動林壑，風清太玄。（《太平御覽》卷三百九十二「人事部三十三　嘯」引）

嵇康

《嵇康別傳》

康長七尺八寸，偉容色，土木形骸，不加飾厲，而龍章鳳姿，天質自然。正爾在羣形之中，便自知非常之器。（《世說新語》容止 5 劉孝標注引）

康性含垢藏瑕，愛惡不爭於懷，喜怒不寄於顏。所知王濬沖在襄城，面

〔註106〕「異姓不相大，異族不相貫坐」，原文作「異姓不相貫」，據杭世駿《三國志補注》卷二所引改。

數百，未嘗見其疾聲朱顏，此亦方中之美範，人倫之勝業也。（《世說新語》德行 16 劉孝標注引）

山巨源爲吏部郎，遷散騎常侍，舉康，康辭之，并與山絕。豈不識山之不以一官遇己情耶，亦欲標不屈之節，以杜舉者之口耳？乃答濤書，自說不堪流俗而非薄湯、武。大將軍聞而惡之。（《世說新語》棲逸 3 劉孝標注引）

孫登謂康曰：「君性烈而才儁，其能免乎？」（《三國志・魏書・嵇康傳》「至景元中，坐事誅」裴松之注引）

康臨終言曰：「袁孝尼嘗從吾學《廣陵散》，吾每固之不與，《廣陵散》於今絕矣。」（《三國志・魏書・嵇康傳》「至景元中，坐事誅」裴松之注引）

嵇喜《嵇康傳》

家世儒學，少有儁才，曠邁不羣，高亮任性，不脩名譽，寬簡有大量。學不師授，博洽多聞，長而好老、莊之業，恬靜無欲。性好服食，嘗採御上藥。善屬文論，彈琴詠詩，自足於懷抱之中。以爲神仙者，稟之自然，非積學所致。至於導養得理，以盡性命，若安期、彭祖之倫，可以善求而得也；著《養生篇》。知自厚者所以喪其所生，其求益者必失其性，超然獨達，遂放世事，縱意於塵埃之表，撰錄上古以來聖賢、隱逸、遁心、遺名者，集爲傳贊，自混沌至於管寧，凡百一十有九人，蓋求之於宇宙之內，而發之乎千載之外者矣。故世人莫得而名焉。（《三國志・魏書・嵇康傳》「至景元中坐事誅」裴松之注引）

劉廙

廙道路爲牋謝劉表曰：「考妣過蒙分遇榮授之顯，未有管、狐、桓、文之烈，孤德隕命，精誠不遂。兄望之見禮在昔，既無堂構昭前之績，中規不密，用墜禍辟。斯乃明神弗祐，天降之災。悔吝之負，哀號靡及。廙之愚淺，言行多違，懼有浸潤三至之閒。考妣之愛已衰，望之之責猶存，必傷天慈既往之分，門戶殄滅，取笑明哲。是用迸竄，永涉川路，即日到廬江尋陽。昔鍾儀有南音之操，椒舉有班荊之思，雖遠猶邇，敢忘前施？」（《三國志・魏書・劉廙傳》「廙懼，奔揚州」裴松之注引）

初，廙弟偉與諷善，廙戒之曰：「夫交友之美，在於得賢，不可不詳。而世之交者，不審擇人，務合黨衆，違先聖人交友之義，此非厚己輔仁之謂也。吾觀魏諷，不脩德行，而專以鳩合爲務，華而不實，此直攬世沽名者也。卿

其慎之，勿復與通。」偉不從，故及於難。（《三國志・魏書・劉廙傳》「魏諷反，廙弟偉爲諷所引，當相坐誅。太祖令曰：『叔向不坐弟虎，古之制也。』特原不問，徙署丞相倉曹屬。」裴松之注引）

廙表論治道曰：「昔者周有亂臣十人，有婦人焉，九人而已，孔子稱『才難，不其然乎』！明賢者難得也。況亂弊之後，百姓凋盡，士之存者蓋亦無幾。股肱大職，及州郡督司，邊方重任，雖備其官，亦未得人也。此非選者之不用意，蓋才匱使之然耳。況於長吏以下，臺職小任，能皆簡練備得其人也？其計莫如督之以法。不爾而數轉易，往來不已，送迎之煩，不可勝計。轉易之閒，輒有姦巧，既於其事不省，而爲政者亦以其不得久安之故，知惠益不得成於己，而苟且之可免於患，皆將不念盡心於恤民，而夢想於聲譽，此非所以爲政之本意也。今之所以爲黜陟者，近頗以州郡之毀譽，聽往來之浮言耳。亦皆得其事實而課其能否也？長吏之所以爲佳者，奉法也，憂公也，恤民也。此三事者，或州郡有所不便，往來者有所不安。而長吏執之不已，於治雖得計，其聲譽未爲美；屈而從人，於治雖失計，其聲譽必集也。長吏皆知黜陟之在於此也，亦何能不去本而就末哉？以爲長吏皆宜使小久，足使自展。歲課之能，三年總計，乃加黜陟。課之皆當以事，不得依名。事者，皆以戶口率其墾田之多少，及盜賊發興，民之亡叛者，爲得負之計。如此行之，則無能之吏，脩名無益；有能之人，無名無損。法之一行，雖無部司之監，姦譽妄毀，可得而盡。」事上，太祖甚善之。（《三國志・魏書・劉廙傳》「難用筆陳」裴松之注引）

時年四十二。（《三國志・魏書・劉廙傳》「黃初二年卒」裴松之注引）

王弼

弼字輔嗣，山陽高平人。少而察惠，十餘歲，便好莊、老。通辯能言，爲傅嘏所知。吏部尚書何晏甚奇之，題之曰：「後生可畏。若斯人者，可與言天人之際矣。」以弼補臺郎。弼事功雅非所長，益不留意，頗以所長笑人，故爲時士所嫉。又爲人淺而不識物情。初與王黎、荀融善，黎奪其黃門郎，於是恨黎；與融亦不終好。（《世說新語》文學 6 劉孝標注引）弼性和理，樂遊宴，解音律，善投壺。（《太平御覽》卷七百五十三「工藝部十五　投壺」引）正始中，以公事免。其秋，遇癘疾亡，時年二十四。弼之卒也，晉景帝嗟歎之累日，曰：「天喪予！」其爲高識悼惜如此。（《世說新語》文學 6 劉孝

標注引）

弼父爲尙書郎，裴徽爲吏部郎。徽見異之。（《世說新語》文學 8「王輔嗣弱冠詣裴徽，徽問曰：『夫無者，誠萬物之所資，聖人莫肯致言，而老子申之無已，何邪？』弼曰：『聖人體無，無又不可以訓，故言必及有；老、莊未免於有，恒訓其所不足。」劉孝標注引）

馬鈞

鈞字子衡，扶風人，巧思絕世，不自知其爲巧也。居貧，舊綾機伍十，綜者伍十躡；六十，綜者六十躡。鈞乃易以十二躡，其異文奇變，因感而作，猶自然而成，形陰陽之無窮。（《太平御覽》卷七百五十二「工藝部九　巧」引）

辛憲英

夏侯湛《辛憲英傳》

憲英聰明有才鑒。初文帝與陳思王爭爲太子，既而文帝得立，抱辛毗頸而喜曰：「辛君知我喜不？」毗以告憲英，憲英歎曰：「太子代君主宗廟社稷者也。代君不可以不戚，主國不可以不懼，宜戚而喜，何以能久？魏其不昌乎！」弟敞爲大將軍曹爽參軍。司馬宣王將誅爽，因爽出，閉城門。大將軍司馬魯芝將爽府兵，犯門斬關，出城門赴爽，來呼敞俱去。敞懼，問憲英曰：「天子在外，太傅閉城門，人云將不利國家，於事可得爾乎？」憲英曰：「天下有不可知，然以吾度之，太傅殆不得不爾！明皇帝臨崩，把太傅臂，以後事付之，此言猶在朝士之耳。且曹爽與太傅俱受寄託之任，而獨專權勢，行以驕奢，於王室不忠，於人道不直，此舉不過以誅曹爽耳。」敞曰：「然則事就乎？」憲英曰：「得無殆就！爽之才非太傅之偶也。」敞曰：「然則敞可以無出乎？」憲英曰：「安可以不出。職守，人之大義也。凡人在難，猶或恤之；爲人執鞭而棄其事，不祥，不可也。且爲人死，爲人任，親昵之職也，從眾而已。」敞遂出。宣王果誅爽。事定之後，敞歎曰：「吾不謀於姊，幾不獲於義。」逮鍾會爲鎮西將軍，憲英謂從子羊祜曰：「鍾士季何故西出？」祜曰：「將爲滅蜀也。」憲英曰：「會在事縱恣，非持久處下之道，吾畏其有他志也。」祜曰：「季母勿多言。」其後會請子琇爲參軍，憲英憂曰：「他日見鍾會之出，吾爲國憂之矣。今日難至吾家，此國之大事，必不得止也。」琇

固請司馬文王，文王不聽。憲英語琇曰「行矣，戒之！古之君子，入則致孝於親，出則致節於國，在職思其所司，在義思其所立，不遺父母憂患而已。軍旅之間，可以濟者，其惟仁恕乎！汝其慎之！」琇竟以全身。憲英年至七十有九，泰始五年卒。（《三國志・魏書・辛毗傳》「子敞嗣咸熙中爲河內太守」裴松之注引）

鍾會母張氏

鍾會《母夫人張氏傳》

夫人張氏，字昌蒲，太原茲氏人，太傅定陵成侯之命婦也。世長吏二千石。夫人少喪父母，充成侯家，修身正行，非禮不動，爲上下所稱述。貴妾孫氏，攝嫡專家，心害其賢，數讒毀無所不至。孫氏辨博有智巧，言足以飾非成過，然竟不能傷也。及姙娠，愈更嫉妬，乃置藥食中，夫人中食，覺而吐之，瞑眩者數日。或曰：「何不向公言之？」答曰：「嫡庶相害，破家危國，古今以爲鑒誡。假如公信我，眾誰能明其事？彼以心度我，謂我必言，固將先我；事由彼發，顧不快耶！」遂稱疾不見。孫氏果謂成侯曰：「妾欲其得男，故飲以得男之藥，反謂毒之！」成侯曰：「得男藥佳事，闇於食中與人，非人情也。」遂訊侍者具服，孫氏由是得罪出。成侯問夫人何能不言，夫人言其故，成侯大驚，益以此賢之。黃初六年，生會，恩寵愈隆。成侯既出孫氏，更納正嫡賈氏。（《三國志・魏書・鍾會傳》「高貴鄉公即尊位，賜爵關內侯」裴松之注引）

夫人性矜嚴，明於教訓，會雖童稚，勤見規誨。年四歲授《孝經》，七歲誦《論語》，八歲誦《詩》，十歲誦《尚書》，十一誦《易》，十二誦《春秋左氏傳》、《國語》，十三誦《周禮》、《禮記》，十四誦成侯《易記》，十五使入太學問四方奇文異訓。謂會曰：「學狠則倦，倦則意怠；吾懼汝之意怠，故以漸訓汝，今可以獨學矣。」雅好書籍，涉歷眾書，特好《易》、《老子》，每讀《易》孔子說鳴鶴在陰、勞謙君子、籍用白茅、不出戶庭之義，每使會反覆讀之，曰：「《易》三百餘爻，仲尼特說此者，以謙恭慎密，樞機之發，行己至要，榮身所由故也。順斯術已往，足爲君子矣。」正始八年，會爲尚書郎，夫人執會手而誨之曰：「汝弱冠見敘，人情不能不自足，則損在其中矣，勉思其戒！」是時大將軍曹爽專朝政，日縱酒沉醉，會兄侍中毓宴還，言其事。夫人曰：「樂則樂矣，然難久也。居上不驕，制節謹度，然後乃無危溢之患。今奢僭若此，

非長守富貴之道。」嘉平元年，車駕朝高平陵，會爲中書郎，從行。相國宣文侯始舉兵，眾人恐懼，而夫人自若。中書令劉放、侍郎衛瓘、夏侯和等家皆怪問：「夫人一子在危難之中，何能無憂？」答曰：「大將軍奢僭無度，吾常疑其不安。太傅義不危國，必爲大將軍舉耳。吾兒在帝側何憂？聞且出兵無他重器，其勢必不久戰。」果如其言，一時稱明。會歷機密十餘年，頗豫政謀。夫人謂曰：「昔范氏少子爲趙簡子設伐邾之計，事從民悅，可謂功矣。然其母以爲乘僞作詐，末業鄙事，必不能久。其識本深遠，非近人所言，吾常樂其爲人。汝居心正，吾知免矣。但當脩所志以輔益時化，不忝先人耳。常言人誰能皆體自然，但力行不倦，抑亦其次。雖接鄙賤，必以言信。取與之間，分畫分明。」或問：「此無乃小乎？」答曰：「君子之行，皆積小以致高大，若以小善爲無益而弗爲，此乃小人之事耳。希通慕大者，吾所不好。」會自幼少，衣不過青紺，親營家事，自知恭儉。然見得思義，臨財必讓。會前後賜錢帛數百萬計，悉送供公家之用，一無所取。年五十有九，甘露二年二月暴疾薨。比葬，天子有手詔，命大將軍高都侯厚加賵贈，喪事無巨細，一皆供給。議者以爲公侯有夫人，有世婦，有妻，有妾，所謂外命婦也。依《春秋》成風、定姒之義，宜崇典禮，不得總稱妾名，於是稱成侯命婦。殯葬之事，有取於古制，禮也。（《三國志‧魏書‧鍾會傳》「文王以事已施行不復追改」裴松之注引）

諸葛亮

　　魏明帝自征蜀，幸長安，遣宣帝督張郃諸軍勁卒三十餘萬，潛軍密向劍閣。亮有戰士十萬，十二更下，在者八萬。時魏軍始陳，番兵適交，亮參佐咸以敵眾強多，非力所制，宜權停下兵，以并聲勢。亮曰：「吾聞用武行師，以大信爲本；得原失信，古人所惜。去者束裝以待期，妻子鶴望以計日，皆勑速遣。於是去者感悅，願留一戰，往者憤勇，咸思致命。臨戰之日，莫不拔刃爭先，以一當十。殺張郃，卻宣帝，一戰大克，此之由也。（《太平御覽》卷四百三十「人事部七十一　信」引）

趙雲

　　雲身長八尺，姿顏雄偉，爲本郡所舉，將義從吏兵詣公孫瓚。時袁紹稱冀州牧，瓚深憂州人之從紹也，善雲來附，嘲雲曰：「聞貴州人皆願袁氏，君何獨迴心，迷而能反乎？」雲答曰：「天下訩訩，未知孰是，民有倒懸之厄，

鄴州論議，從仁政所在，不爲忽袁公私明將軍也。」遂與瓚征討。時先主亦依託瓚，每接納雲，雲得深自結託。雲以兄喪，辭瓚暫歸，先主知其不反，捉手而別，雲辭曰：「終不背德也。」先主就袁紹，雲見於鄴。先主與雲同床眠臥，密遣雲合募得數百人，皆稱劉左將軍部曲，紹不能知。遂隨先主至荊州。（《三國志‧蜀書‧趙雲傳》「雲遂隨從爲先主主騎」裴松之注引）

　　初，先主之敗，有人言雲已北去者，先主以手戟擿之曰：「子龍不棄我走也。」頃之，雲至。從平江南，以爲偏將軍，領桂陽太守，代趙範。範寡嫂曰樊氏，有國色，範欲以配雲。雲辭曰：「相與同姓，卿兄猶我兄。」固辭不許。時有人勸雲納之，雲曰：「範迫降耳，心未可測；天下女不少。」遂不取。範果逃走，雲無纖介。先是，與夏侯惇戰於博望，生獲夏侯蘭。蘭是雲鄉里人，少小相知，雲白先主活之，薦蘭明於法律，以爲軍正。雲不用自近，其愼慮類如此。先主入益州，雲領留營司馬。此時先主孫夫人以權妹驕豪，多將吳吏兵，縱橫不法。先主以雲嚴重，必能整齊，特任掌內事。權聞備西征，大遣舟船迎妹，而夫人內欲將後主還吳，雲與張飛勒兵截江，乃得後主還。（《三國志‧蜀書‧趙雲傳》「先主入蜀，雲留荊州」裴松之注引）

　　益州既定，時議欲以成都中屋舍及城外園地桑田分賜諸將。雲駁之曰：「霍去病以匈奴未滅，無用家爲，今國賊非但匈奴，未可求安也。須天下都定，各反桑梓，歸耕本土，乃其宜耳。益州人民，初罷兵革，田宅皆可歸還，令安居復業，然後可役調，得其歡心。」先主即從之。夏侯淵敗，曹公爭漢中地，運米北山下，數千萬囊。黃忠以爲可取，雲兵隨忠取米。忠過期不還，雲將數十騎輕行出圍，迎視忠等。值曹公揚兵大出，雲爲公前鋒所擊，方戰，其大眾至，勢偪，遂前突其陳，且鬬且卻。公軍敗，已復合，雲陷敵，還趣圍。將張著被創，雲復馳馬還營迎著。公軍追至圍，此時沔陽長張翼在雲圍內，翼欲閉門拒守，而雲入營，更大開門，偃旗息鼓。公軍疑雲有伏兵，引去。雲擂鼓震天，惟以戎弩於後射公軍，公軍驚駭，自相蹂踐，墮漢水中死者甚多。先主明旦自來至雲營圍視昨戰處，曰：「子龍一身都是膽也。」作樂飲宴至暝，軍中號雲爲虎威將軍。孫權襲荊州，先主大怒，欲討權。雲諫曰：「國賊是曹操，非孫權也，且先滅魏，則吳自服。操身雖斃，子丕篡盜，當因眾心，早圖關中，居河、渭上流以討凶逆，關東義士必裹糧策馬以迎王師。不應置魏，先與吳戰；兵勢一交，不得卒解也。」先主不聽，遂東征，留雲督江州。先主失利於秭歸，雲進兵至永安，吳軍已退。（《三國志‧蜀書‧趙

雲傳》「成都既定，以雲爲翊軍將軍」裴松之注引）

亮曰：「街亭軍退，兵將不復相錄，箕谷軍退，兵將初不相失，何故？」芝答曰：「雲身自斷後，軍資什物，略無所棄，兵將無緣相失。」雲有軍資餘絹，亮使分賜將士，雲曰：「軍事無利，何爲有賜？其物請悉入赤岸府庫，須十月爲多賜。」亮大善之。（《三國志・蜀書・趙雲傳》「軍退，貶爲鎮軍將軍」裴松之注引）

後主詔曰：「雲昔從先帝，功績既著。朕以幼冲，涉塗艱難，賴恃忠順，濟於危險。夫諡所以敍元勳也，外議雲宜諡。」大將軍姜維等議，以爲雲昔從先帝，勞績既著，經營天下，遵奉法度，功效可書。當陽之役，義貫金石。忠以衛上，君念其賞；禮以厚下，臣忘其死。死者有知，足以不朽；生者感恩，足以殞身。謹按諡法，柔賢慈惠曰順，執事有班曰平，克定禍亂曰平，應諡雲曰順平侯。（《三國志・蜀書・趙雲傳》「時論以爲榮」裴松之注引）

費禕

孫權每別酌好酒以飲禕，視其已醉，然後問以國事，并論當世之務，辭難累至。禕輒辭以醉，退而撰次所問，事事條答，無所遺失。（《三國志・蜀書・費禕傳》「禕辭順義篤據理以答終不能屈」裴松之注引）

權乃以手中常所執寶刀贈之，禕答曰：「臣以不才，何以堪明命？然刀所以討不庭、禁暴亂者也，但願大王勉建功業，同獎漢室，臣雖闇弱，終不負東顧。」（《三國志・蜀書・費禕傳》「君天下淑德必當股肱蜀朝恐不能數來也」裴松之注引）

於時軍國多事，公務煩猥，禕識悟過人，每省讀書記，舉目暫視，已究其意旨，其速數倍於人，終亦不忘。常以朝晡聽事，其間接納賓客，飲食嬉戲，加之博弈，每盡人之歡，事亦不廢。董允代禕爲尚書令，欲斅禕之所行，旬日之中，事多愆滯。允乃歎曰：「人才力相縣若此甚遠，此非吾之所及也。聽事終日，猶有不暇爾。」（《三國志・蜀書・費禕傳》「頃之代蔣琬爲尚書令」裴松之注引）

魏延與楊儀並坐爭論，延或舉刃擬儀，儀涕泣下，禕常入坐其間，諫喻分別。（《太平御覽》卷四百九十六「人事部一百三十七　鬮爭」引）

禕雅性謙素，家不積財。兒子皆令布衣素食，出入不從車騎，無異凡人。（《三國志・蜀書・費禕傳》「禕當國功名略與琬比」裴松之注引）

恭爲尙書郎，顯名當世，早卒。（《三國志·蜀書·費褘傳》「承弟恭尙公主」裴松之注引）

蒲元

元爲丞相諸葛亮西曹掾。〔註107〕亮欲北伐魏，〔註108〕患粮難致。元牋與亮曰〔註109〕：「元等輒推意作一腳牛，〔註110〕牛抵仰雙轅，人行六尺，牛行四步。人載一歲之粮，日行一十里，人不勞，牛不飲，即日已就。然非常之事，人所惑之。」（《職官分紀》卷五「掌機密　掾屬　推意作一腳牛」引）

元於斜谷爲諸葛亮鑄刀三千口，言漢水不任淬，蜀水爽烈，是謂大金之元精，刀成，以竹筒納鐵珠滿中，舉刀斷之，應手而落。〔註111〕（【隋】杜公瞻《編珠》卷二「斬鐵刀切玉劍」引）

孫堅

堅攻荊州，刺史劉表使江夏太守黃祖拒於楚鄧間。祖使將士伏射，殺堅於峴山中。（《建康實錄》卷一「兄子賁扶堅喪還葬曲阿收其眾歸袁術於淮南」注引）

高仙公

孫堅欲害仙公，馳馬往逐，見仙公徐行，逐之不及。（《太平御覽》卷三百九十四「人事部三十五　行」引）

顧譚

《顧譚別傳》

譚時爲太常錄尙書事，後徙交趾。初，吳以罪徙者，皆收家財入官。及

〔註107〕「西曹」，原文無，據《北堂書鈔》卷六十八設官部二十「掾一百三十七　蒲元作木牛」所引補。

〔註108〕「魏」，原文無，據《北堂書鈔》卷六十八設官部二十「掾一百三十七　蒲元作木牛」所引補。

〔註109〕「牋」，《北堂書鈔》卷六十八設官部二十「掾一百三十七　蒲元作木牛」引作「牒」。

〔註110〕「腳牛」，《北堂書鈔》卷六十八設官部二十「掾一百三十七　蒲元作木牛」引作「木牛」。

〔註111〕此段文字，《佩文韻府》卷十九「下平聲　四豪韻一　淬刀」引作「君性多奇思，於斜谷爲諸葛亮鑄刀三千口。刀成，自言漢水鈍弱，不任淬用，命人於成都取江水，君以淬刀。以竹筒納鐵珠滿中，舉刀斷之，應手虛落。」

君下獄，簿其資，唯有犢車一乘，牛數頭，奴婢不滿十人，無尺帛珠金之寶。上聞而嘉之，皆以君財付叔文後。〔註112〕（《太平御覽》卷七百七十五「車部四　犢車」引）

陸機《顧譚傳》

宣太子正位東宮，天子方隆訓導之義，妙簡俊彥，講學左右。時四方之傑畢集，太傅諸葛恪等雄奇蓋眾，而譚以清識絕倫，獨見推重。自太尉范慎、謝景、羊徽之徒，皆以秀稱其名，而悉在譚下。（《三國志‧吳書‧顧譚傳》「轉輔正都尉」劉孝標注引）

陸績

績字公紀，吳郡人也。太守王朗命爲功曹，風化肅穆，郡內大治。（《太平御覽》卷二百六十四「職官部六十二　功曹參軍」引）

孫策在吳，張紘爲上客，共論四海未安，當用武治而平之。績年少末座，遙大聲言曰：「昔管仲相齊，桓公九合諸侯，一匡天下，不用兵車。孔子曰：『遠人不服，修文德以來之。』今論者不務道德之術，而唯當用武績，雖童蒙，竊所未安。」（《太平御覽》卷四百五「人事部四十六　賓客」引）

胡綜

胡綜博物多識，吳孫權（《太平廣記》卷一百九十七「博物　胡綜」引）時有掘地得銅匣，長二尺七寸，以琉璃爲蓋，布雲母於其上。開之，得白玉如意，所執處皆刻螭虎及蠅蟬等形，時人莫知其由。〔註113〕吳大帝以綜多識，往問之。綜答曰：「昔秦始皇東遊，以金陵有天子氣，乃鑿山岡，處處輒埋寶物，〔註114〕以當王者之氣，其事見於《秦記》，〔註115〕此抑是乎？」眾人咸歎其洽聞，而悵然自失。〔註116〕（《北堂書鈔》卷一百三十五「儀飾部六　如

〔註112〕「皆以君財付叔文後」，《北堂書鈔》卷一百四十「車部　犢車十」引作「悉以付還」。

〔註113〕「時人莫知其由」，《太平御覽》卷七百三「服用部五　如意」引作「時人莫有識者」。

〔註114〕「乃鑿山岡，處處輒埋寶物」，《太平御覽》卷七百三「服用部五　如意」引作「乃改名，掘鑿江湖，平諸山南，處處輒埋寶物。」

〔註115〕「其事見於《秦記》」，原文無，據《太平御覽》卷七百三「服用部五　如意」所引補。

〔註116〕「眾人咸歎其洽聞，而悵然自失」，原文無，據《太平廣記》卷一百九十七「博

意三十二　白玉如意」引）

樓承先

樓玄到廣州，密步虞仲翔故宅處，遂徘徊躑躅，哀咽慘愴，不能自勝。（《太平御覽》卷一百八十「居處部八　宅」引）

西山越民反，所過殘毀。至樓氏之家，往中庭，顧見釜甑尚著於竈，曰：「恐他方寇取之」仍為取洗，沈於井中而去。樓家後還，皆盡得之。（《太平御覽》卷七百五十七「器物部二　釜」引）

自云征討，常著戎服，未嘗脫屬。（《北堂書鈔》卷一百三十六「儀飾部七　屬八十五　未嘗脫屬」引）

孟宗

宗事母至孝，母亦能訓之以禮。宗初為雷池監，奉魚於母，母還其所寄，遂絕不復食魚。後宗典知糧穀，乃表陳曰：「臣昔為雷池監，母三年不食魚。臣若典糧穀，臣母不可以三年不食米，臣是以死守之。」（《太平御覽》四百一十三「人事部五十四　孝中」引）

孟宗為光祿勳，嘗大會公卿，先少飲酒，偶有強者，飲一杯便吐。時令峻急，凡有醉吐者，皆傳詔司察。公吐麥飯，察者以聞。上乃歎息，詔問食麥飯意。宗答曰：「臣家足有米飯耳。直愚性所安。」其德行純素如此。〔註117〕（《太平御覽》卷七百四十三「疾病部六　嘔吐」引）

孟宗為豫章太守，民思其惠，路有行歌，故時之生子者，多以孟為名。（《太平御覽》卷三百六十二「人事部三　名」引）

虞翻

朗使翻見豫章太守華歆，圖起義兵。翻未至豫章，聞孫策向會稽，翻乃還。會遭父喪，以臣使有節，不敢過家，星行追朗至候官。朗遣翻還，然後奔喪。」（《三國志・吳書・虞翻傳》「卿有老母可以還矣」裴松之注引）

權即尊號，翻因上書曰：「陛下膺明聖之德，體舜、禹之孝，曆運當期，順天濟物。奉承策命，臣獨抃舞。罪棄兩絕，拜賀無階，仰瞻宸極，且喜且

〔註117〕「其德行純素如此」，《初學記》卷十二「職官部下」引作「上乃歎息曰：『至德清純如此。』」

物　胡綜」所引補。

悲。臣伏自刻省，命輕雀鼠，性輶毫釐，罪惡莫大，不容於誅，昊天罔極，全宥九載，退當念戮，頻受生活，復偷視息。臣年耳順，思咎憂憤，形容枯悴，髮白齒落，雖未能死，自悼終沒，不見宮闕百官之富，不覿皇輿金軒之飾，仰觀巍巍眾民之謠，傍聽鍾鼓侃然之樂，永隕海隅，棄骸絕域，不勝悲慕，逸豫大慶，悅以忘罪。」（《三國志・吳書・虞翻傳》「門徒常數百人」裴松之注引）

翻初立《易》注，奏上曰：「臣聞六經之始，莫大陰陽，是以伏羲仰天縣象，而建八卦，觀變動六爻為六十四，以通神明，以類萬物。臣高祖父故零陵太守光，少治孟氏《易》，曾祖父故平輿令成，纘述其業，至臣祖父鳳為之最密。臣亡考故日南太守歆，受本於鳳，最有舊書，世傳其業，至臣五世。前人通講，多玩章句，雖有祕說，於經疏闊。臣生遇世亂，長於軍旅，習經於枹鼓之間，講論於戎馬之上，蒙先師之說，依經立注。又臣郡吏陳桃夢臣與道士相遇，放髮被鹿裘，布《易》六爻，撓其三以飲臣，臣乞盡吞之。道士言《易》道在天，三爻足矣。豈臣受命，應當知經！所覽諸家解不離流俗，義有不當實，輒悉改定，以就其正。孔子曰『乾元用九而天下治。』聖人南面，蓋取諸離，斯誠天子所宜協陰陽致麟鳳之道矣。謹正書副上，惟不罪戾。」翻又奏曰：「經之大者，莫過於《易》。自漢初以來，海內英才，其讀《易》者，解之率少。至孝靈之際，潁川荀諝號為知《易》，臣得其注，有愈俗儒，至所說西南得朋，東北喪朋，顛倒反逆，了不可知。孔子歎《易》曰：『知變化之道者，其知神之所為乎！』以美大衍四象之作，而上為章首，尤可怪笑。又南郡太守馬融，名有俊才，其所解釋，復不及諝。孔子曰：『可與共學，未可與適道。』豈不其然！若乃北海鄭玄，南陽宋忠，雖各立注，忠小差玄而皆未得其門，難以示世。」又奏鄭玄解《尚書》違失事目：「臣聞周公制禮以辨上下，孔子曰：『有君臣然後有上下，有上下然後禮義有所錯』，是故尊君卑臣，禮之大司也。伏見故徵士北海鄭玄所注《尚書》，以《顧命》康王執瑁，古『月』似『同』，從誤作『同』，既不覺定，復訓為杯，謂之酒杯；成王疾困憑几，洮頮為濯，以為澣衣成事，『洮』字虛更作『濯』，以從其非；又古大篆『卯』字讀當為『柳』，古『柳』『卯』同字，而以為昧；『分北三苗』，『北』古『別』字，又訓北，言北猶別也。若此之類，誠可怪也。玉人職曰天子執瑁以朝諸侯，謂之酒杯；天子頮面，謂之澣衣；古篆『卯』字，反以為昧。甚違不知蓋闕之義。於此數事，誤莫大焉，宜命學官定此三事。又馬融訓注

亦以爲同者大同天下，今經益『金』就作『銅』字，詁訓言天子副璽，雖皆不得，猶愈於玄。然此不定，臣沒之後，而奮乎百世，雖世有知者，懷謙莫或奏正。又玄所注五經，違義尤甚者百六十七事，不可不正。行乎學校，傳乎將來，臣竊恥之。」翻放棄南方，云「自恨疏節，骨體不媚，犯上獲罪，當長沒海隅，生無可與語，死以青蠅爲弔客，使天下一人知己者，足以不恨。」以典籍自慰，依《易》設象，以占吉凶。又以宋氏解玄頗有繆錯，更爲立法，并著《明楊》、《釋宋》以理其滯。（《三國志·吳書·虞翻傳》「又爲老子論語國語訓注皆傳於世」裴松之注引）

翻遺令儉葬，唯以《老子》兩卷，示存道德而已。（《北堂書鈔》卷九十二「禮儀部　葬三十二」引）

諸葛恪

權嘗饗蜀使費禕，先逆敕羣臣：「使至，伏食勿起。」禕至，權爲輟食，而羣下不起。禕嘲之曰：「鳳凰來翔，騏驎吐哺，驢騾無知，伏食如故。」恪答曰：「爰植梧桐，以待鳳凰，有何燕雀，自稱來翔？何不彈射，使還故鄉！」禕停食餅，索筆作《麥賦》，恪亦請筆作《磨賦》，咸稱善焉。權嘗問恪：「頃何以自娛，而更肥澤？」恪對曰：「臣聞富潤屋，德潤身，臣非敢自娛，脩己而已。」又問：「卿何如滕胤？」恪答曰：「登階躡履，臣不如胤；迴籌轉策，胤不如臣。」恪嘗獻權馬，先其耳。范慎時在坐，嘲恪曰：「馬雖大畜，稟氣於天，今殘其耳，豈不傷仁？」恪答曰：「母之於女，恩愛至矣，穿耳附珠，何傷於仁？」太子嘗嘲恪：「諸葛元遜可食馬矢。」恪曰：「願太子食雞卵。」權曰：「人令卿食馬矢，卿使人食雞卵何也？」恪曰：「所出同耳。」權大笑。（《三國志·吳書·諸葛恪傳》「恪之才捷皆此類也」裴松之注引）

西　晉

山濤

袁宏《山濤別傳》

陳留阮籍、譙國嵇康，並高才遠識，少有悟其契者。濤初不識，一與相遇，便爲神交。（《初學記》卷十八「人部中　交友第二」引）

向秀

　　秀字子期，河內人。少爲同郡山濤所知，又與譙國嵇康、東平呂安友善，並有拔俗之韻，其進止無固必，而造事營生業，亦不異。常與嵇康偶鍛於洛邑，與呂安灌園於山陽，不慮家人有無，外物不足怫其心。弱冠著《儒道論》，棄而不錄。好事者或存之。或云：「是其族人所作，困於不行，乃告秀，欲假其名。」秀笑曰：「可復爾耳！」後康被誅，秀遂失圖，乃應歲舉。到京師，詣大將軍司馬文王，文王問曰：「聞君有箕山之志，何能自屈？」秀曰：「常謂彼人不達堯意，本非所慕也。」一坐皆悅。隨次轉至黃門侍郎、散騎常侍。（《世說新語》言語 18 劉孝標注引）

　　秀與嵇康、呂安爲友，趣舍不同。嵇康傲世不羈，安放逸邁俗，秀雅好讀書，二子頗以此嗤之。後秀將注《莊子》，先以告康、安，康、安咸曰：「此書詎復須注，徒棄人作樂事耳。」及成，以示二子，曰：「爾故復勝不？」康、安乃驚曰：「莊周不死矣！」後注《周易》，大義可觀，而與漢世諸儒互有彼此，未若隱莊之絕倫也。（《世說新語》文學 17 劉孝標注引）

裴楷

　　裴楷少知名，而風情朗悟。初，陳留阮籍遭母喪，楷弱冠往弔。籍乃離喪位，神志晏然，至乃縱情嘯詠，傍若無人。楷不爲改容，行止自若。遂便率情獨哭，哭畢而退，威容舉動無異。（《太平御覽》卷五百六十一「禮儀部四十　弔」引）

　　楷營新宅，基宇甚麗。當移住，與兄共遊行，牀帳儼然，櫳軒疏朗。兄心甚願之，而口不言。楷心知其意，便使兄住。（《藝文類聚》卷六十四「居處部四　宅舍」引）

　　賈充等治法律，楷亦參典其事。事畢，詔專讀奏，平章當否。楷善能諷誦，音聲宣暢，執刑書穆，以若清詠焉。（《太平御覽》卷三百八十八「人事部二十九　聲」引）

　　石崇嘗與裴楷、孫綽醉宴，而綽慢節過度。崇責之，楷曰：「季舒酒狂，四海所知，足下飲人狂藥，責人正禮。」（《太平御覽》卷七百三十九「疾病部二　狂」引）

庾袞（庾異行）

異行妻樂氏生子澤。初，異行妻捃而產於澤，遂以命之。〔註118〕（《太平御覽》卷八百二十四「資產部四　捃」引）

王祥

晉受禪時，廊廟之士莫不懾容，而祥色不加怡。時人爲之語曰：「王公恨恨，有送故之情也。」（《太平御覽》卷四百九十六「人事部一百三十七　諺下」引）

潘京

陳躭初爲州主簿，司空何次道帢偏岸，謿躭：「頓帢有所蔽也。」應聲報曰：「躭頓以蔽，有明府岸以示無。」（《太平御覽》卷六百八十八「服章部五　帢」引）

潘岳

岳姿容甚美，風儀閑暢，〔註119〕（《世說新語》容止7劉孝標注引）夙以才穎發名。其所著述，清綺絕倫。爲黃門侍郎，爲孫秀所殺。（《三國志・魏書・衛覬傳附潘勗傳》「建安末，尚書右丞河南潘勗」裴松之注）

潘尼

尼少有清才，文辭溫雅。初應州辟，後以父老歸供養。居家十餘年，父終，晚乃出仕。尼嘗贈陸機詩，機答之，其四句曰：「猗歟潘生，世篤其藻，仰儀前文，丕隆祖考。」位終太常。（《三國志・魏書・衛覬傳附潘勗傳》「建安末，尚書右丞河南潘勗」裴松之注）

張華

大駕西征，鍾會至長安，華兼中書侍郎，從行掌軍事，中書疏表檄，文帝善之。（《藝文類聚》卷五十八「雜文部四　書」引）

陳壽好學，善著述，師事同郡譙周，少仕蜀，在觀閣爲郎，除中書著作

〔註118〕《晉書・庾袞傳》云：「有四子：怦、蔑、澤、捃。在澤生，故名澤。因捃生，故曰捃。」

〔註119〕「岳姿容甚美，風儀閑暢」，《三國志・魏書・衛覬傳附潘勗傳》「建安末，尚書右丞河南潘勗」裴松之注引作「岳美姿容」。

郎，撰《三國志》。（《初學記》卷十二「職官部下」引）

　　當時夏侯湛等多欲作《魏書》，見壽所作，即壞已書。（《初學記》卷十二「職官部下」引）

張載

　　張載文章殊妙，嘗爲《濛汜池賦》。傅玄見之，嘆息稱妙，以車迎載，言談終日。（《藝文類聚》卷五十五「雜文部一　談講」引）

陸機、陸雲

《陸機別傳》

　　博學，善屬文，非禮不動。入晉，仕著作郎，至平原內史。（《世說新語》言語 26 劉孝標注引）

　　成都王長史盧志，與機弟雲趣舍不同。又黃門孟玖求爲邯鄲令於穎，穎教付雲。雲時爲左司馬，曰：「刑餘之人，不可以君民。」玖聞此，怨雲，與志讒構日至。及機於七里澗大敗，玖誣機謀反所致。（《世說新語》尤悔 3 劉孝標注引）孟玖欺成都王穎曰：「陸機司馬孫承，備知機情，可考驗也。」穎於是收承父子五人，考掠備加，踝骨皆脫出，終不誣機。（《太平御覽》卷三百七十二「人事部十三　踝」引）穎乃使牽秀斬機。先是，夕夢黑幰繞車，手決不開，惡之。明旦，秀兵奄至。機解戎服，著衣幘見秀，容貌自若，遂見害。時年四十三。軍士莫不流涕。是日，天地霧合，大風折木，平地尺雪。時人以爲冤。」〔註120〕（《世說新語》尤悔 3 劉孝標注引）

《陸雲別傳》

　　雲字士龍，吳大司馬抗之第五子，機同母之弟也。儒雅有俊才，容貌瓌偉，口敏能談，博聞強記，善著述。六歲便能賦詩，時人以爲項託、揚烏之儔也。年十八，刺史周浚命爲主簿。浚常歎曰：「陸士龍當今之顏淵也。」累遷太子舍人、清河內史。爲成都王所害。（《世說新語》賞譽 20 劉孝標注引）

《機雲別傳》

　　晉太康末，俱入洛，造司空張華，華一見而奇之曰：「伐吳之役，利在獲二儁。」遂爲之延譽，薦之諸公。太傅楊駿辟機爲祭酒，轉太子洗馬、尚書

〔註120〕「時人以爲冤」，原文無，據《太平御覽》卷十二「天部十二　雪」所引補。

著作郎，雲爲吳王郎中令，出宰浚儀，甚有惠政。吏民懷之，生爲立祠。後並歷顯位。機天才綺練，文藻之美，獨冠於時。雲亦善屬文，清新不及機，而口辯持論過之。於時朝廷多故，機、雲並自結於成都王穎。穎用機爲平原相，雲清河內史，尋轉雲右司馬，甚見委仗。無幾而與長沙王搆隙，遂舉兵攻洛，以機行後將軍，督王粹、牽秀等諸軍二十萬，士龍著《南征賦》以美其事。機吳人，羈旅單宦，頓居羣士之右，多不厭服。機屢戰失利，死散過半。初，宦人孟玖，穎所嬖幸，乘寵豫權，雲數言其短，穎不能納，玖又從而毀之。是役也，玖弟超亦領眾配機，不奉軍令。機繩之以法，超宣言曰陸機將反。及牽秀等譖機於穎，以爲持兩端，玖又搆之於內，穎信之，遣收機，并收雲及弟耽，並伏法。機兄弟既江南之秀，亦著名諸夏，並以無罪夷滅，天下痛惜之。機文章爲世所重，雲所著亦傳於世。初，抗之克步闡也，誅及嬰孩，識道者尤之曰：「後世必受其殃！」及機之誅，三族無遺，孫惠與朱誕書曰：「馬援擇君，凡人所聞，不意三陸相攜暴朝，殺身傷名，可爲悼歎。（《三國志·吳書·陸遜傳》「與景俱張承外孫也」裴松之注引）

歐陽建

建文辭美贍，搆理精微。（《北堂書鈔》卷一百「藝文部六　歎賞二十一」引）

左思

思字太沖，齊國臨淄人。父雍，起於筆札，多所掌練，爲殿中御史。思早喪母，雍憐之，不甚教其書學。及長，博覽名文，遍閱百家。司空張華辟爲祭酒，賈謐舉爲祕書郎。謐誅，歸鄉里，專思著述。齊王冏請爲記室參軍，不起，時爲《三都賦》未成也。後數年，疾終。其《三都賦》改定，至終乃止。初，作《蜀都賦》云：「金馬電發於高岡，碧雞振翼而雲披。鬼彈飛丸以礔礰，火井騰光以赫曦。」今無「鬼彈」，〔註121〕故其賦往往不同。思爲人無吏幹，而有文才，又頗以椒房自矜，故齊人不重也。（《世說新語》文學 68 劉孝標注引）

思造張載，問岷、蜀事，交接亦疎。（《世說新語》文學 68 劉孝標注引）

〔註121〕「今無『鬼彈』」，《駢字類編》卷十二「天地門十二　電　電發」引作「今本無『鬼丸』句」。

賀循

循字彥先，會稽山陰人。本姓慶，高祖純避漢帝諱，改爲賀氏。父劭，吳中書令，以忠正見害。循少嬰家禍，流放荒裔，吳平乃還。秉節高舉，元帝爲安東王，循爲吳國內史。(《世說新語》規箴 13 劉孝標注引)

荀勗

晉司徒闕，武帝問其人於勗。答曰：「三公具瞻所歸，不可用非其人。昔魏文帝用賈詡爲三公，孫權笑之。」(《三國志‧魏書‧賈詡傳》「文帝即位，以詡爲太尉」裴松之注引)

賈充

充父逵，晚有子，故名曰充，字公閭，言後必有充閭之異。(《世說新語》惑溺 3 劉孝標注引)

李氏有淑性令才也。(《世說新語》賢媛 13 劉孝標注引)

何禎

禎，廬江潛人，父他，字文奇，有雋才，早卒。禎在孕而孤，生遇荒亂，歸於舅氏。齠齔乃追行喪，哀泣合禮，鄉邑稱焉。十餘荒耽志博覽，〔註 122〕研精群籍，名馳淮泗。(《太平御覽》卷三百八十五「人事部二十六 幼智下」引)

趙至

至字景眞，代郡人。流客緱氏令新之官，至年十三，與母共道傍觀。母曰：「汝先世本非微賤家也，世亂流離，遂爲士伍耳。後能至此不？」至答曰：「可耳。」便求就師讀書。早起，聞父耕叱牛聲，釋書而泣。師問其故，答曰：「自傷不能致榮，使老父不免勤苦。」師大異之，稱其當爲大器。(《太平御覽》卷三百八十五「人事部二十六 幼智下」引)

趙穆

汲郡修武趙君，年三十七，四薦宰相，〔註 123〕不就。元康三年，太守羊

〔註 122〕按「十餘荒」，疑爲「十餘歲」之誤。
〔註 123〕按「四薦宰相」，當作「宰相四薦」。

伊以爲四科之貢，宜盡國美，遂扶輿激喻，以光歲貢。〔註124〕（《初學記》卷二十「政理部　薦舉第四」引）

曹攄

攄爲臨淄令，放死囚還家，如期並至。（《淵鑑類函》卷一百十六「設官部五十六　縣令」引）

攄爲洛陽令，於時大雪，而宮門夜忽失行馬。攄曰：「此非他竊理可保明，必是門士以療寒。」驗之而具服。（《太平御覽》卷十二「天部十二　雪」引）

陳逵

逵字林道，潁川許昌人。祖準，太尉。父畛，光祿大夫。逵少有幹，以清敏立名。襲封廣陵公、黃門郎、西中郎將，領梁、淮南二郡太守。（《世說新語》品藻 59 劉孝標注引）

葛洪

洪家貧，負笈徒步賣薪，以給紙筆，夜燃柴火寫書。（《北堂書鈔》卷九十七「藝文部三　好學十一」引）所寫之書，皆反覆有字，人少能讀。至不知碁局幾道，不識摴捕齒名。（《淵鑑類函》卷二百二「文學部十一　好學三」引）

傅咸

咸少屬文，不貴詞人之賦，潁川庾純嘗歎曰：「傅長虞之文，意不可及也。」（《淵鑑類函》卷一百九十六「文學部五　文章四」引）

友人魯仲叔雅量弘齊，思心邃遠。遷太子洗馬，咸云：「謬蒙朝恩，忝授斯職，喜得與此子同班共事也。」（《北堂書鈔》卷六十六「設官部十八　太子洗馬一百二十七」引）

盧諶

諶善著文章。洛陽傾覆，北投劉琨，琨以爲司空從事中郎。琨敗，諶歸段末波。元帝之初，累召爲散騎中書侍郎，不得南赴。永和六年，卒於胡中，

〔註124〕按「以光歲貢」，當作「以充歲貢」。

子孫過江。妖賊帥盧循，諶之曾孫。（《三國志・魏書・盧毓傳》「咸熙中，欽爲尙書，珽泰山太守。」裴松之注引）

孫惠

惠好學有才智，晉永寧元年，赴齊王冏義，以功封晉興侯，辟大司馬賊曹屬。冏驕矜僭侈，天下失望。惠獻言於冏，諷以五難、四不可，勸令委讓萬機，歸藩青岱，辭甚深切。冏不能納，頃之果敗。成都王穎召爲大將軍參軍。是時穎將有事於長沙，以陸機爲前鋒都督。惠與機鄉里親厚，憂其致禍，謂之曰：「子盍讓都督於王粹乎？」機曰：「將謂吾避賊首鼠，更速其害。」機尋被戮，二弟雲、耽亦見殺，惠甚傷恨之。永興元年，乘輿幸鄴，司空東海王越治兵下邳，惠以書干越，詭其姓名，自稱南岳逸民秦祕之，勉以勤王匡世之略，辭義甚美。越省其書，牓題道衢，招求其人。惠乃出見，越即以爲記室參軍，專掌文疏，豫參謀議。每造書檄，越或驛馬催之，應命立成，皆有辭旨。累遷顯職，後爲廣武將軍、安豐內史。年四十七卒。惠文翰凡數十首。（《三國志・吳書・孫賁傳附孫鄰傳》「苗弟旅及叔父安熙續皆歷列位」裴松之注引）

蔡克

克祖睦，〔註125〕蔡邕從孫也。克少好學，有雅尙，體貌尊嚴，莫有媟慢於其前者。高平劉整有雋才，而車服奢麗，謂人曰：「紗縠，人常服耳。」嘗遇蔡子尼在坐，終日不自安，見憚如此。是時陳留爲大郡，多人士。琅邪王澄嘗經郡，入境，問：「此郡多士，有誰乎？」吏曰：「有江應元、蔡子尼。」時陳留多居大位者，澄問：「何以但稱此二人？」吏曰：「向謂君侯問人，不謂位也。」澄笑而止。克歷成都王東曹椽，故稱東曹。（《世說新語》輕詆 6 劉孝標注引）

傅宣

宣字世和，北地況人也。年十三而著《河喬賦》，有文義。（《太平御覽》卷三百八十五「人事部二十六　幼智下」引）

〔註125〕「克」，原文作「充」，據《晉書・蔡謨傳》改，下文凡云「充」者，均據改。

樂廣

謝鯤《樂廣傳》

楷雋朗有識具，當時獨步。(《三國志・魏書・裴潛傳》「秀咸熙中爲尙書僕射」裴松之注引）

劉惔

《劉尹別傳》

惔字眞長，沛國相人也，漢氏之後。眞長有雅裁，雖蓽門陋巷，晏如也。歷司徒左長史、侍中、丹陽尹，爲政務鎮靜信誠，風塵不能移也。(《世說新語》德行 35 劉孝標注引）

惔既令望，姻婭帝室，故屢居達官。然性不偶俗，心淡榮利，雖身登顯列，而每挹降，閒靜自守而已。(《世說新語》賞譽 88 劉孝標注引）

《劉惔別傳》

惔有雋才，其談詠虛勝，理會所歸，王濛略同，而敘致過之。(《世說新語》品藻 48 劉孝標注引）

阮孚

咸與姑書曰：「胡婢遂生胡兒。」姑答書曰：「《魯靈光殿賦》曰：『胡人遙集於上楹』，可字曰遙集也。」故孚字遙集。(《世說新語》任誕 15 劉孝標注引）

孚風韻疏誕，少有門風。(《世說新語》雅量 15 劉孝標注引）

郭璞

璞少好經術，明解卜筮。永嘉中，海內將亂，璞投策歎曰：「黔黎將同異類矣。」便結親暱十餘家南渡江，居於暨陽。(《世說新語》術解 7 劉孝標注引）

璞奇博多通，文藻粲麗，才學賞豫，足參上流。其詩賦誄頌，並傳於世；而訥於言，造次詠語，常人無異。又不持儀檢，形質頹索，縱情嫚惰，時有醉飽之失。友人干令升戒之曰：「此伐性之斧也。」璞曰：「吾所受有分，恒恐用之不盡，豈酒色之能害？」王敦取爲參軍。敦縱兵都輦，乃諮以大事；璞極言成敗，不爲迴屈。敦忌而害之。(《世說新語》文學 76 劉孝標注引）

許肅

　　肅爲愍帝侍中，左衛將軍趜武將與肅齊心拒守，而外救已退，城遂陷沒。齒逼愍帝，送於平陽。肅後冒難侍左右。劉載乃以帝爲歸漢王，頃之，陰行鴆毒，帝因食心悶，欲見許侍中。肅馳詣賊相見，帝已不復能語。肅曰：「不審陛下尙識臣不？」帝猶能執肅手，流涕。肅獻欬登牀，帝遂殂於扶抱之中。晝夜號泣，哀感異類。載外欲明已不害，乃僞責諸臣，欲盡誅之。羣臣迸竄，唯肅獨曰：「備位故臣，願乞得殯殮，然後就戮。」載特聽許。事訖，詣載曰：「國亂不能匡，君亡弗能死，舉目莫非愧恥，將何顏以存。所以忍辱，正以山陵未畢故耳。微情已敘，甘就刑戮。」賊共義之，曰：「此晉之忠臣，宜加甄賞。」載遂從議，故得全免。（《太平御覽》卷四百一十八「人事部五十九　忠貞」引）

周處

　　處字子隱，吳郡陽羨人。父魴，吳鄱陽太守。處少孤，不治細行。（《世說新語》自新1劉孝標注引）

　　氐賊齊萬年爲亂，以處爲建威將軍，以兵五千，受夏侯俊節度。處〔註126〕遂進軍大戰，奮劍慷慨，仰天歎曰：「古者良將受命，鑿凶門以出，盖〔註127〕有進無退。」以身殉國，遂戰而死。（《初學記》卷十七「人部　忠第三」引）

祖逖

　　逖爲豫州刺史，克己矜施，不畜資產。喪亂之餘，白骨未收者，爲之殯葬。其有骨肉恩薄，不收斂者，皆加貶責。由是百姓感化，復覩太平。置酒大會，坐中耆老相與流涕而歎曰：「吾等投老，更得父母，死將何恨。」又童謠曰：「幸哉遺民免豺虎，三辰既朗遇慈父，玄酒清醪甘瓠脯，亦何報恩歌且舞。」（《太平御覽》卷二百五十八「職官部五十六　良刺史下」引）

祖約

　　約字士少，范陽遒人。累遷平西將軍、豫州刺史，鎮壽陽。與蘇峻反，

〔註126〕「以兵五千，受夏侯俊節度。處」，原文無，據《藝文類聚》卷二十「人部四忠」所引補。

〔註127〕「古者良將受命，鑿凶門以出，盖」，原文無，據《藝文類聚》卷二十四　忠」所引補。

峻敗，約投石勒。約本幽州冠族，賓客填門。勒登高望見車騎，大驚。又使占奪鄉里先人田地，地主多恨。勒惡之，遂誅約。（《世說新語》雅量15劉孝標注引）

衛玠

玠有虛令之秀，清勝之氣，在羣伍之中，有異人之望。祖太保見玠五歲，曰：「此兒神爽聰令，與眾大異；恐吾年老，不及見爾！」（《世說新語》識鑒8「衛玠年五歲，神衿可愛。祖太保曰：『此兒有異，顧吾老，不見其大耳！』」劉孝標注引）

玠在羣伍之中，實有異人之望。齠齔時，乘白羊車於洛陽市上，咸曰：「誰家璧人？」於是家門州黨號爲「璧人」。（《世說新語》容止19「衛玠從豫章下都，人久聞其名，觀者如堵牆。玠先有羸疾，體不堪勞，遂成病而死。時人謂之『看殺衛玠』。」劉孝標注引）

驃騎王濟，玠之舅也。嘗與同遊，語人曰：「昨日吾與外生共坐，若明珠之在側，朗然來照人。」〔註128〕（《世說新語》卷下之上「驃騎王武子，是衛玠之舅，雋爽有風姿。見玠，輒歎曰：『珠玉在側，覺我形穢。』」劉孝標注引）

玠少有名理，善通《莊》、《老》。琅邪王平子高氣不羣，邁世獨傲。每聞玠之語議，至於理會之間，要妙之際，輒絕倒於坐；前後三聞，爲之三倒。時人遂曰：「衛君談道，平子三倒。」（《世說新語》賞譽45「王平子邁世有雋才，少所推服；每聞衛玠言，輒歎息絕倒。」劉孝標注引）

玠少有名理，善《易》、《老》，素抱羸疾，〔註129〕初不於外擅相酬對，時友歎曰：「衛君不言，言必入玄。」武昌見大將軍王敦，敦與談論，咨嗟不能自已。（《世說新語》文學20「衛玠始度江，見王大將軍，因夜坐，大將軍命謝幼輿。玠見謝，甚悅之，都不復顧王，遂達旦微言，王永夕不得豫。玠體素羸，恒爲母所禁，爾夕忽極，於此病篤，遂不起。」劉孝標注引）

玠至武昌見王敦，敦與之談論，彌日信宿。敦顧謂僚屬曰：「昔王輔嗣吐

〔註128〕此段文字，《太平御覽》卷五百二十一「宗親部十一　外甥」引作「玠，王武子甥也。武子常與乘白羊車入市，舉市曰：『誰家璧人？』曰：『武子甥也。』武子常與同遊語曰：『昨與外甥玠并出，炯若明珠在側，朗然來照人。」

〔註129〕「素抱羸疾」，原文作「自抱羸疾」，據《世說新語》容止16「王丞相見衛洗馬，曰：『居然有羸形；雖復終日調暢，若不堪羅綺。』」劉孝標注引改。

金聲於中朝，此子今復玉振於江表，微言之緒，絕而復續。不悟永嘉之中，復聞正始之音；阿平若在，當復絕倒矣。」（《世說新語》賞譽 51「王敦爲大將軍鎮豫章，衛玠避亂從洛投敦，相見欣然，談話彌日。於時謝鯤爲長史，敦謂鯤曰：『不意永嘉之中，復聞正始之音；阿平若在，當復絕倒。』劉孝標注引）

陳留阮千里有令聞當年，太尉王君見而問曰：「老、莊與聖教同異？」阮曰：「將無同。」太尉善其言，而辟之爲掾，世號曰「三語掾」。君見而嘲之曰：「一言可辟，何假三？」阮曰：「苟是天下民望，可無言而辟，復何假於一言！」（《太平御覽》卷二百九「職官部七　太尉掾」引）

玠穎識通達，天韻標令，陳郡謝幼輿敬以亞父之禮。論者以爲出王眉子、平子、武子之右。世咸謂「諸王三子，不如衛家一兒。」娶樂廣女，裴叔道曰：「妻父有冰清之姿，婿有璧潤之望，所謂秦、晉之匹也。」爲太子洗馬。永嘉四年，南至江夏，與兄別於梁里澗，語曰：「在三之義，人之所重。今日忠臣致身之運，可不勉乎？」行至豫章，乃卒。（《世說新語》言語 32「衛洗馬初欲渡江，形神慘悴，語左右云：『見此茫茫，不覺百端交集。苟未免有情，亦復誰能遣此！』」劉孝標注引）

玠咸和中改遷於江寧，丞相王公教曰：「洗馬明當改葬。此君風流名士，海內民望，可脩三牲之祭，以敦舊好。」（《世說新語》傷逝 6「衛洗馬以永嘉六年喪，謝鯤哭之，感動路人。咸和中，丞相王公教曰：『衛洗馬當改葬。此君風流名士，海內所瞻，可脩薄祭，以敦舊好。』劉孝標注引）

永和中，劉眞長、謝仁祖共商略中朝人。或問：「杜弘治可方衛洗馬不？」謝曰：「安得比！其間可容數人。」（《世說新語》品藻 42「劉丹陽、王長史在瓦官寺集，桓護軍亦在坐，共商略西朝及江左人物。或問：『杜弘治何如衛虎？』桓答曰：『弘治膚清，衛虎弈弈神令。』王、劉善其言。」劉孝標注引）

石勒

《石勒別傳》

初，勒家園中生人參，葩茂甚盛。於時父老相者皆云此人體奇貌異，有大志量，其終不可知，勸邑人厚遇之。（《太平御覽》卷九百九十一「藥部八　人參」引）

勒微時，居與邑人李陽相近。陽性剛愎，每輕勒，與爭漚麻池，共相扞

搏，互有勝負。(《太平御覽》卷四百九十六「人事部一百三十七　鬭爭」引)

石勒元康中流宕山東，寄旅平原荏平界，與師欣家傭耕。耳恒聞鼓角鞞鐸之音，勒私異之。(《太平御覽》卷八百二十二「產資部二　耕」引)

冬十一月，大雪平地三尺。勒主簿程朗諫勒，不從，出獵墜馬，顧左右曰：「不從主簿之言，而致墜馬。」賜朗絹百疋，以旌忠亮。(《太平御覽》卷八百三十二「資產部十二　獵下」引)

《石勒傳》

勒字世龍，上黨武鄉人，匈奴之苗裔也。雄勇好騎射。晉元康中，流宕山東，與平原荏平人師歡家傭，耳恒聞鼓角鞞鐸之音，勒私異之。初，勒鄉里原上地中生石，日長，類鐵騎之象；國中生人參，葩葉甚盛。於時父老相者皆云：「此胡體貌奇異，有不可知。」勸邑人厚遇之，人多哂而不信。永嘉初，豪傑並起，與胡王陽等十八騎詣汲桑為左前督。桑敗，共推勒為主，攻下州縣，都於襄國。後僭正號，死，諡明皇帝。(《世說新語》識鑒 7 劉孝標注引)

石虎

虎字季龍，勒從弟。年十七八，身長七尺五寸，好弓馬射獵。迅健有勇力，同時等類，多畏憚之。(《太平御覽》卷三百八十六「人事部二十七　健」引)

武鄉長城縣民韓強，在長城西山巖石關中得玄璽一，方四寸，厚二寸，與璽同文曰：「受命於天，既壽永昌。」虎以為瑞。(《太平御覽》卷六百八十二「儀式部三　璽」引)

十三年春二月，虎率三公九卿，躬耕籍田。又令夫人與命婦先蠶近郊。是歲八月，雨雪大寒，行旅凍死。(《太平御覽》卷三十四「時序部十九　寒」引)

陳武

陳武字國本，休屠胡人。常騎驢牧羊，諸家牧豎十數人，或有知歌謠者，武遂學《太山梁父》、《幽州馬客吟》及《行路難》之屬。(《太平御覽》卷三百九十二「人事部三十三　吟」引)

武時人無察者，頓丘闓逗薦之於車府。或問武：「當今可與誰為輩？」逗

曰：「方謝道豎不足，比徐世璋有餘。」道豎、世璋皆同時知名士也。武聞之笑曰：「乃處我季、孟之間乎？」（《太平御覽》卷四百四十六「人事部八十七　品藻中」引）

夏仲御

夏統字仲御，永興人。與母兄弟居，恒星行夜歸，採稆求食。母老病，不綜家事，仲御四鼓起，洒掃庭內，鑽火炊之後，徑便入野。（《太平御覽》卷四百三十一「人事部七十二　勤」引）

夏仲御詣洛，到三月三日，洛中王公以下，莫不方軌連軫，並南浮橋邊被禊。男則朱服耀路，女則錦綺燦爛。仲御時在船中曝所市藥，雖見此輩，穩坐下帷。賈充望見，深奇其節，顧相與語：「此人有心膽，有似冀缺。」走往問船中安坐者為誰，仲御不應。重問，徐乃答曰：「會稽北海閒民夏仲御。」（《太平御覽》卷三十「時序部十五　三月三日」引）

仲御從父家女巫章丹、陳殊二人，妍姿冶媚，清歌妙舞，狀若飛仙。（《太平御覽》卷五百六十八「樂部六　女樂」引）

仲御當正會宗弟承問，御曰：「黃帳之裏，西施之孫，鄭袖之子，膚如凝脂，顏如桃李，徘徊容與，載進載止，彈琴而奏清角，翔風至而玄雲起。若乃攜手交舞，流盼頡頏，足踫鞞鼓，口銜笙簧，丹裙赫以四序，素耀煥以揚光，赴急絃而折倒，應緩節以相羊。遠望而雲，近視而雪，舒紅顏而微笑，啓朱唇而揚聲。」（《太平御覽》卷五百六十八「樂部六　女樂」引）

激南楚，吹胡笳，風雲為之搖動，星辰為之變度。」（《初學記》卷十五「樂部上　雅樂第一」引）

爰有天水玄酎，長安清醇，雜以東鄝，碧素芬馨。客望杯而乾咽，杯觸口而已傾。（《北堂書鈔》卷一百四十八「酒食部　酒六十」引）

郭文舉

郭文舉，河內人也。懷帝未濟江，至餘杭市賣箭箬易鹽米，以樹皮作囊，得米鹽，以納囊中。（《太平御覽》卷七百四「服用部六　囊」引）

先生每遊山林，輒旬月忘歸。華陰之崖，以觀石室之石函焉。（《淵鑑類函》卷二十六「地部四　石四　函」引）

荀采

荀采，爽女。爲陰瑜妻，而夫蚤亡。爽逼嫁與太原郭奕。采入郭氏室，暮乃去其帷帳，建四燈，斂色正坐，郭氏不敢逼。（《藝文類聚》卷八十「火部　燈」引）

葛仙翁

公與客談語。時天大寒，仙公謂客曰：「居貧，不能人人得鑪火，請作一大火，共致暖者。」仙公因吐氣火，赫然從口中出。須臾，火滿屋，客皆熱脫衣矣。（《藝文類聚》卷五「歲時下　寒」引）

仙公與客對食。客曰：「食畢，當請先〔註130〕作一奇戲。」食未竟，仙公曰：「諸君得無邑邑欲見乎？」即吐口中飯，盡成飛蜂滿屋，或集客身，莫不震肅，但自不螫人耳。良久，仙公乃張口，見蜂皆飛還，入口中成飯，食之。（《藝文類聚》卷九十七「鱗介部下　蜂」引）

仙公爲客設酒，不令人傳之，見杯自至，人前若不盡者，則杯不去。（《太平御覽》卷七百五十九「器物部四　杯」引）

時有一老人，頗能治病，從中國來，其人言年已數百歲。後他坐，仙公欲知此公定年。俄一人從天下，擧坐瞻目，良久集地，著朱衣、進賢冠，即問此公曰：「天遣我來，問君定年幾何。故欺詐民人，速以實對。」公大怖下地，長跪言曰：「無狀，實九十三。」仙公因撫手大笑，忽然失朱衣人所在。（《太平御覽》卷四百九十四「人事部一百三十五　詭詐」引）

仙公付書符投江中，順流而下。次又投一符，逆流而上。次投一符，不上不下，停住水中，而向二符皆還就之。（《太平御覽》卷七百三十六「方術部十七　符」引）

取十錢，使人一一投井中。公井上以器呼錢，人見從井中一一飛出，入公器中。投人刻識之，所呼皆得是所投者。（《太平御覽》卷八百三十六「資產部十六　錢下」引）

雷煥

煥字孔章，鄱陽人，善星曆卜占。晉司空張華夜見異氣起牛斗，華問煥見之乎，煥曰：「此謂寶劍氣。」華曰：「時有相吾者云：『君當貴達，身佩寶

〔註130〕按「當請先」後當脫一「生」字。

劍』，此言欲效矣。」乃以煥爲豐城令。煥至縣移獄，掘入三十餘尺，得青石函一枚，中有雙劍，文采未甚明。煥取南昌西山黃白土用拭劍，光艷照曜。乃送一劍并少黃土與華，自留一劍。華得劍并土，曰：「此干將也，莫耶何復不至？然天生神物，終當合耳。」乃更以華陰赤土一斤送與煥，煥得磨劍，鮮光愈亮。及華誅，劍亡，玉匣莫知所在。後煥亡，煥子爽帶劍經延平津，劍無故墮水，令人沒水逐，覺見二龍長數丈盤交，須臾，光采澄發，曜日映川。〔註131〕（《太平御覽》卷三百四十三「兵部七十四　劍中」引）

高坐道人

《高坐別傳》

和尚胡名帛尸黎密，西域人，傳云國王子，以國讓弟，遂爲沙門。永嘉中始到此土，止於大市中。和尚天姿高朗，風韻遒邁，丞相王公一見奇之，以爲吾之徒也。周僕射領選撫，其背而歎曰：「若選得此賢，令人無恨！」俄而周侯遇害，和尚對其靈坐，作胡咒數千言，音聲高暢，既而揮涕收淚。其哀樂廢興皆此類。性高簡，不學晉語。諸公與之言，皆因傳譯。然神領意得，頓在言前。（《世說新語》言語39劉孝標注引）

《高坐傳》

庾亮、周顗、桓彝，一代名士，一見和尚，披衿致契。曾爲和尚作目，久之未得。有云：「尸利密可稱卓朗。」於是桓始咨嗟，以爲標之極似。宣武嘗云：「少見和尚，稱其精神淵著，當年出倫。」其爲名士所歎如此。（《世說新語》賞譽48劉孝標注引）

佛圖澄

道人佛圖澄，不知何許人。出於燉煌，好佛道，出家爲沙門。永嘉中至洛陽，值京師有難，潛遁草澤。聞石勒雄異，好殺害，因勒大將軍郭黑略見勒，以麻油塗掌，占見吉凶數百里外；聽浮圖鈴聲，逆知禍福。勒甚敬信之。

〔註131〕此段文字，《太平御覽》卷三十七「地部二　土」引作「煥與張華見異氣起斗牛之間，煥曰：『此寶劍也。』拜煥豐城令，到縣掘獄基，入四十餘尺，得一石函。中有雙劍，琢錯文采，黳而未明。初經南昌，遣人取西山北巖下土二升，黃白色，拭劍，光艷照耀，莫不驚愕。張公得劍，喜置坐側，曰：『此土南昌西山北巖土也，不如華陰山赤土。』封一斤與君，答書曰：『詳觀豐城劍，眞干將也。』君更用赤土磨拭，愈益精明。」

（《世說新語》言語 45 劉孝標注）

　　石勒時天旱，沙門佛圖澄於石井崗掘得死龍，長尺餘，漬之以水，良久乃蘇。呪而祭之，龍騰空而上天，即雨降，因名龍崗。（《太平御覽》卷九百三十「鱗介部二　龍下」引）

　　虎即位，亦師澄，號「大和尙」。（《世說新語》言語 45 劉孝標注）

　　石虎時，自正月不雨至六月。澄詣滏口祠，稽首曝露，即日二白龍降於祠下，於是雨遍千里。（《太平御覽》卷九百三十「鱗介部二　龍下」引）

　　澄以鉢盛水，燒香呪之。須臾，鉢中生青蓮花。（《太平御覽》卷七百五十九「器物部四　鉢」引）

　　後趙尙書張離、張良家富，事佛起塔。澄謂曰：「事佛在於清淨無欲，慈矜爲心。檀越雖儀奉大法，而貪惜未已，遊獵無度，積聚不窮，方世受見在之罪，何福報之，若可希也。」（《太平御覽》卷六百五十八「釋部八　塔」引）

　　自知終日，開棺無屍，唯袈裟法服在焉。（《世說新語》言語 45 劉孝標注）

釋道安

《安法師傳》

　　竺法汰者，體器弘簡，道情冥到，法師友而善焉。（《世說新語》文學 54 劉孝標注引）

《安和上傳》

　　釋道安者，常山薄柳人。本姓衛，年十二作沙門。神性聰敏，而貌至陋，佛圖澄甚重之。值石氏亂，於陸渾山木食修學，爲慕容俊所逼，乃住襄陽。以佛法東流，經籍錯謬，更爲條章，標序篇目，爲之注解。自支道林等皆宗其理。無疾卒。（《世說新語》雅量 32 劉孝標注引）

東　晉

羊祜

　　昔有攘羊遺叔向母，母埋之，後事發，檢羊肉盡，唯舌存，遂以羊舌爲氏族。祜其後也。（《太平御覽》卷四百二十六「人事部六十七　清廉下」引）

先時，吳童謠云：「阿童復阿童，銜刀浮渡江，不畏岸上虎，但畏水中龍。」祜聞之曰：「此必水軍有功。」即表王濬爲龍驤將軍，謀伐吳。（《太平御覽》卷二百三十九「職官部三十七　冠軍將軍」引）

祜周行賊境七百餘里，往反四十餘日，刈賊穀以爲軍糧，皆計頃畝，送絹還直，使如穀價。（《太平御覽》卷八百三十七「百穀部一　穀」引）

陶侃

母湛氏，賢明有法訓。侃在武昌，與佐吏從容飲燕，常有飲限。或勸猶可少進，侃悽然良久曰：「昔年少，曾有酒失，二親見約，故不敢踰限。」及侃丁母憂，在墓下，忽有二客來弔，不哭而退，儀服鮮異。知非常人，遣隨視之；但見雙鶴衝天而去。（《世說新語》賢媛 20 劉孝標注引）

範字道則，侃第十子也。侃諸子中最知名。歷尙書、祕書監。（《世說新語》方正 52 劉孝標注引）

庾翼薨，表其子爰之代爲荆州。何充曰：「陶公重勳也，臨終高讓。丞相未薨，敬豫爲四品將軍，於今不改。親則道恩，優游散騎，未有超卓若此之授。」乃以徐州刺史桓溫爲安西將軍、荆州刺史。（《世說新語》識鑒 19 劉孝標注引）

外國獻氍，公舉之曰：「我還國，當與牙共眠。」牙名剡之，字處靜，是公庶孫。小而被知，以爲後嗣。（《太平御覽》卷七百八「服用部十　氍毹」引）

郴寶代居江夏。（《元和姓纂》卷五引）

陸玩

玩字士瑤，吳郡吳人。祖瑁，父英，仕郡有譽。玩器量淹雅，累遷侍中尙書、左僕射、尙書令。贈太尉。（《世說新語》政事 13 劉孝標注引）

是時王導、郗鑒、庾亮相繼薨殂，朝野憂懼。以玩德望，乃拜司空。玩辭讓不獲，乃歎息謂朋友曰：「以我爲三公，是天下無人矣。」時人以爲知言。（《世說新語》規箴 17 劉孝標注引）

鍾雅

雅字彥冑，潁川長社人，魏太傅鍾繇弟仲常曾孫也。少有才志，累遷至侍中。（《世說新語》政事 11 劉孝標注引）

蘇峻逼主上幸石頭，雅與劉超並侍帝側匡衛，與石頭中人密期拔至尊出，事覺，被害。(《世說新語》政事 11 劉孝標注引)

諸葛恢

恢字道明，琅邪陽都人。祖誕，司空。父靚，亦知名。恢少有令聞，稱爲明賢。避難江左，中宗召補主簿，累遷尙書令。(《世說新語》方正 25 劉孝標注引)

孔愉

愉字敬康，會稽山陰人。(《世說新語》方正 38 劉孝標注引) 永嘉大亂，愉入臨海山中，不求聞達。中宗命爲參軍。〔註132〕(《世說新語》棲逸 7 劉孝標注引) 討華軼有功，封餘不亭侯。愉少時嘗得一龜，放於餘不溪中，龜中路左顧者數過。及後鑄印，而龜左顧；更鑄，猶如此。印師以聞，愉悟，取而佩焉。累遷尙書左僕射，贈車騎將軍。(《世說新語》方正 38 劉孝標注引)

蔡謨

《蔡司徒別傳》

謨字道明，陳留考城人。博學有識，避地江左。歷左光祿、錄尙書事、揚州刺史。薨，贈司空。(《世說新語》方正 40 劉孝標注引)

江惇

《江惇傳》

山遐爲東陽，風政嚴苛，多任刑殺，郡內苦之。惇隱東陽，以仁恕懷物，遐感其德，爲微損威猛。(《世說新語》政事 21 劉孝標注引)

阮裕

《阮裕別傳》

裕居會稽剡山，志存肥遁。(《世說新語》棲逸 6 劉孝標注引)

《阮光祿別傳》

裕字思曠，陳留尉氏人。祖略，齊國內史。父顗，汝南太守。裕淹通有

〔註132〕「中宗命爲參軍」，《世說新語》方正 38 劉孝標注引作「初辟中宗參軍」。

理識，累遷侍中。以疾築室會稽剡山，徵金紫光祿大夫，不就。年六十一卒。（《世說新語》德行 32 劉孝標注引）

顏含

顏髦字君道，含之子也。少慕家業，惇於孝行，儀狀嚴整，風貌端美，桓公見而歎曰〔註133〕：「顏侍中廊廟之望，喉舌機要。」〔註134〕（《太平御覽》卷三百八十九「人事部三十　容止」引）

殷浩

浩字淵源，陳郡長平人。祖識，濮陽相。父羨，光祿勳。浩少有重名，仕至揚州刺史、中軍將軍。（《世說新語》政事 22 劉孝標注引）

會稽王少著名譽，友學之奉，必極有德，以浩為友。（《太平御覽》卷二百四十八「職官部四十六　王友」引）

浩善《老》、《易》，能清言。康伯，浩甥也，甚愛之。（《世說新語》文學 27 劉孝標注引）

司馬晞

《司馬晞傳》

晞字道升，元帝第四子。初封武陵王，拜太宰。少不好學，尚武凶恣。時太宗輔政，晞以宗長不得執權，常懷憤慨，欲因桓溫入朝，殺之。太宗即位，新蔡王晃首辭，引與晞及子綜謀逆，有司奏晞等斬刑，詔原之，徙新安。晞未敗四五年中，喜為挽歌，自搖大鈴，使左右習和之。又燕會，倡妓作新安人歌舞離別之辭，其聲甚悲。後果徙新安。（《世說新語》黜免 7 劉孝標注引）

虞騑

《虞光祿傳》

字思行，會稽餘姚人，虞翻曾孫，右光祿潭兄子也。雖機幹不及潭，而

〔註133〕「桓公見而歎曰」，《太平御覽》卷二百一十久「職官部十七　侍中」引作「大司馬桓公歎曰」。
〔註134〕「顏侍中廊廟之望，喉舌機要」，原文作「顏侍中廊廟之望也」，據《太平御覽》卷二百一十久「職官部十七　侍中」所引改。

至行過之。歷吏部郎、吳興守，徵爲金紫光祿大夫，卒。未登臺鼎，時論稱屈。（《世說新語》品藻 13 劉孝標注引）

顧悅

顧凱之《顧悅傳》

君以直道，陵遲於世。入見王，王髮無二毛，而君已斑白。問君年，乃曰：「卿何偏蚤白？」君曰：「松栢之姿，經霜猶茂；臣蒲柳之質，望秋先零。受命之異也。」王稱善久之。（《世說新語》言語 57 劉孝標注引）

顧和

和字君孝，吳郡人。祖容，吳荊州刺史。父相，晉臨海太守。和總角知名，族人顧榮雅相器愛，曰：「此吾家之騏驥也，必振衰族。」〔註135〕（《世說新語》言語 33 劉孝標注引）顧珠亦有令聞，榮謂珠曰：「卿速步，君孝超卿矣。」（《太平御覽》卷四百四十四「人事部八十五　知人下」引）累遷尚書令。（《世說新語》言語 33 劉孝標注引）

徐邈

君諱邈，字仙民，東莞人。岐嶷，朗慧聰悟，七歲涉學，詩賦成章。（《太平御覽》卷三百八十五「人事部二十六　幼智下」引）

舊疑歲辰在卯，舉世認承，傳爲定範。此宅之左，即彼宅之右地，何得俱忌。邈以爲太歲之屬，自是遊神，譬如日出之時，向東皆逆，非爲藏體地中。（《太平御覽》卷一百八十「居處部八　宅」引）

王導（琅邪臨沂王氏）

《丞相別傳》

王導字茂弘，琅琊人。祖覽，以德行稱。父裁，侍御史。導少知名，家世貧約，恬暢樂道，未嘗以風塵經懷也。（《世說新語》德行 27 劉孝標注引）

王含

含字處弘，琅邪臨沂人。累遷徐州刺史、光祿勳。與弟敦作逆，伏誅。

〔註135〕「此吾家之騏驥也，必振衰族」，《太平御覽》卷四百四十四「人事部八十五　知人下」引作「此吾家驥，興衰宗，必此子也。」

（《世說新語》言語 37 劉孝標注引）

王敦

　　敦字處仲，琅邪臨沂人。少有名理，累遷青州刺史。避地江左，歷侍中，丞相、大將軍、揚州牧，以罪伏誅。（《世說新語》文學 20 劉孝標注引）敦子應，字安期，官至武衛將軍。（《太平御覽》卷二百三十七「職官部三十五　左右衛將軍」引）

王舒

《王舒傳》

　　舒字處明，琅邪人。祖覽，知名。父會，御史。舒器業簡素，有文武幹。中宗用爲北中郎將、荊州刺史、尚書僕射，出爲會稽太守。以父名會，累表自陳。討蘇峻有功，封彭澤侯，贈車騎大將軍。（《世說新語》識鑒 15 劉孝標注引）

王邃

　　邃字處重，琅邪人，舒弟也。意局剛清，以政事稱。累遷中領軍、尚書左僕射。（《世說新語》賞譽 46 劉孝標注引）

王廙

　　廙字世將，祖覽，父正。廙高朗豪率。王導、庾亮遊於石頭，會廙至。爾日迅風飛驟，廙倚船樓長嘯，神氣甚逸。導謂亮曰：「世將爲復識事。」亮曰：「正足舒其逸耳。」性倨傲，不合己者面拒之，故爲物所疾。加平南將軍，薨。（《世說新語》仇隙 3 劉孝標注引）

王彬

　　彬字世儒，琅邪人。祖覽，父正，並有名德。彬爽氣出儕類，有雅正之韻。與元帝姨兄弟，佐佑皇業，累遷侍中。從兄敦下石頭，害周伯仁。彬與顗素善，往哭其尸，甚慟。既而見敦，敦怪其有慘容而問之，答曰：「向哭周伯仁，情不能已。」敦曰：「伯仁自致刑戮，汝復何爲者哉！」彬曰：「伯仁清譽之士，有何罪？」因數敦曰：「抗旌犯上，殺戮忠良。」音辭忼慨，與淚俱下。敦怒甚，丞相在坐，代爲之懼，命彬曰：「拜謝。」彬曰：「有足

疾。比來見天子，尚不能拜。何跪之有？」敦曰：「腳疾何如頸疾？」以親故，不害之。累遷江州刺史、左僕射，贈衛將軍。（《世說新語》識鑒 15 劉孝標注引）

王澄

澄風韻邁達，志氣不羣。從兄戎、兄夷甫名冠當年，四海人士一爲澄所題目，則二兄不復措意，云：「已經平子。」其見重如此，是以名聞益盛。天下知與不知，莫不傾注。澄後事迹不逮，朝野失望。及舊遊識見者，猶曰：「當今名士也！」（《世說新語》賞譽 31 劉孝標注引）

微邁上有父風。（《世說新語》賞譽 52 劉孝標注引）

王劭王薈

《劭薈別傳》

劭字敬倫，丞相導第五子。清貴簡素，研味玄賾，大司馬桓溫稱爲「鳳鶵」。〔註136〕累遷尚書僕射、吳國內史。（《世說新語》雅量 26 劉孝標注引）

薈字敬文，丞相最小子。有清譽，夷泰無競。仕至鎮軍將軍。（《世說新語》雅量 26 劉孝標注引）

王薈

薈爲吳郡內史，其年大飢，薈出私財爲百姓饘粥，全活甚眾。（《北堂書鈔》卷一百四十四「酒食部　粥篇十」引）

王胡之

胡之字脩齡，琅邪臨沂人，王廙之子也。（《世說新語》言語 81 劉孝標注引）胡之少有風尚，才器率舉，有秀悟之稱。（《世說新語》賞譽 136 劉孝標注引）歷吳興太守，徵侍中、丹陽尹、祕書監，並不就。拜使持節、都督司州諸軍事、西中郎將、司州刺史。（《世說新語》言語 81 劉孝標注引）胡之常遺世務，以高尚爲情，與謝安相善也。（《世說新語》賞譽 125 劉孝標注引）胡之治身清約，以風操自居。（《世說新語》賞譽 131 劉孝標注引）胡之好談

〔註136〕此段文字，《太平御覽》卷三百八十九「人事部三十　容止」引作「邵字敬倫，丞相之第五子。清貴簡素，風姿甚美，而善治容儀，雖家人近習，莫見其惰惰之貌。溫稱之曰：『可謂鳳鶵。』」

諧，善屬文辭，爲當世所重。（《世說新語》品藻 60 劉孝標注引）

王彪之

彪之從伯導謂彪之曰：「選曹舉汝爲尙書郎，幸可作諸王佐邪！」（《世說新語》方正 46 劉孝標注引）

王珣

《王司徒傳》

王珣字元林，丞相導之孫，領軍洽之子也。少以清秀稱。大司馬桓溫辟爲主簿，從討袁眞，封交趾望海縣東亭侯，累遷尙書左僕射，領選，進尙書令。（《世說新語》言語 102 劉孝標注引）

王珉

珉字季琰，琅邪人，丞相導孫，中領軍洽少子。有才藝，善行書，名出兄珣右。累遷侍中、中書令，贈太常。（《世說新語》政事 24 劉孝標注引）

王獻之

祖父曠，淮南太守。父羲之，右將軍。咸寧中，詔尙餘姚公主，遷中書令，卒。（《世說新語》德行 39 劉孝標注引）

王湛（太原晉陽王氏）

《王汝南別傳》

襄城郝仲將，門至孤陋，非其所偶也。君嘗見其女，便求聘焉。果高朗英邁，母儀冠族。其通識餘裕皆此類。（《世說新語》賢媛 15 劉孝標注引）

《王處沖別傳》

處沖爲尙書郎，外望簡縱，若有遺漏。然事要機，輒執其中，中外之間，亡所辨明，臺閣益歸重之。（《太平御覽》卷二百一十五「職官部十三　總敘尙書郎」引）

《王湛別傳》

王處冲身長八尺，龍頰大鼻。（《太平御覽》卷三百六十七「人事部八　鼻」引）

王述

　　述字懷祖，太原晉陽人。祖湛，父承，並有高名。述早孤，事親孝謹。簞瓢陋巷，宴安永日。由是爲有識所知，襲爵藍田侯。（《世說新語》文學 22 劉孝標注引）述少眞獨退靜，人未嘗知。（《世說新語》簡傲 10 劉孝標注引）述常以謂人之處世，當先量己而後動，義無虛讓。是以應辭便當固執。其貞正不踰，皆此類。（《世說新語》方正 47 劉孝標注引）

王濛

《王濛別傳》

　　濛之交物，虛己納善，恕而後行，希見其喜慍之色，凡與一面，莫不敬而愛之。然少孤，事諸母甚謹，篤義穆族，不脩小潔，以清貧見稱。（《世說新語》賞譽 87 劉孝標注引）濛與沛國劉惔齊名，時人以濛比袁曜卿，惔比荀奉倩，而共交友，甚相知賞也。（《世說新語》賞譽 109 劉孝標注引）濛性和暢，能清言，談道貴理中，簡而有會。商略古賢顯默之際，辭旨劭令，往往有高致。（《世說新語》賞譽 133 劉孝標注引）丞相王導辟名士時賢，協贊中興，旌命所加，必延俊乂。辟濛爲掾。（《世說新語》任誕 32 劉孝標注引）濛爲中書侍郎，四年無對。又遷司徒左長史，少選四人，年頻滿，以濛難與比肩也。〔註137〕（《初學記》卷十一「職官部上　中書侍郎第十」引）濛以永和初卒，年三十九。沛國劉惔與濛至交，及卒，惔深悼之，雖友于之愛，不能過也。（《世說新語》傷逝 10 劉孝標注引）

《王長史別傳》

　　濛字仲祖，太原晉陽人。其先出自周室，經漢、魏，世爲大族。祖父佑，北軍中候。父訥，葉令。濛神氣清韶，年十餘歲，放邁不羣。弱冠檢尚，風流雅正，外絕榮競，內寡私欲。辟司徒掾、中書郎，以後父贈光祿大夫。（《世說新語》言語 66 劉孝標注引）

王坦之

《王中郎傳》

　　坦之字文度，太原晉陽人。祖東海太守承，清淡平遠。父述，貞貴簡正。

〔註137〕此段文字《藝文類聚》卷四十八「職官部四　中書侍郎」引作「濛爲中書郎，在職四年，首尾如一人，難與比肩故也。」

坦之器度淳深，孝友天至，譽輯朝野，標的當時。累遷侍中、中書令，領北中郎將、徐、兖二州刺史。（《世說新語》言語72劉孝標注引）

王蘊

蘊字叔仁，爲吏部郎，欲使時無屈滯，曾下鼓急出，日昳乃至家。去臺數里，高褰車帷，先後與語，不得進也。一官缺者，求者十輩。蘊連狀呈宰錄曰「某人有地，某人有才」，不得者甘心無怨。（《藝文類聚》卷四十八「職官部四　吏部郎」引）

王恭

恭清廉貴峻，志存格正，起家著作郎，歷丹陽尹、中書令，出爲五州都督、前將軍、青、兖二州刺史。（《世說新語》德行44劉孝標注引）

王雅

雅字茂建，東海郯人〔註138〕，少知名。（《世說新語》讒險3劉孝標注引）

桓彝

彝字茂倫，譙國龍亢人，漢五更桓榮九世孫也。父顥，有高名。彝少孤，識鑒明朗。避亂渡江。（《世說新語》德行30劉孝標注引）明帝世，彝與當時英彥名德庾亮、溫嶠、羊曼等共集清谿池上，郭璞與焉。乃援筆屬詩，以白四賢，並自序。（《太平御覽》卷六十七「地部三十二　谿」引）累遷散騎常侍。（《世說新語》德行30劉孝標注引）

桓溫

溫字元子，譙國龍亢人，漢五更桓榮後也。父彝，有識鑒。溫少有豪邁風氣，爲溫嶠所知。累遷琅邪內史，進征西大將軍，鎮西夏。（《世說新語》言語55劉孝標注引）溫以永和元年自徐州遷荊州刺史，在州寬和，百姓安之。（《世說新語》政事19劉孝標注引）初，朝廷以蜀處險遠，而溫眾寡少，懸軍深入，甚以憂懼；而溫直指成都，李勢面縛。（《世說新語》識鑒20劉孝標注引）時逆胡未誅，餘燼假息。溫親勒郡卒，建旗致討，清蕩伊、洛，展敬園陵。（《世說新語》言語55劉孝標注引）興寧元年，以溫克復舊京，肅靜華

〔註138〕「郯」，原文作「沂」，楊勇《世說新語校箋》據《晉書・地理志》改，今從。

夏，進都督中外諸軍事、侍中、大司馬，加黃鉞，使入參朝政。(《世說新語》品藻 37 劉孝標注引) 溫以太和四年，上疏自征鮮卑。(《世說新語》文學 96 劉孝標注引) 薨，諡宣武侯。(《世說新語》言語 55 劉孝標注引)

桓豁

豁字朗子，溫之弟。累遷荊州刺史，贈司空。(《世說新語》豪爽 10 劉孝標注引)

桓沖

沖字玄叔，溫弟也。累遷車騎將軍，都督七州諸軍事。(《世說新語》夙惠 7 劉孝標注引)

桓玄

玄字敬道，譙國龍亢人，大司馬溫少子也。幼童中，溫甚愛之，臨終，命以為嗣。年七歲，襲封南郡公。拜太子洗馬、義興太守。(《世說新語》德行 41 劉孝標注引) 玄初拜太子洗馬，時朝廷以溫有不臣之迹，故抑玄為素官。(《世說新語》任誕 50 劉孝標注引) 不得志，少時去職，歸其國。與荊州刺史殷仲堪素舊，情好甚隆。(《世說新語》德行 41 劉孝標注引)

玄克荊州，殺殷道護及仲堪參軍羅企生、鮑季禮，皆仲堪所親仗也。(《世說新語》德行 43 劉孝標注引)

玄既克殷仲堪、楊佺期，後遣使諷朝廷，朝廷以玄都督八州，領江州、荊州二刺史。(《世說新語》文學 103 劉孝標注引)

桓石秀

石秀為竟陵太守，遷江州刺史，非其志也。治稱不煩，在州郡，弋釣山澤，縱心遊覽而已。善馳射，望之若畫。(《太平御覽》卷二百五十五「職官部五十三　刺史下」引)

郗鑒

鑒字道徽，高平金鄉人，漢御史大夫郗慮後也。少有體正，躭思經籍，以儒雅著名。永嘉末，天下大亂，饑饉相望。冠帶以下，皆割己之資供鑒。元皇徵為領軍，遷司空、太尉。(《世說新語》德行 24 劉孝標注引)

郗愔

愔字方回，高平金鄉人，太宰鑒長子也。淵靖純素，無執無競，簡私暱，罕交遊。歷會稽內史、侍中、司徒。（《世說新語》品藻 29 劉孝標注引）

郗曇

曇字重熙，鑒少子。性韻方質，和正沈簡。累遷丹陽尹、北中郎將、徐、兗二州刺史。（《世說新語》賢媛 25 劉孝標注引）

郗超

超精於理義，沙門支道林以為一時之俊。（《世說新語》言語 75 劉孝標注引）

庾亮

亮拜中書郎，領著作，侍講東宮，其所論釋，多見稱述。（《北堂書鈔》卷五十七「設官部九　著作撰」引）

王胡之為丞相府記室，亮答胡之書：「管機密，斷大事」。（《北堂書鈔》卷六十九「設官部二十一　記室參軍一百四十三　管機密斷大事」引）

庾翼

翼字穉恭，潁川鄢陵人也。少有大度，時論以經略許之。兄太尉亮薨，朝議推才，乃以翼都督七州，進征南將軍、荊州刺史。（《世說新語》言語 53 劉孝標注引）

翼為荊州，雅有大志，每以門地威重，兄弟寵授，不陳力竭誠，何以報國。雖蜀阻險塞，胡負凶力，然皆無道酷虐，易可乘滅。當此時，不能掃除二寇以復王業，非丈夫也。於是徵役三州，悉其帑實，成眾五萬，兼率荒附，治戎大舉，直指魏、趙，軍次襄陽，耀威漢北也。（《世說新語》豪爽 7 劉孝標注引）

庾珉

珉字子琚，位列侍中。劉聰作亂，京都傾覆，珉時直在省，謂僚佐曰：「吾必死此屋內。」既天子蒙塵，珉與許遐等侍從。聰設會，使帝行酒，珉至帝前，乃慨然流涕。聰曰：「此動人心。」即時遇害。（《太平御覽》卷四百一十八「人事部五十九　忠貞」引）

謝玄

玄能清言，善名理。（《世說新語》文學 41 劉孝標注引）

謝鯤

鯤之諷切雅正，皆此類也。（《世說新語》規箴 12「謝鯤爲豫章太守，從大將軍下至石頭。敦謂鯤曰：『余不得復爲盛德之事矣。』鯤曰：『何爲其然，但使自今已後，日亡日去耳。』」劉孝標注引）

鯤四十三卒，贈太常。（《世說新語》文學 20 劉孝標注引）

司馬道子

《孝文王傳》

王諱道子，簡文皇帝第五子也，封會稽王，領司徒、揚州刺史，進太傅。爲桓玄所害。贈丞相。（《世說新語》言語 98 劉孝標注引）

司馬無忌

無忌字公壽，承子也。才器兼濟，有文武幹。襲封譙王、衛軍將軍。（《世說新語》仇隟 3 劉孝標注引）

孟嘉

嘉字萬年，江夏鄳人。曾祖父宗，吳司空。祖父揖，晉廬陵太守。宗葬武昌陽新縣，子孫家焉。嘉少以清操知名。太尉庾亮領江州，辟嘉部廬陵從事。下都還，亮引問風俗得失，對曰：「待還，當問從事吏。」亮舉塵尾掩口而笑，語弟翼曰：「孟嘉故是盛德人。」轉勸學從事。太傅褚裒有器識，亮正旦大會，裒問亮：「聞江州有孟嘉，何在？」亮曰：「在坐，卿但自覓。」裒歷觀久之，指嘉曰：「將無是乎？」亮欣然而笑，喜裒得嘉，奇嘉爲裒所得，乃益器之。後爲征西桓溫參軍。九月九日，溫遊龍山，參寮畢集。時佐史並著戎服，風吹嘉帽墮落，溫戒左右勿言，以觀其舉止。嘉初不覺，良久如廁。命取還之，令孫盛作文嘲之，成，著嘉坐。嘉還見即答，四坐嗟歎。嘉喜酣暢，愈多不亂。溫問：「酒有何好，而卿嗜之？」嘉曰：「明公未得酒中趣爾。」又問：「聽伎，絲不如竹，竹不如肉，何也？」答曰：「漸近自然。」轉從事中郎，遷長史，年五十三而卒。（《世說新語》識鑒 16 劉孝標注引）

羅含

《羅含別傳》

羅含字君章。少嘗晝臥，夢一鳥文色異常，徑飛入口。（《太平御覽》卷三百九十三「人事部三十四　臥」引）

刺史庾亮初命含爲部從事，桓溫臨州，轉參軍。（《世說新語》規箴19劉孝標注引）

含致仕還家，庭中忽自生蘭，此德行幽感之應。（《藝文類聚》卷六十四「居處部四　庭」引）

《羅府君別傳》

含字君章，桂陽耒陽人。蓋楚熊姓之後，啓土羅國，遂氏族焉。後寓湘境，故爲桂陽人。含，臨海太守彥曾孫，滎陽太守綏少子也。桓宣武辟爲別駕，以官廨諠擾，於城西池小洲上立茅茨；伐木爲牀，織葦爲席，布衣蔬食，晏若有餘。桓公嘗謂眾坐曰：「此自江左之清秀，豈唯荊、楚而已、」累遷散騎常侍、廷尉、長沙相。致仕，加中散大夫，門施行馬。含自在官舍，有一白雀棲集堂宇；及致仕還家，階庭忽蘭菊挺生。豈非至行之徵邪？（《世說新語》方正56劉孝標注引）

杜祭酒

君在孩提之中，異於凡童，舉宗奇之。年六七歲，在縣北郭與小兒輩行竹馬戲，有車行，老公停車視之，歎曰：「此有奇相，吾恨不見。」（《太平御覽》卷三百八十五「人事部二十六　幼智下」引）

桓宣武館於赤欄橋南，曰延賢里。（《太平御覽》卷一百五十七「州郡部三　敘縣」引）

君曾新作被，暖眠不覺，晏起，乃歎曰：「暖眠使人忘起。」因命著陌上，有寒苦人，舉被授之。君後常眠布被中。（《北堂書鈔》卷一百三十四「儀飾部五　被二十七」引）

郡弟子三人，隨道士邢邁入宣城涇縣白水山，去縣七十里，餌术黃精經歷年，所有鹿走依舍邊伏眠，邁等怪之，乃爲虎所逼。邁乃咒虎退，其鹿經日乃去。（《太平御覽》卷九百六「獸部十八　鹿」引）

君年五十二當其終亡。安厝先塋，帛布轜車，喪儀儉約。執引者皆三吳令望，及北人賢流。（《太平御覽》卷五百五十五「禮儀部三十四　葬送

三」引）

周顗

王敦討劉隗，時溫太眞爲東宮庶子，在承華門外與顗相見曰：「大將軍此舉似有所在，義無有濫。」顗曰：「君年少，希更事。未有大臣若此而不作亂，共相推戴數年而爲此者乎！處仲狼抗而強忌，平子何在？」（《世說新語》方正 31 劉孝標注引）

卞壼

壼字望之，濟陰冤句人。父粹，太常卿。壼少以貴正見稱，累遷御史中丞，權門屏迹。（《世說新語》賞譽 54 劉孝標注引）壼正色立朝，百僚嚴憚，貴遊子弟，莫不祗肅。（《世說新語》任誕 27 劉孝標注引）轉領軍、尙書令。蘇峻作亂，率眾距戰，父子二人俱死王難。（《世說新語》賞譽 54 劉孝標注引）

羊曼

曼字延祖，泰山南城人。父暨，陽平太守。曼頹縱宏任，飲酒誕節，與陳留阮放等號「兗州八達」。累遷丹陽尹，爲蘇峻所害。（《世說新語》雅量 20 劉孝標注引）

范汪

汪字玄平，潁陽人，左將軍晷之孫。少有不常之志，通敏多識，博涉經籍，致譽於時。歷吏部尙書、徐、兗二州刺史。（《世說新語》排調 34 劉孝標注引）

范宣

宣字宣子，陳留人，漢萊蕪長范丹後也。年十歲，能誦《詩》、《書》。兒童時，手傷，改容。家人以其年幼，皆異之。徵太學博士，散騎常侍，一無所就。年五十四卒。（《世說新語》德行 38 劉孝標注引）

郭翻

翻字道翔，武昌人。（《太平御覽》卷五百五十五「禮儀部三十四　葬送三」引）

翻經河，墜刀於水。路人有爲取者，翻因與之，路人不取，至於三四，路人固辭。翻曰：「爾向不取，我豈能復得乎？」路人曰：「吾若取此物，爲天地鬼神所責矣。」翻知其終不受，乃沉刀於向所失處。路人悵然，乃復沉沒取之。翻於是不逆其意，十倍刀價與之。（《太平御覽》卷四百二十四「人事部六十五　讓下」引）

遺令儉葬唯以兩卷老子示存道德（《太平御覽》卷五百五十五「禮儀部三十四　葬送三」引）

孫放

放字齊莊，監君次子也。年八歲，太尉庾公召見之。放清秀，欲觀試，乃授紙筆令書，放便自疏名字。公題後問之曰：「爲欲慕莊周邪？」放書答曰：「意欲慕之。」公曰：「何故不慕仲尼而慕莊周？」放曰：「仲尼生而知之，非希企所及；至於莊周，是其次者，故慕耳。」公謂賓客曰：「王輔嗣應答恐不能勝之。」（《世說新語》言語50劉孝標注引）庾公建學校，孫君年最幼，入爲學生，班在諸生之後。公問：「君何獨居後？」答曰：「不見船枻乎？在後所以正船也。」（《北堂書鈔》卷一百三十八「舟部　枻十五」引）放兄弟並秀異，與庾翼子園客同爲學生。園客少有佳稱，因談笑嘲放曰：「諸孫於今爲盛。」盛，監君諱也。放即答曰：「未若諸庾之翼翼。」放應機制勝，時人仰焉。司馬景王、陳、鍾諸賢相酬，無以踰也。（《世說新語》排調33劉孝標注引）君性好音，能操琴及琵琶以自散。（《太平御覽》卷五百八十三「樂部二十一　琵琶」引）卒長沙王相。（《世說新語》言語50劉孝標注引）

陶淵明

淵明嘗聞田水聲，倚杖久聽，歎曰：「秔稻已秀，翠色染人，時剖胸襟，一洗荊棘，此水過，吾師丈人矣。」（【唐】馮贄撰《雲仙雜記》卷二「田水聲過吾師丈人」條引）

陶淵明得太守送酒，多以春秔水雜投之，曰：「少延清歡數日。」（【唐】馮贄撰《雲仙雜記》卷三「少延清歡」條引）

陶淵明日用銅鉢煮粥，爲二食具。遇發火，則再拜曰：「非有是火，何以充腹。」（【唐】馮贄撰《雲仙雜記》卷六「淵明拜火」條引）

王允

允仕，郡民有路拂者，少無行，而太守王球召以補吏。允犯顏固爭，球怒收，欲殺之。刺史鄧盛聞而馳傳，辟爲別駕從事。允由是知名，路拂以癈弃。（《太平御覽》卷二百六十三「職官部六十一　別駕」引）

孫晷

親戚有窮老者，晷咸推被以恤之，冬寒，不解帶而寢。（《太平御覽》卷七百七「服用部九　被」引）

吳猛

豫章縣東山中有石笥，歷代不能開。吳猛往，遂得發之。多有石古字，弟子莫有曉者，猛亦不言。弟子數十人力舉，蓋不動如山。猛亦手提，若無重焉。（《北堂書鈔》卷一百六十「地理部四　石三十四」引）

縣南山有石，直立水中，峻崿千仞，猿猴不能至。猛乃策杖升之，令二弟子隨後，忽若平路。（《北堂書鈔》卷一百六十「地理部四　石三十四」引）

許邁

邁小名映，〔註139〕有鼠齧映衣，乃作符召鼠，莫不畢至於中庭。映曰：「齧衣者留，不齧衣者去。」羣鼠並去，唯一鼠獨住，伏於中庭而不敢動。（《太平御覽》卷九百十一「獸部二十三　鼠」引）邁好養生，遣妻歸家。〔註140〕東遊採藥於桐廬山，欲斷穀，以山近人，不得專一，移入臨安。自以無復反期，〔註141〕乃改名遠遊，書與婦別。（《藝文類聚》卷二十九「人部十三　別上」引）高平閭慶等皆就映受業。映曰：「閭君可服氣以斷穀，彭君宜餌藥以益氣。」慶等將去，映爲燒香，有五色烟出，映亦自去，莫知所在。（《太平御覽》卷八百七十一「火部四　烟」引）延陵之茅山，是洞庭西門，潛通五嶽。（【宋】周應合《景定建康志》卷十七《山川志》「茅山」引）

〔註139〕「邁小名映」，原文作「邁小名映」。《太平御覽》卷八百七十一「火部四　烟」引作「邁少名映」。下凡稱「映」者，均改作「映」。
〔註140〕「遣妻歸家」，《太平御覽》卷四百八十九「人事部一百三十　別離」引作「遣妾歸家」。
〔註141〕「無復反期」，原文作「無復反」，據《太平御覽》卷四百八十九「人事部一百三十　別離」所引補。

支遁

《支遁別傳》

遁任心獨往，風期高亮。(《世說新語》賞譽 88 劉孝標注引）

遁神心警悟，清識玄遠。嘗至京師，王仲祖稱其造微之功，不異王弼。(《世說新語》賞譽 98 劉孝標注引）

《支遁傳》

法虔，道林同學也。儁朗有理義，遁甚重之。(《世說新語》傷逝 11 劉孝標注引）

《支法師傳》

法師研十地，則知頓悟於七住；尋莊周，則辯聖人之逍遙。當時名勝，咸味其音旨。(《世說新語》文學 36 劉孝標注引）

輯錄參考書目

1. 《後漢書》，〔宋〕范曄撰，〔唐〕李賢注，中華書局點校本，1965 年。
2. 《三國志》，〔晉〕陳壽撰，〔宋〕裴松之注，中華書局點校本，2000 年。
3. 《晉書》，〔唐〕房玄齡等撰，中華書局點校本，1974 年。
4. 《建康實錄》，〔唐〕許嵩撰，張忱石點校，中華書局，1986 年。
5. 《景定建康志》，〔宋〕周應合撰，臺北商務印書館影印文淵閣《四庫全書》本，1986 年。
6. 《姑蘇志》，〔明〕王鏊撰，臺北商務印書館影印文淵閣《四庫全書》本，1986 年。
7. 《編珠》，〔隋〕杜公瞻編，臺北商務印書館影印文淵閣《四庫全書》本，1986 年。
8. 《北堂書鈔》，〔唐〕虞世南編，中國書店影印南海孔氏十有三萬卷堂本，1989 年。
9. 《藝文類聚》，〔唐〕歐陽詢編，汪紹楹校，上海古籍出版社，1999 年。
10. 《初學記》，〔唐〕徐堅等編，中華書局，2004 年。
11. 《太平御覽》，〔宋〕李昉等編，中華書局影宋本，1985 年。
12. 《職官分紀》，〔宋〕孫逢吉撰，臺北商務印書館影印文淵閣《四庫全書》本，1986 年。
13. 《天中記》，〔明〕陳耀文撰，臺北商務印書館影印文淵閣《四庫全書》

本，1986 年。

14. 《廣博物志》，〔明〕董斯張撰，嶽麓書社，1991 年。

15. 《格致鏡原》，〔清〕陳元龍編，臺北商務印書館影印文淵閣《四庫全書》本，1986 年。

16. 《淵鑑類函》，〔清〕張英等編，臺北商務印書館影印文淵閣《四庫全書》本，1986 年。

17. 《佩文韻府》，〔清〕張玉書等編，臺北商務印書館影印文淵閣《四庫全書》本，1986 年。

18. 《太平廣記》，〔宋〕李昉等編，中華書局，1981 年。

19. 《世說新語校箋》，徐震堮校箋，中華書局，1999 年。

20. 《世說新語校箋》，楊勇校箋，中華書局，2006 年。

21. 《雲仙雜記》，〔唐〕馮贄撰，臺北商務印書館影印文淵閣《四庫全書》本，1986 年。

22. 《文選》，〔梁〕蕭統編，〔唐〕李善注，中華書局影印嘉慶十四年胡克家本，1981 年。

主要參考文獻

1. 《毛詩正義》〔漢〕毛亨傳,〔漢〕鄭玄箋,〔唐〕孔穎達疏,《十三經註疏》本,中華書局,1996 年。

2. 《毛詩傳箋通釋》〔清〕馬瑞辰撰,陳金生點校,《十三經清人註疏》本,中華書局,1989 年。

3. 《春秋左傳正義》,〔戰國〕左丘明傳,〔晉〕杜預注,〔唐〕孔穎達疏,《十三經註疏》本,中華書局,1996 年。

4. 《爾雅郭注義疏》,〔晉〕郭璞注,〔清〕郝懿行疏,《清疏四種合刊》本,上海古籍出版社,1989 年。

5. 《廣雅疏證》,〔清〕王念孫疏證,《清疏四種合刊》本,上海古籍出版社,1989 年。

6. 《經典釋文》,〔唐〕陸德明撰,《四部叢刊初編》本,上海書店,1989 年。

7. 《經典釋文彙校》,〔唐〕陸德明撰,黃焯彙校,中華書局,1980 年。

8. 《史記》,〔漢〕司馬遷撰,〔宋〕裴駰集解,〔唐〕司馬貞索引,〔唐〕張守節正義,中華書局點校本,1982 年。

9. 《漢書》,〔漢〕班固撰,〔唐〕顏師古注,中華書局點校本,1962 年。

10. 《漢書補注》,〔清〕王先謙撰,中華書局,1983 年。

11. 《三國志》,〔晉〕陳壽撰,〔宋〕裴松之注,中華書局點校本,2000 年。

12. 《三國志旁證》,〔清〕梁章鉅撰,張舜徽主編《二十五史三編》本,嶽麓書社,1995 年。

13. 《三國志集解》,〔清〕盧弼撰,中華書局影印 1957 年古籍社本,1982 年。

14. 《後漢書》,〔宋〕范曄撰,〔唐〕李賢注,中華書局點校本,1965 年。

15. 《晉書》，〔唐〕房玄齡等撰，中華書局點校本，1974 年。

16. 《宋書》，〔梁〕沈約撰，中華書局點校本，1974 年。

17. 《南齊書》，〔梁〕蕭子顯撰，中華書局點校本，1972 年。

18. 《梁書》，〔唐〕姚思廉撰，中華書局點校本，1973 年。

19. 《陳書》，〔唐〕姚思廉撰，中華書局點校本，1972 年。

20. 《魏書》，〔北齊〕魏收撰，中華書局點校本，1974 年。

21. 《周書》，〔唐〕令狐德棻等撰，中華書局點校本，1971 年。

22. 《北齊書》，〔唐〕李百藥撰，中華書局點校本，1972 年。

23. 《隋書》，〔唐〕魏徵等撰，中華書局點校本，1973 年。

24. 《南史》，〔唐〕李延壽撰，中華書局點校本，1975 年。

25. 《北史》，〔唐〕李延壽撰，中華書局點校本，1974 年。

26. 《舊唐書》，〔後晉〕劉昫等撰，中華書局點校本，1975 年。

27. 《新唐書》，〔宋〕歐陽修、宋祁撰，中華書局點校本，1975 年。

28. 《宋史》，〔元〕脫脫等撰，中華書局點校本，1977 年。

29. 《十七史商榷》，〔清〕王鳴盛撰，中國書店，1987 年。

30. 《廿二史箚記》，〔清〕趙翼撰，王樹民校證，中華書局，1984 年。

31. 《九家舊晉書》，〔清〕湯球輯，《叢書集成初編》本，中華書局，1985 年。

32. 《華陽國志》，〔晉〕常璩撰，《四部叢刊初編》本，上海書店，1989 年。

33. 《華陽國志》，〔晉〕常璩撰，劉琳校注，巴蜀書社，1984 年。

34. 《建康實錄》，〔唐〕許嵩撰，張忱石點校，中華書局，1986 年。

35. 《資治通鑑》，〔宋〕司馬光撰，〔元〕胡三省注，中華書局，1976 年。

36. 《水經注》，〔北魏〕酈道元撰，陳橋驛點校，上海古籍出版社，1990 年。

37. 《洛陽伽藍記校釋》，〔北魏〕楊衒之著，周祖謨校釋，上海書店出版社，2000 年。

38. 《元和姓纂》，〔唐〕林寶撰，岑仲勉校記，郁賢皓、陶敏整理，中華書局，1994 年。

39. 《太平寰宇記》，〔宋〕樂史撰，洪亮吉校，（臺灣）文海出版社，1970 年。

40. 《六朝墓誌檢要》，王壯弘、馬成名著，上海書畫出版社，1985 年。

41. 《通志·藝文略》，〔宋〕鄭樵撰，上海古籍出版社影印明陳宗夔校刻本，1990 年。

42. 《文獻通考・經籍考》,〔元〕馬端臨撰,《十通》本,浙江古籍出版社影印,1988 年。

43. 《續文獻通考・經籍考》,〔明〕王圻撰,(臺灣)文海出版社影印明萬曆刊本。

44. 《七略別錄佚文》,〔漢〕劉向撰,〔清〕姚振宗輯,《續修四庫全書》本。

45. 《七略佚文》,〔漢〕劉向撰,〔清〕姚振宗輯,《續修四庫全書》本。

46. 《崇文總目》,〔宋〕王堯臣等撰,〔清〕錢東垣等輯,《叢書集成初編》本,中華書局,1985 年。

47. 《郡齋讀書志校證》,〔宋〕晁公武撰,孫猛校證,上海古籍出版社,1990 年。

48. 《直齋書錄解題》,〔宋〕陳振孫撰,《叢書集成初編》本,中華書局,1985 年。

49. 《子略》〔宋〕高似孫撰,《續修四庫全書》本。

50. 《遂初堂書目》,〔宋〕尤袤撰,文淵閣《四庫全書》本。

51. 《國史經籍志》,〔明〕焦竑撰,《續修四庫全書》本。

52. 《百川書志》,〔明〕高儒撰,《續修四庫全書》本。

53. 《汲古閣珍藏秘本書目》,〔明〕毛扆撰,《叢書集成初編》本,中華書局,1985 年。

54. 《四庫全書總目》,〔清〕紀昀等撰,中華書局,1995 年。

55. 《書目答問》,〔清〕張之洞撰,《續修四庫全書》本。

56. 《讀書敏求記》,〔清〕錢曾撰,《續修四庫全書》本。

57. 《鄭堂讀書記》,〔清〕周中孚撰,商務印書館,1959 年。

58. 《越縵堂讀書記》,〔清〕李慈銘撰,中華書局,1963 年。

59. 《日本國見在書目錄》,〔日〕藤原佐世撰,《古逸叢書》影舊抄本。

60. 《漢藝文志考證》,〔宋〕王應麟撰,開明書店,《二十五史補編》本。

61. 《隋書經籍志考證》,〔清〕章宗源撰,《二十五史補編》本。

62. 《隋書經籍志考證》,〔清〕姚振宗撰,《續修四庫全書》本。

63. 《漢書藝文志條理》,〔清〕姚振宗撰,《二十五史補編》本。

64. 《漢書藝文志拾補》,〔清〕姚振宗撰,《二十五史補編》本。

65. 《補後漢書藝文志》,〔清〕侯康撰,《二十五史補編》本。

66. 《後漢藝文志》,〔清〕姚振宗撰,《二十五史補編》本。

67. 《補後漢書藝文志》,〔清〕顧櫰三撰,《二十五史補編》本。

68. 《補後漢書藝文志並考》,〔清〕曾樸撰,《二十五史補編》本。

69. 《三國藝文志》，〔清〕姚振宗撰，《二十五史補編》本。

70. 《補三國藝文志》，〔清〕侯康撰，《二十五史補編》本。

71. 《補晉書藝文志》，〔清〕丁國鈞撰，《二十五史補編》本。

72. 《補晉書藝文志》，〔清〕文廷式撰，《二十五史補編》本。

73. 《補晉書藝文志》，〔清〕秦榮光撰，《二十五史補編》本。

74. 《補晉書經籍志》，〔清〕吳士鑒撰，《二十五史補編》本。

75. 《補晉書藝文志》，〔清〕黃逢元撰，《二十五史補編》本。

76. 《補宋書藝文志》，聶崇岐撰，《二十五史補編》本。

77. 《補南齊書藝文志》，陳述撰，《二十五史補編》本。

78. 《隋書經籍志補》，張鵬一撰，《二十五史補編》本。

79. 《四庫提要辨證》，余嘉錫著，科學出版社，1958 年。

80. 《四庫全書總目提要補正》，胡玉縉撰，王欣夫輯，中華書局，1964 年。

81. 《四庫提要訂誤》，李裕民撰，書目文獻出版社，1990 年。

82. 《四庫提要補正》，崔富章撰，杭州大學出版社，1990 年。

83. 《古佚書輯本目錄》，孫啓治、陳建華撰，中華書局，1997 年。

84. 《漢魏叢書》，〔明〕胡榮輯，民國十四年上海商務印書館據明萬曆中新安程氏刊本印。

85. 《廣漢魏叢書》，〔明〕何允中輯，明萬曆二十年刊本。

86. 《秘冊彙函》，〔明〕沈士龍，胡震亨輯，明萬曆中刊本。

87. 《津逮秘書》，〔明〕毛晉輯，民國十一年上海博古齋據明汲古閣本印。

88. 《增訂漢魏叢書》，〔清〕王謨輯，清乾隆五十六年金谿王氏刊本。

89. 《重訂漢唐地理書抄》，〔清〕王謨輯，清嘉慶中金谿王氏刊本。

90. 《玉函山房輯佚書》，〔清〕馬國翰輯，上海古籍出版社影印本，1990 年。

91. 《玉函山房輯佚書續編》，〔清〕王仁俊輯，《玉函山房輯佚書續編三種》本，上海古籍出版社，1989 年。

92. 《玉函山房輯佚書補編》，〔清〕王仁俊輯，《玉函山房輯佚書續編三種》本，上海古籍出版社，1989 年。

93. 《經籍佚文》，〔清〕王仁俊輯，《玉函山房輯佚書續編三種》本，上海古籍出版社，1989 年。

94. 《秘書廿一種》，〔清〕汪士漢輯，清康熙七年新安汪氏據古今逸史刊版重編印本。

95. 《群書拾補》，〔清〕盧文弨輯，《叢書集成初編》本，中華書局，1985 年。

96. 《黃氏逸書考》，〔清〕黃奭輯，民國二十三年江都朱氏刊本。

97. 《漢學堂知足齋叢書》，〔清〕黃奭輯，清道光中甘泉黃氏刊本。

98. 《平津館叢書》，〔清〕孫星衍輯，清光緒十一年吳縣朱氏槐廬家塾刊本。

99. 《指海》，〔清〕錢熙祚、錢培讓輯，錢培傑續輯，清道光中金山錢氏據借月山房彙鈔刊版重編增刊本。

100. 《守山閣叢書》，〔清〕錢熙祚輯，民國十一年上海博古齋據清錢氏本影印。

101. 《問經堂叢書》，〔清〕孫馮翼輯，清嘉慶中承德孫氏刊本。

102. 《經典集林》，〔清〕洪頤煊輯，民國十五年陳氏慎初堂據清嘉慶間問經堂叢書本影印。

103. 《二酉堂叢書》，〔清〕張澍輯，清道光元年武威張氏二酉堂刊本。

104. 《十種古逸書》，〔清〕茆泮林輯，清道光十四年梅瑞軒刊本。

105. 《古逸叢書》，〔清〕黎庶昌輯，江蘇廣陵古籍刻印社，1990 年。

106. 《心矩齋叢書》，〔清〕蔣鳳藻輯，清光緒中長洲蔣氏刊、民國十四年文學山房重印本。

107. 《士禮居黃氏叢書》，〔清〕黃丕烈輯，清光緒十三年上海蜚英館據清黃氏刊本影印。

108. 《麓山精舍叢書》，〔清〕陳運溶輯，清光緒宣統間湘西陳氏刊本。

109. 《續古逸叢書》，張元濟等輯，1922～1957 年上海商務印書館本。

110. 《叢書集成初編》，中華書局，1985 年。

111. 《北堂書鈔》，〔唐〕虞世南編，中國書店影印南海孔氏十有三萬卷堂本，1989 年。

112. 《藝文類聚》，〔唐〕歐陽詢編，汪紹楹校，上海古籍出版社，1999 年。

113. 《初學記》，〔唐〕徐堅編，中華書局，1980 年。

114. 《白孔六帖》，〔唐〕白居易原本，〔宋〕孔傳續，上海古籍出版社，1992 年。

115. 《蒙求集注》，〔唐〕李瀚編，徐子光注，《四庫類書叢刊》本。

116. 《法苑珠林》，〔唐〕道世編，上海古籍出版社，1995 年。

117. 《太平廣記》，〔宋〕李昉等編，中華書局，1981 年。

118. 《太平御覽》，〔宋〕李昉等編，中華書局影宋本，1985 年。

119. 《冊府元龜》，〔宋〕王欽若等編，中華書局影印本，1982 年。

120. 《姓解》，〔宋〕邵思撰，《叢書集成初編》本，中華書局，1985 年。

121. 《事類賦注》，〔宋〕吳淑編，冀勤、王秀梅、馬蓉校點，中華書局，1989 年。

122. 《玉海》，〔宋〕王應麟撰，江蘇古籍出版社、上海書店聯合出版，1987年。

123. 《雲笈七籤》，〔宋〕張君房編，書目文獻出版社，1995年。

124. 《文章緣起注》，〔梁〕任昉撰，〔明〕陳懋任注，《叢書集成初編》本，中華書局，1985年。

125. 《文錄》，〔宋〕唐庚撰，《叢書集成初編》本，中華書局，1985年。

126. 《文則》，〔宋〕陳騤撰，人民文學出版社，1998年。

127. 《文章精義》〔宋〕李塗撰，王利器校點，人民文學出版社，1998年。

128. 《續文章緣起》，〔明〕陳懋仁撰，〔清〕曹溶輯、陶樾增訂《學海類編》本，江蘇廣陵古籍刻印社，1994年。

129. 《文章辨體序說》，〔明〕吳納撰，於北山點校，人民文學出版社，1998年。

130. 《文體明辨序說》，〔明〕徐師曾撰，羅根澤點校，人民文學出版社，1998年。

131. 《藝概箋注》，〔清〕劉熙載撰，王氣中箋注，貴州人民出版社，1986年。

132. 《史通通釋》，〔唐〕劉知幾撰，浦起龍釋，上海古籍出版社，1978年。

133. 《史略校箋》，〔宋〕高似孫撰，周天遊校箋，書目文獻出版社，1987年。

134. 《史見》，〔清〕陳遇夫撰，《叢書集成初編》本，中華書局，1985年。

135. 《文史通義校注》，〔清〕章學誠撰，葉瑛校注，中華書局，1985年。

136. 《古列女傳》、《續列女傳》，〔漢〕劉向等撰，《叢書集成初編》本，中華書局，1985年。

137. 《博物志》，〔晉〕張華撰，〔清〕鄭堯臣輯，《龍磎精舍叢書》刊黃氏士禮居嘉慶八年本，中國書店影印本，1991年。

138. 《晉諸公別傳輯本》，〔清〕湯球輯，《叢書集成初編》本，中華書局，1985年。

139. 《古孝子傳》，〔清〕茆泮林輯，《叢書集成初編》本，中華書局，1985年。

140. 《法顯傳校注》，〔晉〕法顯撰，章巽校注，上海古籍出版社，1985年。

141. 《唐才子傳》，〔元〕辛文房撰，舒寶璋校注，中州古籍出版社，1987年。

142. 《世說新語箋疏》，〔劉宋〕劉義慶撰，〔梁〕劉孝標注，余嘉錫箋疏，上海古籍出版社，1996年。

143. 《世說新語校箋》，〔劉宋〕劉義慶撰，〔梁〕劉孝標注，徐震堮校箋，中

華書局，1999 年。

144. 《世說新語校箋》，〔劉宋〕劉義慶撰，〔梁〕劉孝標注，楊勇校箋，中華書局，2006 年。

145. 《出三藏記集》，〔梁〕僧祐撰，蘇晉仁、蕭鍊子點校，《中國佛教典籍選刊》本，中華書局，1995 年。

146. 《高僧傳》，〔梁〕慧皎撰，《高僧傳合集》本，上海古籍出版社，1995 年。

147. 《高僧傳校注》，〔梁〕慧皎撰，湯一介校注，中華書局，1992 年。

148. 《名僧傳抄》，〔梁〕寶唱撰，日本《續藏經》第一輯第二編支那撰述史傳部。

149. 《比丘尼傳》，〔梁〕寶唱撰，《續修四庫全書》本。

150. 《續高僧傳》，〔唐〕道宣撰，《高僧傳合集》本，上海古籍出版社，1995 年。

151. 《東觀餘論》，〔宋〕黃伯思撰，中華書局影宋本《宋本東觀餘論》，1988 年。

152. 《續談助》，〔宋〕晁載之撰，清光緒十三年序刻本。

153. 《說郛》，〔元〕陶宗儀編，《說郛三種》本，上海古籍出版社，1988 年。

154. 《說郛》，〔明〕陶珽重輯，《說郛三種》本，上海古籍出版社，1988 年。

155. 《人物志》，〔魏〕劉邵撰，王玫評注，紅旗出版社，1997 年。

156. 《弘明集》，〔梁〕僧祐撰，《四部叢刊初編》本。

157. 《廣弘明集》，〔唐〕道宣編，《四部叢刊初編》本。

158. 《南村輟耕錄》，〔元〕陶宗儀撰，《歷代史料筆記叢刊》本，中華書局，1997 年。

159. 《少室山房筆叢》，〔明〕胡應麟撰，《歷代筆記叢刊》本，上海書店，2001 年。

160. 《晉宋書故》，〔清〕郝懿行撰，《叢書集成初編》本，中華書局，1985 年。

161. 《札迻》，〔清〕孫詒讓著，光緒二十年刻本。

162. 《少室山房類稿》，〔明〕胡應麟撰，《續金華叢書》本。

163. 《鐵橋漫稿》，〔清〕嚴可均撰，光緒乙酉長洲蔣氏重刊心矩齋校本。

164. 《文選》，〔梁〕蕭統編，〔唐〕李善注，中華書局影印嘉慶十四年胡克家本，1981 年。

165. 《文選》，〔梁〕蕭統編，〔唐〕李善注，高步瀛義疏，曹道衡、沈玉成點校，中華書局，1985 年。

166. 《漢魏六朝百三名家集》，〔明〕張溥輯，民國六年上海掃葉山房石印本。

167. 《全上古三代秦漢三國六朝文》，〔清〕嚴可均輯，中華書局，1995 年。

168. 《魯迅輯佚古籍叢編》，魯迅輯，人民文學出版社，1999 年。

169. 《古今偽書考》，〔清〕姚際恒著，《叢書集成初編》本，中華書局，1985 年。

170. 《先秦經籍考》，江俠庵編譯，商務印書館，1931 年。

171. 《偽書通考》，張心澂著，商務印書館，1957 年。

172. 《古今偽書考補證》，黃雲眉著，山東人民出版社，1959 年。

173. 《先秦經籍考》，呂思勉著，上海古籍出版社，1982 年。

174. 《續偽書通考》，鄭樹良著，臺灣學生書局，民國七十三年。

175. 《中國偽書綜考》，鄧瑞全、王冠英著，黃山書社，1998 年。

176. 《漢魏六朝文學論集》，逯欽立著，陝西人民出版社，1984 年。

177. 《中古文學系年》，陸侃如著，人民文學出版社，1985 年。

178. 《中古文學史論》，王瑤著，北京大學出版社，1998 年。

179. 《魏晉南北朝文學論叢》，周勛初著，江蘇古籍出版社，1999 年。

180. 《魏晉南北朝史論叢》，唐長孺著，三聯書店，1955 年。

181. 《魏晉南北朝史論叢續編》，唐長孺著，三聯書店，1959 年。

182. 《魏晉南北朝史論集》，周一良著，中華書局，1963 年。

183. 《兩晉南北朝史》，呂思勉著，上海古籍出版社，1983 年。

184. 《魏晉南北朝史論拾遺》，唐長孺著，中華書局，1983 年。

185. 《魏晉南北朝史箚記》，周一良著，中華書局，1983 年。

186. 《中國小說史略》，魯迅著，東方出版社，1996 年。

187. 《中國小說的歷史變遷》，魯迅著，《魯迅文集全編》本，國際文化出版公司，1995 年。

188. 《小說源流論》，石昌渝著，三聯書店，1994 年。

189. 《漢魏六朝傳記文學史稿》，李祥年著，復旦大學出版社，1995 年。

190. 《史傳文學》，郭丹著，廣西師範大學出版社，1999 年。

191. 《中國傳記文學發展史》，陳蘭村主編，語文出版社，1999 年。

192. 《魏晉文學史》，徐公持著，人民文學出版社，1999 年。

193. 《南北朝文學史》，曹道衡、沈玉成著，人民文學出版社，1998 年。

194. 《魏晉南北朝史發微》，高敏著，中華書局，2005 年。

195. 《中國佛教史》，黃懺華著，上海文藝出版社影印商務印書館 1940 年版，

1990 年。

196. 《中國道教史》，卿希泰主編，四川人民出版社，1988 年。

197. 《中國道教史》，傅勤家著，商務印書館，1998 年。

198. 《中國文獻學史》，孫欽善著，中華書局，1994 年。

199. 《中國目錄學思想史》，余慶蓉、王晉卿著，湖南教育出版社，1998 年。

200. 《中國思想史》，葛兆光著，復旦大學出版社，2000 年。

201. 《中國的自傳文學》，〔日〕川合康三著，蔡毅譯，中央編譯出版社，1998 年。

202. 《説郛考》，昌彼得著，臺灣臺北文史哲出版社，1979 年。

203. 《魏晉南北朝志怪小説研究》，王國良著，臺北文史哲出版社，1984 年。

204. 《六朝隋唐仙道類小説研究》，李豐楙著，臺北學生書局，1986 年。

205. 《世説新語研究》，范子燁著，黑龍江教育出版社，1998 年。

206. 《魏晉玄學和文學》，孔繁著，中國社會科學出版社，1987 年。

207. 《玄學與魏晉士人心態》，羅宗強著，浙江人民出版社，1991 年。

208. 《南朝文學與北朝文學研究》，曹道衡著，江蘇古籍出版社，1998 年。

209. 《世族與六朝文學》，程章燦著，黑龍江教育出版社，1998 年。

210. 《漢魏六朝雜傳研究》，熊明著，遼海出版社，2004 年。

211. 《古史基本文獻諸體概述》，李更旺，《圖書館建設》，1985 年第 4 期。

212. 《史書的類別》，卞輯，《古籍整理研究學刊》，1999 年第 5 期。

213. 《簡論別史、雜史》，彭久松，《四川師範大學學報》（社會科學版），1988 年第 1 期。

214. 《史書分類表（四合一制舉例）》，杜定友、錢亞新、錢亮、錢唐，《圖書館建設》，1987 年第 5 期。

215. 《目錄學與文史研究》，王溯仁，《固原師專學報》，1994 年第 3 期。

216. 《我國亡佚目錄書簡介》，孫夢嵐，《集甯師專學報》，2002 年第 2 期。

217. 《中國古代紀傳體史書編撰三題》，白雲，《天府新論》，2003 年第 4 期。

218. 《傳的源流和演變》，吳大華，《自貢師範高等專科學校學報》，1993 年第 3 期。

219. 《我國古代傳記文學發展鳥瞰》，薛錫振，《廈門大學學報》，1994 年第 3 期。

220. 《略論我國古代傳記文學及分類》，趙華，《遼寧高職學報》，1999 年第 3 期。

221. 《古代雜體傳記及其史料價值》，陳淑容，《四川師範學院學報》，1997年第 5 期。

222. 《兩晉史官制度與雜傳的興盛》，劉湘蘭，《史學史研究》，2005 年第 2 期。

223. 《略談魏晉的雜傳》，仇鹿鳴，《史學史研究》，2006 年第 1 期。

224. 《論六朝雜傳對史傳敘事傳統的突破與超越》，熊明，《遼寧大學學報》，2000 年第 6 期。

225. 《六朝雜傳與傳奇體制》，熊明，《武漢大學學報》，2001 年第 5 期。

226. 《六朝雜傳概論》，熊明，《遼寧大學學報》，2002 年第 1 期。

227. 《略論雜傳之淵源及其流變》，熊明，《遼寧大學學報》（哲學社會科學版），2003 年第 4 期。

228. 《史傳的實錄精神與小說的求眞原則》，范道濟，《黃岡師範學院學報》，1998 年第 3 期。

229. 《略論傳記文學的理論建設》，李祥年，《學術月刊》，1994 年第 9 期。

230. 《獨特視角下的傳記文學——評〈古代雜傳研究〉》，林怡，《語文學刊》，2005 年第 7 期。

231. 《古代雜傳研究的新成果——讀俞樟華等著〈古代雜傳研究〉》，邱江宵，《荊門職業技術學院學報》，2005 年第 4 期。

232. 《敘事文學的先聲——論「野史雜傳」向小說之過渡》，李建東，《學術論壇》，2003 年第 1 期。

233. 《略論兩漢雜史雜傳體志怪小說》，唐驥，《寧夏大學學報》（社會科學版），1998 年第 1 期。

234. 《唐代小說類型考論》，景凱旋，《南京大學學報》（哲學、人文科學、社會科學版），2002 年第 5 期。

235. 《史傳傳統對唐人小說的影響——兼論唐人小說以「傳、記」命名現象》，梁瑜霞，《唐都學刊》，1998 年第 4 期。

236. 《論唐傳奇的雜傳實質》，武麗霞，《西南師範大學學報》（人文社會科學版），2004 年第 3 期。

237. 《道教與志怪傳奇小說的淵源關係》，鳳錄生，《唐都學刊》，2001 年第 2 期。

238. 《略論別傳與史傳之異同》，趙華，《黑河學刊》2003 年第 6 期。

239. 《史傳文學的角色創造——兼說其對章回小說的影響》，羅書華，《南都學壇》，2002 年第 4 期。

240. 《從〈史傳〉篇看〈文心雕龍〉文體論的得失》，江震龍，《福建師範大學學報》（哲社版），2001 年第 2 期。

241. 《漢魏六朝時期人物別傳綜論》，田延峰，《寶雞文理學院學報》（社科版），1995 年第 2 期。

242. 《試論漢末的名士別傳》，王煥然，《瀋陽師範大學學報》（社科版），2004 年第 2 期。

243. 《魏晉別傳繁興原因探析》，朱靜，《鹽城師範學院學報（人文社會科學版）》，2006 年第 2 期。

244. 《由〈漢書・東方朔傳〉談史家據本人文章改寫本傳》，伏俊璉，《西北成人教育學報》。

245. 《曹瞞傳考論》，熊明，《古籍研究》，2002 年第 1 期。

246. 《皇甫謐考》，熊明，《文獻》，2001 年第 4 期。

247. 《華佗三傳考》，尚啓東，《安徽中醫學院學報》，1981 年第 1 期。

248. 《秦醇〈趙飛燕別傳〉考論——兼議〈驪山記〉、〈溫泉記〉》，李劍國，《固原師專學報》，2001 年第 1 期。

249. 《〈神女傳〉、〈杜蘭香傳〉、〈曹著傳〉考論》，李劍國，《明清小說研究》，1998 年第 4 期。

250. 《東吳三傳說鈎沈》，朱恒夫，《東南文化》，1992 年第 6 期。

251. 《〈三國志〉「臣松之」注例研究》，文廷海，《西華師範大學學報》，2005 年第 1 期。

252. 《裴松之〈三國志注〉引書辨析》，伍野春，《東方論壇》，2005 年第 2 期。

253. 《〈三國志注〉所引雜傳述略》，張新科，《陝西師範大學學報》（哲社版），2003 年第 5 期。

254. 《〈三國志〉裴注引書新考》，虞萬里，《溫州師範學院學報》，1994 年第 4 期。

255. 《略論〈三國志〉裴松之注的史料價值》，高凱，《鄭州大學學報（社會科學版）》，2000 年第 4 期。

256. 《審視〈三國志〉裴注引書的史傳文學價值》，李伯勛，《黃河科技大學學報》，2000 年第 2 期。

257. 《從〈世說新語〉的文體特徵看〈隋志〉的小說觀念》，周昌梅，《社會科學輯刊》，2006 年第 5 期。

258. 《六朝道教人物雜傳述要》，張承宗，《蘇州大學學報》，1998 年第 1 期。

259. 《劉向〈列女傳〉思想與學術價值簡論》，張濤，《徐州師範大學學報》（哲社版），1994 年第 1 期。

260. 《第一部文人傳記〈文士傳〉輯考》，朱迎平，《古籍整理研究學刊》，1994 年第 6 期。

261. 《〈先賢行狀〉考證》，蓋翠傑，《浙江師範大學學報》，2002 年第 1 期。

262. 《六朝會稽孔氏家族研究》，李小紅，《湖州師範學院學報》，2002 年第 5 期。

263. 《六朝會稽虞氏家族述略》，吳建偉，《紹興文理學院學報》（社科版），2005 年第 1 期。

264. 《論古代家傳之演變》，武麗霞，《內蒙古師範大學學報（哲社版）》，2006 年第 4 期。

265. 《魏晉南北朝小說的嬗變》，魏世民，華東師範大學博士學位論文，2003 年。

266. 《范曄及其史傳文學》，程方勇，中國社會科學院研究生院博士學位論文，2003 年。

267. 《唐代雜傳研究》，武麗霞，四川大學博士學位論文，2004 年。

268. 《魏晉別傳研究》，朱靜，南京師範大學碩士學位論文，2004 年。

269. 《東漢士林風氣與文學的發展》，轟濟冬，山東大學博士學位論文，2006 年。

270. 《東漢魏晉南北朝士風研究》，李磊，華東師範大學博士學位論文，2006 年。